当代西方语言哲学翻译与研究

本书为国家社科基金项目
“雷卡纳蒂语言哲学思想研究”
（16BZX071）成果

# 雷卡纳蒂语言哲学思想研究

刘龙根　梅　轩／著

中国人民大学出版社
·北京·

**图书在版编目（CIP）数据**

雷卡纳蒂语言哲学思想研究 / 刘龙根，梅轩著 . --
北京：中国人民大学出版社，2021. 12
当代西方语言哲学翻译与研究
ISBN 978-7-300-30093-1

Ⅰ. ①雷… Ⅱ. ①刘… ②梅… Ⅲ. ①雷卡纳蒂—语
言哲学—研究 Ⅳ. ① H0-05

中国版本图书馆 CIP 数据核字（2021）第 266672 号

当代西方语言哲学翻译与研究
**雷卡纳蒂语言哲学思想研究**
刘龙根 梅 轩 著
Leikanadi Yuyan Zhexue Sixiang Yanjiu

| | | | |
|---|---|---|---|
| **出版发行** | 中国人民大学出版社 | | |
| **社　　址** | 北京中关村大街31号 | **邮政编码** | 100080 |
| **电　　话** | 010-62511242（总编室） | | 010-62511770（质管部） |
| | 010-82501766（邮购部） | | 010-62514148（门市部） |
| | 010-62515195（发行公司） | | 010-62515275（盗版举报） |
| **网　　址** | http://www.crup.com.cn | | |
| **经　　销** | 新华书店 | | |
| **印　　刷** | 唐山玺诚印务有限公司 | | |
| **规　　格** | 170 mm × 240 mm 16 开本 | **版　　次** | 2021年12月第1版 |
| **印　　张** | 14 | **印　　次** | 2021年12月第1次印刷 |
| **字　　数** | 293 000 | **定　　价** | 65.00 元 |

# 前 言

法国哲学家雷卡纳蒂（François Recanati，以下简称雷氏）在当代西方语言（与心智）哲学界拥有崇高的学术地位、超凡的国际影响和卓越的理论建树。他自 20 世纪 80 年代后期以降，所出版的近十部专著、发表的百余篇论文以及主编的数套书系，皆用英文写作，对当代语言与心智哲学研究的杰出贡献不言而喻。雷氏于 2012 年当选为美国人文与科学院院士，2018 年由法兰西公学院特聘为语言哲学与心智哲学讲席教授。

雷氏作为当代语境论的领军人物，为复兴日常语言学派的哲学思想而不懈努力。自四十多年前从拉康哲学转向分析哲学以来，他就语言哲学与心智哲学的诸多论题做出了深入系统的探索，取得了学界公认的研究成果。他不仅为弥合罗素的指称论与弗雷格的含义论之分歧和革新克里普克“严格指称”概念等重大理论问题做出了独特贡献，而且对包括从语义内容、真值条件到语用过程论，从直接指称、有定描述语到言语行为论，从视角思维、相对论与语境论到间接话语与引语等论题，以及关于心理档案理论的阐发，都有非凡的理论建树。面对雷氏如此博大精深的思想体系，我们力图在深刻理解原著的基础上，通过分析对比、综合归纳、演绎推理、案例剖析，力求全面系统、历时动态地考察雷氏语言（与心智）哲学思想。当然，在对雷氏哲学思想获得比较宏观的整体把握之后，由于受时间与篇幅所限，我们无法将研究所得面面俱到地呈现在本书中，而只能择其要者，聚焦于若干重点论题加以阐发。尽管如此，由于这些论题的微观处理基于对雷氏哲学思想的宏观把握，因而可望以小见大、窥一斑而知全豹。

首先，本书追溯了雷氏踏上语言分析哲学之路的独特经历。雷氏在开始其哲学研究生涯之初，一度曾是拉康哲学的狂热信徒。但他不久就注意到，尽管拉康研究自然语言的路径与他所了解到的 20 世纪中叶牛津学派研究自然语言的方法存在某些相似之处，但是，较之简洁明了、更接地气的语言分析哲学，拉康哲学愈发显得艰涩浮华、自命不凡。因此，雷氏最终放弃了拉康哲学，彻底转向了（语言）分析哲学。

自那时起，雷氏数十年如一日，孜孜不倦地为日常语言哲学的传承与复兴而奋斗。他所创立的真值条件语用学以及为当代语境论的兴起所做的努力，无一不是对日常语言哲学思想的发扬光大。雷氏信奉后期维特根斯坦“意义使用论”，对格赖斯会话含义理论与奥斯汀言语行为论革故鼎新，他所阐发的当代语境论日益成为削弱乃至取代传统字义论与语义最小论的不二选择。雷氏语境论继承并发展了日常语言哲学立足于自然语言的日常使用，直面自然语言现象本身的实践传统，关注各种语境因素对言语表达与理解的作用与影响，力图对语言交际活动中所传达的丰富多样的言语行为意义做出全面系统、客观合理的表征与阐释。雷氏从语境论的立场出发，不仅探索了调和语义内容与话语语力的路径，而且探究了语义外在论与语义内在论相统一的可能性，克服了关于“意义是否存在于大脑中”之争的两种极端立场体现出的片面性。同样值得强调的是，雷氏的语境论思想是一以贯之的，渗透于他对各个语言哲学论题与各种语言现象的阐释之中。无论是直觉性真值条件说的论证、语义不充分决定论的阐述，还是指称性表达式与引语现象的阐析，都充分表征了语境因素的介入和语境依赖性的客观存在。尤为重要的是，雷氏语境论不仅贯穿于其关于语言及其意义的阐释中，而且在他对语言与思维关系以及包括单称思想在内的诸多概念的刻画中，同样展现出语境论旨归。尤其是在其近年研究的重点论题之一（“心理档案”论）的探究中，雷氏从语言指示性扩展到了思想指示性的探索，不仅着力阐释语言对于拓展思想视界的作用，而且深刻揭示了语境关系（所谓“认识增益关系”）对于（单称）思想表征的重要性，这为从新的维度开展（单称）思想研究提供了新的可能，其意义显然不可等闲视之。当然，在充分认识雷氏语言哲学研究独创性贡献的同时，不可否认，作为勇于开拓创新的哲学家，雷氏的许多思想一方面具有前沿性，另一方面尚在不断发展完善之中，瑕疵与纰缪在所难免，遭受种种质疑与挑战均在意料之中。但是，在雷氏看来，语境论最终完全取代字义论与语义最小论实乃历史发展之必然。他所描绘的这一愿景能否成为现实，我们拭目以待。

最后，本书所基于的国家社科基金项目研究能够得以开展并如期完成，我们需要向许多人致以谢忱。感谢国家社科基金项目有关评审专家的青睐；感谢国家社科基金办公室与上海交通大学有关职能部门的鼎力支持与帮助；感谢雷卡纳蒂教授本人的解疑释惑、指点迷津。拙著能够付梓，还要感谢中国人民大学出版社领导与老师的厚爱。但限于时间与水平，本书中疏漏舛误亦在所难免，恳请学界方家斧正！

作者

2021 年 11 月

# 目 录

# 第1章 雷卡纳蒂哲学思想引介

雷卡纳蒂作为当代语言哲学与心智哲学界领军人物，其哲学思想博大精深，学术研究成果丰硕。雷氏在言语行为论、指称理论、语境论与相对论、真值条件语用学、引语理论、心理档案学说等诸多理论研究中皆颇有建树。显然，无论采取何种方式对雷氏的学术思想做出概述，均难免挂一漏万。因此，本章不全面介绍雷氏的哲学思想体系与各个研究论题，而只是权作一个小引，重点介绍雷氏是如何走上语言分析哲学之路、为日常语言哲学的复兴而努力以及如何以研究言语行为理论开始其语言分析哲学生涯。

## 1.1 从拉康信徒到分析哲学翘楚

谈起（语言）分析哲学，国内学术界往往更多地将之同20世纪英美主流哲学联系起来，而一般却认为同欧陆哲学家无涉。但实际上，欧陆哲学家并非全然没有受到分析哲学的影响，也并非根本没有对分析哲学的发展做出贡献。法国哲学家雷卡纳蒂的成就即是最好的明证。然而，雷氏走上（语言）分析哲学之路、成为欧陆分析哲学的先驱，其经历不无传奇色彩。

在法国，公立中学通常为临近毕业年级的学生开设哲学课程。雷氏由于跳级，在中学并没有修读过哲学课程，因此他走上哲学研究之路不是因为受到了哪位师长的影响，而很大程度上属于自学成才。他通过博览群书，培养起对哲学研究的浓厚兴趣，对抽象的哲学思辨情有独钟。

在雷氏开始其哲学生涯时，分析哲学在法国并不流行，盛行的是德勒兹后现代主义、利奥塔解构主义和拉康精神分析学等哲学思潮。在这些哲学思潮中，刚刚迈入哲学大门的青年雷氏尤对拉康哲学入迷，将拉康奉为最伟大的哲学家，因为虽然拉康和其他法国哲学家一样，发表的言论艰深晦涩、自命不凡，但比他们更加浮华、更加极端。作为拉康的忠实信徒，年轻的雷氏深信拉康是真理的揭示者，所以，想方设法要弄懂拉康所说的话、读懂拉康的著作，并且开始鹦鹉学舌地仿效拉康。

其时，拉康极受欢迎，他的研究班往往座无虚席、不乏名流。拉康邀请雷氏在研究班上作了几次发言后，雷氏也一举成名。

雷氏尽管作为拉康哲学追崇者声名鹊起，但在知识探究上却充满挫败感，对自己撰写的东西也不甚了了，不得不靠拉康为其判断他的思想正确与否。这时，他几乎是无意之中发现了分析哲学，并且注意到了拉康研究自然语言的路径与他所了解到的 20 世纪中叶牛津学派研究自然语言的方法两者之间的某些相似之处。牛津的日常语言哲学家也像拉康那样，批判理想语言学派试图通过研究人造的逻辑语言以理解自然语言。因此，雷氏开始探讨日常语言哲学，以便从中为广义的拉康哲学思想汲取养分。但是，他很快意识到，较之当时充斥欧陆哲学，尤其是拉康哲学的晦涩浮华，分析哲学研究方法简洁明了、特色鲜明，更符合自己的兴趣。因此，1975 年，雷氏放弃了拉康哲学，彻底转向分析哲学，同英美哲学家切磋交流，并且同欧陆国家志同道合的哲学家一起为分析哲学在欧洲大陆的发展而努力。1990 年，雷氏与他人共同创建了欧洲分析哲学学会并担任首届会长，为推动分析哲学在欧陆乃至世界范围内的发展做出了愈加举足轻重的贡献。

## 1.2 为传承与复兴日常语言哲学而战

几十年来，雷氏孜孜以求，一直在为日常语言哲学的传承与复兴而奋战。他所创立的真值条件语用学以及为当代语境论的兴起所做的贡献，皆可看作是对日常语言哲学思想的继承和发展。

日常语言哲学是冠于英国一场哲学运动的称谓。这场哲学运动在两次世界大战之间发展起来，在 20 世纪 40 年代后期至 60 年代前期处于鼎盛时期。日常语言哲学的倡导者把日常语言看作哲学研究的出发点。一方面，他们中的有些哲学家认为，许多长期争论不休的哲学问题是由于对日常语言的误用或滥用引起的，澄清并纠正了语言的误用或滥用，相关的哲学问题也就得到了消解。这一信条从莱尔的经典论文的标题《系统引人误解的表达式》（Ryle 1932）就可见一斑。另一方面，他们中其他一些哲学家强调日常语言哲学研究，其动因不只在于坚信日常语言本身应该受到认真关注，而且在于相信，切实关注日常语言中词语之间的显见联系与区分对哲学研究大有裨益，哲学研究始终应当从关注日常语言入手。正如日常语言哲学领军人物奥斯汀在《为辩解辩》一文中所说：

> 我们共同的词汇体现了许多代人在其有生之年感到值得做出的所有区分和感到值得建立的种种联系：比起你我可能在某个下午坐在扶手椅中所想到的任何区分与联系，这些区分与联系由于经受了适者生存的长期考验，无疑很可能数量更多、更加合理，而且至少就所有日常相对实际的事务而言也更加精细。（Austin 1956；引自 Beaney 2012：873）

在奥斯汀看来，坐在扶手椅中思辨是哲学界偏好的方法，而他要着力改变这种传统做法，强调日常语言尽管可能无法为所有哲学问题提供定论，但无疑应当作为一切哲学研究的出发点，所以应当直面日常使用中的语言现象本身，开展哲学探究。

除了奥斯汀、莱尔、斯特劳森等牛津学派哲学家之外，重新回到剑桥的（后期）维特根斯坦同样把哲学研究的着眼点转向了日常语言。后期维特根斯坦批判并拒斥他前期在《逻辑哲学论》中阐发的"图像论"，指出该理论的错误正是源于对日常语言的误解，而对日常语言的误解也导致了哲学中的许多混乱。譬如，哲学界长期争论的语言（思维）与世界何为第一性、何为真实存在的问题，根植于图像论将语言看作世界的图像、把世界视为图像描绘的对象。哲学界长期为诸如此类的问题所困扰，而后期维特根斯坦认为这类问题是无意义的，应当通过批判拒斥图像论加以消解。为此，维特根斯坦通过洞察语言交际实践中日常语言的使用，认识到语言交际活动同下棋等诸多游戏活动的相似性。正像棋子的作用必须由有关的下棋游戏决定，词语的意义同样取决于相关的使用。除了藉由"语言游戏论"突显语言使用在决定语言意义中的根本作用之外，后期维特根斯坦还以"（工具）用法论"取代"图像论"。维特根斯坦敦促我们"想一想工具箱中的工具：有锤子、钳子、锯子、起子、尺子、熬胶的锅、胶、钉子和螺钉。——词的功能像这些东西的功能一样，是多种多样的……"（Wittgenstein 1953；李步楼译 1996：9）。工具的使用多种多样，语言游戏多种多样，词语的功能或意义同样也是多种多样的。由此可见，维特根斯坦的语言游戏论或工具用法论同奥斯汀系统创立的言语行为论有异曲同工之妙。从他们两人的理论视角来看，将语言的功能囿于描述事态或断言命题（亦即在意义表征中将真值问题的考虑置于优先地位）的传统做法应当予以摒弃，而应当直面语言使用丰富多样的实践活动，全面客观地揭示形形色色的语言功能与意义，进而消除"语言休假"造成的哲学混乱。为此，空泛地询问某个词语的意义是什么，这是不得要领的。相反，语词意义的追问必须考虑具体的使用，亦即必须关注相关的语境因素。从后面的讨论中将会看到，这种注重语言使用、强调语境功能的哲学思想在雷氏的真值条件语用学和语境论学说中得到了进一步的发扬光大。

当然，日常语言哲学无论是其哲学观还是其研究哲学的方法，无疑都体现出革命性特征，因而遭到与之径相对立的理想语言学派的激烈反对。理想语言学派以弗雷格、罗素、前期维特根斯坦为代表，起初并不关注自然语言，主张首先必须研究逻辑语言，再通过逻辑语言研究日常语言，因为自然语言存在普遍的歧义与模糊现象，难以作为哲学研究的有效工具。在这一点上，罗素的立场颇具代表性，他在其《我的哲学的发展》等著作中批评日常语言哲学家错误地认为日常语言不仅能够满足日常生活的需要，而且能够很好地服务于哲学研究的目的；而他自己则相反，坚信日常语言"充满了模糊性与不确切性…… 大家都承认，物理、化学、医学各自都需要一种语言，这种语言不是日常生活中的语言。我不明白为什么唯独不允许哲学采取类似的方法追求精准确切"（1959：178；Hanfling 2000：2）。罗素反对日常语言哲学，不啻是因为日常语言哲学家对非日常语言的排斥，更重要的是他们参照日常语言评价哲学思想的做法。在他看来，日常语言哲学家藉由日常语言分析从事的所谓哲学研究至多对词典学家稍有帮助，却会使深邃严密的哲学思辨活动平庸化。

客观地看，以罗素为代表的理想语言学派对日常语言哲学的指摘有失偏颇。他们对日常语言哲学持有偏见，主要是因为他们对日常语言的概念与日常语言哲学家的哲学方法存在误解（Garvey 2014：xi）：其一，误认为日常语言意指街上路人的语言，而不包含许多学科领域的专业语言。但日常语言哲学家表明，语言表达式的“日常”用法很可能是某个极其专门化领域中极其专业的用法。其二，理想语言哲学家错误地认为，按照日常语言哲学方法，至少在服务于哲学研究目的时，日常语言似乎是不可错的或者是无懈可击的。日常语言哲学家强调关注日常语言的使用，并不意味着日常语言是完美无瑕的。日常语言哲学观及其方法之所以受到误解，原因之一是反对者将“正确性”与“成真性”这两个概念混为一谈了。实际上，就连日常语言哲学家自己也并未明确区分这两个概念，并始终坚持这一区分。“日常语言是正确的语言”这个论点构成诉诸日常语言哲学方法的依据，这也是日常语言哲学家普遍接受的根本信条（Parker-Ryan 2012：22）。但是，说“日常语言是正确的语言”并不等于宣称语言日常使用中的所言从而必然成真，也并不意味着非日常地使用语言的所言必定成假。除了基于上述两种关于日常语言哲学的误解对其加以质疑外，反对者同样拒斥一些日常语言哲学家奉行的以下两个信条（同上：17–19；27–28）：①“哲学之争实际上是语言之争”。尽管后期牛津学派不再严格坚持这一信条，早期语言哲学家（如马尔科姆）主张，某些哲学争鸣并非由于缺乏经验事实，因为可以观察这些事实。所争论的是如何描述这些事实，而如何描述则涉及语言，这也就成为语言的争论。在马尔科姆等人看来，围绕诸如“所有经验性命题均为假设”“先验命题是语法规则”这种形而上学命题的争论尤其是语言的争论。当然，关于这个信条的争鸣本身或许难有定论。日常语言哲学家并未宣称所有形而上学争论皆为语言争论，实际上也不可能将一切形而上学论题简约为语言论题。与此同时，不可否认，确有形而上学争论是由于语言表达式的使用或滥用。毫无疑问，纠正语言的误用、克服语言的滥用对形而上学命题的清晰正确的表达有百利而无一害。②“意义即使用”。如前所述，日常语言哲学代表人物后期维特根斯坦倡导意义使用论，反对理想语言哲学路径，主张语言表达式不可能像微积分那样有确切的意义。语言表达式的意义必须在言语交际活动中根据具体语境因素确定。这同理想语言学派的意义观无疑大相径庭。因此，围绕“意义即使用”这一口号的争论经久不息。一分为二地看，为了矫正包括意义指称论在内的传统意义理论忽略语言使用维度在意义表达与理解中之重要作用的倾向，意义使用论的积极贡献不容小觑。另一方面，正像不能把维特根斯坦所说的“要看，不要想”理解为哲学家不需要思考那样，也不能脱离他提出这句口号的语境而简单地将之解读为“意义等于使用”。也许正是基于这样的解读，一些哲学家将维特根斯坦归入意义取消论者之列。不过，这是一个需要另文探讨的论题。

当然，对日常语言哲学的质疑与挑战，也不完全源于不同学派不同的哲学观及其哲学研究取向，日常语言哲学某些领军人物在语言分析中出现的疏忽与失误也授人以柄，成了反对者攻击的靶子。譬如，莱尔在《心智概念》中论述意志时宣称，“自愿的”与“非自愿的”这两个词是按照“适用于不应当采取的行动”那样使用的。可是，“自愿的”事实上根本不限于指不应当采取的行动（Hanfling 2000：4）。日常语言哲学家诚然出现了某些诸如此类的疏忽与失误，但是一般认为，致使日常语言哲学式微的是关于“意义使用论”排除了系统意义理论之可能性的诸多攻击、奥斯汀英年早逝以及其他几位日常语言哲学杰出代表的相继离世；而导致日常语言哲学走向终结的恰恰是格赖斯重新引入可能的系统意义理论之努力，也就是说，他在20世纪60—70年代年代试图将语用学与系统语义理论的发展结合起来而最终断送了日常语言哲学。

尽管很多人假定，日常语言哲学在20世纪中后叶业已终结，但雷氏等语言哲学家并不接受这一普遍的观点。在这些哲学家看来，日常语言哲学并没有寿终正寝。实际上，日常语言哲学家的很多思想得到了发扬光大，他们的不少洞见为当代语言研究者所用。日常语言哲学家的下述两点主张业已成为广大语言哲学家和语言学家的共识（Recanati 2013a：59）：

①言语的单位是以言施事行为。断言只是许多以言施事行为中的一种。②自然语言中存在普遍的语境依赖性：语言表达式表达的内容依赖于说话的语境，可能随语境的变化而变化。

既然日常语言哲学家所关注的是奥斯汀所说的“如何用言行事”的问题，也就必然专注于言语行为，尤其是以言施事行为，并将之视为基本的意义单位。在他们看来，句子的内容无非是在语境中说出句子所实施的言语行为的内容，而表达式带有的内容也就是该表达式对包含它的句子之内容所做出的贡献。因此，从日常语言哲学家的视角看，上述两点主张也就如影随形、相伴并存。这样，“只有在言语行为的语境中，句子才能获得确定的内容”这一语境论原则也就成了日常语言哲学的题中之意。日常语言哲学所倡导的这条语境论原则在当代语境论领军人物雷氏的哲学探索中则得到了一以贯之的奉行。无论是在其早期言语行为论的研究中，还是后期对真值条件语用学以及关于语言与思维关系的心理档案理论的系统阐述中，雷氏始终坚持日常语言哲学的基本立场，强调自然语言语义探究不能脱离语用阐释的研究进路，进而为日常语言哲学的涅槃重生做出了杰出贡献。

## 1.3　对言语行为论的鼎新

与理想语言学派的路径相反，日常语言学派立足对日常语言使用的观察与分析，强调语言的语用维度，从而推动了语言哲学的语用转向，为当代语用学的建立与崛起奠定了基础。在语用学迅速兴起的过程中，由奥斯汀创立、其及门下弟子塞尔继承并发展的言语行为论贡献卓著。言语行为论是语用学的核心内容。在很多学者眼里，言语行为论几成语用学的代名词。这也就说明了从日常语言哲学进入分析哲学的雷氏为何以研究言语行为理论开始其新的哲学生涯。

### 1.3.1 经典言语行为论简述

言语行为论是关于如何将言语看作行为，即关于如何以言行事的理论，这一理论充分关注言语交际活动相关语境因素的作用，并且“把语言哲学中许多问题的探讨都加以改造而铸进关于人类一般行为的探讨这个更加广阔的背景之中”（Searle 1971：6）。尽管在西方哲学出现语言转向一个多世纪之前已有哲学家注意到某些语言表达式的行为特性，但无疑是奥斯汀首开了系统言语行为理论之先河。

自古希腊哲学开始的两千多年里，哲学家关注的重点是语言描述事态、陈述事实的功能，专注于包含真假性质的陈述句，亦即犯了奥斯汀所说的“描述性谬误”。奥斯汀的言语行为论正是旨在纠正这一谬误。他强调考察人们什么时候会说什么话、什么情况下会用什么词以及通过说出这些话、使用这些词究竟做了什么事儿。也就是说，哲学家应当直面现实的语言现象，关注日常交际活动中实际使用的语言，分析以语词实施的各种行为。这样，自然就会看到，以言行事的方式各种各样，言语行为的类型不一而足，远非仅限于断言、陈述或描述。

#### 1.3.1.1 言语行为“二分说”

如前所述，奥斯汀认为，语言中蕴含着人们在经验世界中发现值得做出的种种区分以及感到值得建立的各种联系。但语言与经验世界的联系必须通过使用语言、亦即藉由言语行为实现。奥斯汀在创立言语行为论初期，将语言的使用区分为施为性用法与述谓性用法两大类。“施为语”（performative）与“述谓语”（constative）是奥斯汀创造的术语。可是，奥斯汀最初提出施为语这个概念时，并没有对之做出明确定义，而是通过一系列实例呈现施为语的主要特征，并同描述事态、陈述事实的述谓语加以对比。他列举的典型施为语例子包括（Austin 1962，1975：5）：

（1）[在踩到别人的脚时说：]“我向你道歉。”

（2）[在轮船命名仪式上，某人在船舷上打碎香槟酒时说：]“我将这艘船命名为‘伊丽莎白女王号’。”

（3）[打赌时说：]“我和你赌6便士，明天准保下雨。”

（4）[立遗嘱时写道：]“我把手表遗赠给我的弟弟。”

（5）[在做出许诺时说：]“我保证明天去那里。”

稍作分析，不难发现，这些例子引号中的语句虽然同典型的述谓语在句法形式上并无不同，但其语用功能却迥然而异。这些语句均采用陈述句式，却并不简单地陈述事实、描述事态，无法对之做出真假评判，实际上也无须对其真值进行评价。

究其原因，在奥斯汀看来，使用施为语的目的不在于对实施的行为加以叙述，而在于实施相应的行为，亦即，说出施为语不只是在言说，而是在做事，这是名副其实的行在言中、言行合一（Austin 1979：235）。就上面的例子而言，说出（1）-（5）并不是对道歉、命名、打赌、遗赠、许诺等活动做出描述，而是在开展这些活动。换言之，说出这些话语，本身就做了相应的事情（或做了事情的一部分），事情在说话中做出，说话与做事合二为一，真正体现了以言行事的真谛。

上述几例是典型的显性施为语，谓语动词是施为性的，并且以第一人称单数现在时直陈语气、主动语态形式出现。但是，这种典型的显性施为语句式——我＋施为动词（现在时、直陈语气、主动语态）（＋其他成分）——并不为许多隐性施为语所具有。先看引自奥斯汀（1962，1975：57）的两个例子，这两个例子主语不是第一人称，原来的英文形式中谓语动词为被动语态：

（6）Passengers are warned to cross the track by the bridge only.
（乘客注意，只能走天桥过铁轨。）

（7）Notice is hereby given that trespassers will be prosecuted.
（特此警告，非法入侵者将被起诉。）

此外，正如“快闭嘴！”“请讲！”“休会！”等话语所表明的那样，有些隐性施为语同典型显性施为语的差异更加显豁。由此可见，仅从语法形式上，难以将施为语同述谓语区分开来。那么，既然前面业已指出，奥斯汀起初认为，施为语的功能是以言行事，而非描述事态、陈述事实，因此，这样的话语不存在成真成假的问题，而涉及相关适切条件是否得到满足的问题。譬如，例（2）要施行相应的“命名”行为，说话人必须被赋予所需的权力、在特定的仪式上说出这句话，而且“伊丽莎白女王号”是事先确定的船名，等等。否则，说出这句施为语也无法成功地、不折不扣地实施有关的命名行为。但是，进一步的研究表明，述谓语的使用同样需要满足适切条件，而使用施为语也并非完全同真值评判无关。譬如，“蒋祖兴的二儿子是个神童”这个述谓语预设蒋祖兴（至少）有两个儿子。倘若说话者相信或知道蒋祖兴只有一个儿子，说出这句话显然是不得体的，因为他违背了相关的适切条件。再就施为语涉及真值评判的情况而言，具体又可分为两种情形：其一，一些施为语尽管本身不能判定为真假，但却蕴含了有真假之分的陈述。只有所蕴含的陈述成真，使用有关施为语的适切条件才能得以满足。就上面的例（1）来说，这句施为语要成为适切的道歉，所蕴含的以下这些陈述必须成真：“我在道歉”“我做错了某件事情”“我真诚地表达歉意”，等等。这时，奥斯汀认识到，实际上并不能相对于适切性与成真性将施为语同述谓语截然区别开来，从而他最初针对施为性话语与述谓性话语划定的界线遭到极大的削弱，实际上已形同虚设（Austin 1979：251）。因此，为了考察更加广泛意义上的言语行为，奥斯汀提出以言语行为三分说这种更具普遍性的言语行为理论取代先前的言语行为二分说。

#### 1.3.1.2 言语行为“三分说”

奥斯汀言语行为论旨在阐释在完整的言语环境中所施行的完整的言语行为。因此，他致力于深入考察“究竟在多少种意义上，说事就是做事，或者在说事中做了事，甚至通过说事做事”（Austin 1962，1975：94）。奥斯汀正是在对这种考察不断深化的过程中，对二分说加以摒弃，进而转向了言语行为三分说，即把完整的言语行为区分成言说行为、施事行为、取效行为三个层次。[1]顾名思义，言说行为是“在完全正常意义上的说事行为”（同上），即指说出具有一定含义与指称之语句的行为；施事行为指的是在实施言说行为过程中完成的社交言语行为，体现了说话人说出语句的意图或目的，也即表明了话语在特定语境中的“语力”；取效行为则指在完成言说行为与施事行为的过程中，话语对言语交际活动参与者情感、思想或行为产生影响的行为。不言而喻，这三种言语行为既内在地相互关联，又各有特点、互不相同。三者之间存在着逆向蕴含关系：实施了施事行为必然做出了言说行为，施行了取效行为，必然实施了言说行为和施事行为。相反，实施了言说行为，未必就实施了施事行为，说话者可以鹦鹉学舌地说出一句有意义的话语，但却不实施任何社交行为，亦即他的话语不带有该话语通常所表达的语力。话语是否能够产生预期的效应，除了说话者的意向作用之外，还取决于有关交际活动参与者的诸多因素。当然，就这三种行为之间的关系而言，尤其值得注意的是，并非像“三分说”这个标签可能暗示的那样，三者的区分就好比把一个西瓜分为三份，是将一个完整的言语行为一分为三；而这恰恰正是许多人对奥斯汀后期言语行为论的一种误解所在。应当看到，这三种言语行为的区分是奥斯汀对一个完整的言语行为加以抽象的结果，是他从不同视角或在不同层面上对该言语行为所做出的解析。

自奥斯汀创立言语行为三分说之后，施事行为始终是言语行为理论研究的重点。一方面，这也许是因为言说行为所包含的含义与指称自弗雷格阐述这两者的区别以来，就有不少学者做出了探究，尤其是指称概念作为意义指称论的核心概念成为众多理论家的阐释对象；而沦为言语行为论之“阿喀琉斯脚踵”的取效行为，看来陷入了类似于从听话者的反应阐述语言表达式意义的行为主义意义论所遭遇的相同困境。尽管在典型的交际场景中，说出某句话语可以预料能够产生相应的效果，但在纷繁复杂的言语交际环境下，非典型的效果或反应屡见不鲜。譬如，听到“成品油价格今天零点开始下调了”这句话，有些昨晚刚加满油的车主或许就开始懊悔没有拖后几个小时加油，有些昨晚原打算加油却因故没有加的车主也许稍稍有些幸运感，

---

[1] 三者分别对应于英文 locutionary acts、illocutionary acts、perlocutionary acts。这三个术语的汉译有多种，包括：以言指（述）事、以言行（或做）事、以言成事；言有所述、言有所为、言后有果；本体行为、意向行为、效应行为；以言表意行为、以言行事行为、以言取效行为；表达语意行为、加强语旨行为、取得语效行为；语谓行为、语用行为、语效行为；言内行为、言外行为、言后行为。哪种译法更加符合术语翻译的要求，言人人殊。但无论怎样，将奥斯汀创构的术语“illocution”（= in locution）译作“言外”显然是不足取的，因为 il- 并不是否定前缀，而等于“in”，所以 illocutionary acts 指的是说出话语中实施的社交行为，是一种“语内表现行为”，译作“言外行为”无疑有悖于奥斯汀的原意。

而那些无车一族或许根本就无动于衷。另一方面，注重施事行为研究符合奥斯汀创建言语行为论的初衷，即阐释以言行事的基本机理。无论是在二分说时期，还是到了三分说阶段，奥斯汀探究如何在说出话语中做事的初心始终未改。实际上，从某种角度看，施事行为话语同历经嬗变之后的“施为语”概念是一脉相承的，均可意指所有说出话也即做了事的话语。

施事行为作为言语行为理论研究的重点，受到奥斯汀本人及其后继者的特别关注。他们除了探究施事行为话语的性质、施事行为动词以及施事行为话语表现的语力等论题外，将施事行为的分类同样看作一个重要课题。奥斯汀在其开创性研究中，依据话语体现的语力以及相关的施事行为动词等，探索性地提出了关于施事行为的基本分类。毋庸置疑，奥斯汀对施事行为的分类具有开拓性意义，为之后的系统探讨奠定了基础。当然，既然这是一项开创性工作，不可能一蹴而就。塞尔对其言语行为论发展的一个贡献就体现在对施事行为分类的改进上。

#### 1.3.1.3 塞尔对言语行为论的继承与发展

塞尔将其言语行为论建构在“可表达性原则”的基底上，继承并进一步发展了奥斯汀系统创建的言语行为理论。他不仅构建了施事行为的分类标准，并以此为基础改进了奥斯汀的原有分类，而且修正了奥斯汀言语行为三分说，还创立了间接言语行为理论。下面就对塞尔在这三个方面的开拓性工作简要做一介绍。

**（A）改进施事行为的分类**

首先，就施事行为类型划分而言，奥斯汀本人并未将上述分类看作定论，而只是当作一种探索。所以，这个分类难免存在不足，诸如，缺乏统一的分类原则或标准；不同类型之间出现交叉重叠现象（如“描述”出现在裁决类与阐释类两类施事行为中）；同一类型内部包含异质成分。因此，塞尔经过深入细致的考察分析，概括出奥斯汀施事行为分类在六个方面存在的问题，依照严重程度依次递增的顺序排列，这六个问题分别为（Searle 1979：11–12）：①将动词混同于行为；②有些动词并不属于施事行为动词；③不同类别之间出现过多的交叉重叠；④某些类别内部存在过多的异质成分；⑤类别中列出的动词有许多与类别的定义不符；⑥缺乏统一的分类原则。显然，同任何类别的划分相似，缺乏始终一贯的分类原则无疑是最为严重的问题。因此，要改进施事行为的分类，必须从制定合理的分类原则或标准入手。塞尔对施事行为分类的创造性贡献也突出地体现在这个方面。他通过系统缜密的探析，认为要确定区分不同类型施事行为的统一原则，就应当考虑十二个重要方面。塞尔对这些方面的阐析即可看作相应地提出了区分施事行为的十二条标准。在这些标准中，头三条最为重要，可以将大多数施事行区别开来。这三条标准分别是：施事行为的意图或目的；语词与世界的适应指向；施事行为体现的心理状态。下面根据这三条标准，结合话语所表达的命题内容，将塞尔区分的施事行为的五大类型大体呈现在表一中：

表一：塞尔区分的施事行为五种主要类型

| 行为类型 | 行为目的 | 适应指向（→） | 心理状态 | 命题内容 | 范例 | 备注 |
|---|---|---|---|---|---|---|
| 断言类 | 使说话者确保命题成真 | 话语→世界 | （不同程度地）相信 | 表述事态命题 | 断言、陈述、假设 | 可评判为成真或成假 |
| 指令类 | （不同程度地）试图使受话者做某事 | 世界→话语 | 希望 | 受话者的未来行为 | 命令、要求、请求 | 适应指向与承诺类相同 |
| 承诺类 | （不同程度地）使说话者承担做某事的义务 | 世界→话语 | 意欲 | 说话者的未来行为 | 允诺、保证、威胁 | 适应指向与指令类相同 |
| 表态类 | 表达命题内容真诚条件所确定的心理状态 | 无（适应指向是预设的） | 心理状态变项 | 关涉说话者/受话者的特性等 | 感谢、祝贺、欢迎、哀悼 | 预设所表达命题成真 |
| 宣告类 | 说话者通过言语行为产生适应性 | 话语←→世界 | 不适用 | 命题变项 | 任命、解雇、（下）定义 | 话语与世界相互适应；受制于语言外规约 |

塞尔尽管也将施事行为分成五种类型，但不仅五种类型的内涵明显不同，而且各个类型之间的界线也更加清晰，类型内部的施事行为话语的性质更趋同质。诚然如此，由于施事行为话语的复杂特征，任何分类从不同的角度审视，恐怕也无法达到无懈可击的程度。譬如，塞尔将“发问”与“请求”一并归入指令类，虽然揭示了两者的某些相似性，但将“发问”认同为“请求”忽略两者的差异、掩盖了发问的复杂性，似有削足适履之嫌。

**（B）提出言语行为“四分说”**

以上关于塞尔对奥斯汀施事行为分类之改进的讨论表明，他仍然沿用了施事行为的概念，并且依然把以言行事行为作为研究的重点。然而，这并不意味着塞尔全面继承了奥斯汀言语行为“三分说”。实际上，他对发展言语行为论的贡献还体现在对言语行为三分说的修正上。前面提到，按照奥斯汀言语行为三分说，一个完整的言语行为从不同视角看可以抽象成言说行为、施事行为和取效行为。奥斯汀认为，言说行为还可以进一步分析成“发音”“出语”“表意”三种行为。在正常的言语交际中，实施了言说行为（完成了发音、出语、表意的行为），说话者就施行了某种以言行事行为，并且对言语交际活动参与者的思想情感、行为态度等产生相应的影响，亦即实施了有关的取效行为。塞尔虽然沿用了施事行为与取效行为这两个术语，但在他看来，奥斯汀关于言说行为与施事行为的区分是站不住脚的。其理由是，奥斯汀在阐述两种行为的区别时前后不相一致；更为重要的是，他不接受奥斯汀关于意义与语力的区分。奥斯汀认为，正像含义与指称之区分已经变得格外重要那样，将意义与语力区别开来同样举足轻重（Austin 1962，1975：95）。也就是说，在奥斯汀看来，语句的意义是独立于话语施事行为力量的。奥斯汀正是依据这个看法将言说行为同施事行为区别开来的。相反，塞尔则主张，所有正常的语句都带有某种语力，构成语句意义的一部分。出于极端语境论的立场，塞尔坚持每个正常的语句皆具有语力特征的观点是不足为奇的。问题在于，众多力主语义学、语用学分界的研究者显然无法完全认同塞尔这种将意义与语力相混合的路径。语句意义属于语义学的研究范畴,而话语语力则是语用学的阐释对象。这一语言学分工得到众多理论家的认可。然而,（极端）语境论者并不接受语义学 / 语用学的严格分界观，主张两者存在诸多交叉重叠、相互包含之处。这样，塞尔既然把语力看作语句意义的组成部分，自然也就认为奥斯汀对言说行为与施事行为的区分是不能成立的。基于对奥斯汀言语行为三分说的批判，塞尔提出了自己的四分说理论，进而将完整的言语行为抽象成话语行为、命题行为、施事行为和取效行为四种（Searle 1969：23–25）。其中，话语行为包含奥斯汀的发音、出语行为，指的是说出语词、语块或语句的行为；命题行为取代奥斯汀的表意行为，指通过藉由语句表达的命题做出指称与述谓的行为。可见，塞尔对言语行为三分说的修正，重点是对其言说行为做出了拆分并加以重新归类。

当然，几十年来，奥斯汀言语行为三分说似乎并没有完全为塞尔的四分说取代。除了奥斯汀作为日常语言哲学先驱和言语行为论创始人的巨大影响外，他提出的三分说不无创意，而且所采用的三个英文术语（locutionary、illocutionary、perlocutionary）也较之塞尔的术语（utterance、propositional）更加朗朗上口，更能给受众留下深刻的印记。

**（C）创立间接言语行为理论**

言语行为理论的构建可以看作塞尔对发展言语行为论的又一创举。这一理论试图从一个新的视角阐释语言表达的间接性特点。在日常语言交际活动中，普遍存在语言表达的间接性现象，亦即说话者所欲表达的意义并非语句的字面意义或者明示的意义并非隐含的意义。为了阐释语言表达的间接性现象，语言哲学家以及语言学家见仁见智，提出了各种理论学说。譬如，格赖斯在阐述非自然意义中，就独创性地阐发了区分于“所言”的“所含”之理论，以此说明话语隐含地传达的各种含义。著名的语言学家利奇（Leech 1983）在论述礼貌原则时，也不无洞见地总结了语言表达的间接性同所表现的礼貌程度之间的关系。例如，在“请求”受话者帮助时，（8）中的 b 比 a 更加间接，所以显得更加礼貌：

（8）a. 把行李放到后备箱里！

b. 能帮忙把行李放到后备箱里吗？

相反，发出“邀请”时，话语表达则越直接越礼貌，试比较（9）中的 a 与 b：

（9）a. 你一定要到我的新家来做客！

b. 你能到我的新家来做客吗？

正常情况下，这两句话中的前一句明显要比后一句更加“礼貌”。后一句听上去隐含着听话人到说话者新家做客仿佛是帮了说话者的忙似的。

毫无疑问，现实语言交际活动中语言表达的间接性要比上述两例所反映的错综复杂得多。针对这一复杂现象，塞尔基于言语行为论并汲取格赖斯会话合作原则的思想，创立了间接言语行为论。所谓间接言语行为，指的是藉由施行一个话语施事行为而间接地施行的另一个施事行为。譬如，上述例（8）b 从形式上看是一个疑问句，字面意义是询问受话者是否具备把行李放到后备箱里的能力。但实际上说话者通过做出“发问”的施事行为（带有塞尔所说的“字面施事语力”），间接地提出了“请求”（体现“间接施事语力”）。再以妻子与丈夫下面这组对话为例：

（10）妻子：咱们今晚去大剧院看演出吧！

丈夫：我给老总写了一天的材料，太累了。

在相关的语境中，听到丈夫说的话，妻子就会理解这是对她建议的拒绝。但从字面上看，丈夫的话只是做出了一个陈述（假设事实如此）。那么，妻子是如何从这个陈述推理到丈夫施行的“拒绝”这个间接言语行为的呢？根据塞尔的间接言语行为理论，妻子从话语直接表达的字面施事语力达致隐含的间接施事语力，必须基于会话合作原则及其相关准则和完成以言行事行为的各项条件，通过一步一步的推导过程而实现的。当然，在现实交际活动中，对于正常的语言使用者而言，这些推导是瞬间完成的，整个过程往往也许是无意识的。

尽管学界对间接言语行为论褒贬不一、毁誉参半，有的学者甚或认为这一概念的提出本身就在某种程度属于多此一举（Thomas 1995：94）。但是，客观地说，间接言语行为论的创立对于增强言语行为论的解释力、丰富和发展经典言语论，无疑起到了促进作用。当然，在奥斯汀身后为推动言语行为论发展做出突出贡献者不仅限于塞尔一人。雷氏在这一领域中的创新性研究同样引人注目。下面就概略地考察他对经典言语行为论的革新。

### 1.3.2 雷卡纳蒂施为话语语用学

雷氏最初对言语行为论的革新主要反映在其《意义与语力——施为话语语用学》一书中，英文原版 1987 年由牛津大学出版社出版。该书在他专题研究显性施为语的博士论文（1978）以及原先以法文出版的专著《施为话语》（1981）的基础上修订扩充而成，被誉为继塞尔《言语行为论》之后阐述该论题最为有趣、水平最高的英文著作（Brown 1988：405）。从副标题看，这部著作探讨的核心论题是所谓的施为语。

正如前面对经典言语行为论简述中所提到的那样，奥斯汀的“三分说”以及塞尔的“四分说”均突出施事行为。不过，倘若将“二分说”中的施为语理解成在最为普遍意义上的以言行事话语，即指所有说出话即做了事的话语，那么，施为语与施事行为（话语）实无二致。从这个角度看，或许可以认为，“三分说”“四分说”所抛弃的只不过是施为语的外壳，而使其内核在施事行为（话语）的标签下得以沿袭。事实上，雷氏在《意义与语力》中主张坚持“述谓语”与“施为语”之分。他旨在通过系统批判奥斯汀–塞尔的言语行为“规约论”、倡导言语行为认知语用观，对施为性话语做出新的理论阐释。

#### 1.3.2.1 挑战语义学/语用学传统分界观

雷氏基于认知视角对施为话语的系统语用阐析，首先从挑战语义学/语用学传统分界观、阐述自己的界面观入手（Recanati 1987：4–7）。按照关于语义学与语用学分界的传统观点，语义学所研究的是将语言的符号类型与其所表征的对象相关联的规约，而语用学则探究符号例型在具体话语语境中的使用。据此，语义学关注理解为规则或规约系统的语言，而语用学则聚焦语言使用者的言语行为。长期以来，这种传统的语义学/语用学分界观不断受到理论家的质疑与抨击。正如前面对日常语言哲学思想的简要梳理所表明的那样，传统分界观显然与日常语言哲学家的意义观相悖。按照日常语言学派的立场，语句本身并不能描述事态、表征事实，做出成真成假的断言；语句只有在使用中，才能发挥这些语用功能。维特根斯坦提出的“（工具）用法论”正是为了充分揭示这个事实。正像锄头自己不能锄地那样，语句不经使用同样无法表征事实、描述事态。更有甚者，工具的功能也是由使用决定的，虽然锄头的典型功能是锄草，但是，若将之用于打蛇，锄头的功能就发生了改变。同理，喊出英文“Fire!”究竟是发出“开火！”的命令，还是惊喊“着火啦！”而呼救，只能依据语境中的具体使用判定。因此，在日常语言哲学家看来，语言使用的情境是包含许多参数的复杂体，这些参数包括言语活动参与者、说出的语句、表述的事态、说话的语境等等。语句与描述的事态之关系只是这诸多参数之一。因此，他们认为，传统语义学/语用学分界观将语句与语句呈现的事态之间的语义关系同语句与语句使用者之间的语用关系相对立的策略是不足取的。然而，假如针对理想（逻辑）语言来说，日常语言哲学家的质疑也许不能奏效，因为这种语言的语句无论谁对谁使用、无论在什么情境中使用，都表征相同的事态。可是，日常语言学派所关注的是自然语言，自然语言是巴–希勒尔（Bar-Hillel 1954）意义上的指示性语言，在这样的语言中，表达式与其表征对象的语义关系不能脱离表达式与表达式使用者之间的语用关系。所以，立足于自然语言，日常语言哲学家对传统语义学/语用学分界的质疑就远不是无关宏旨的了，势必促使人们对这一分界观重新加以考量乃至做出相应的修正。奥斯汀作为日常语言哲学的先驱更是身体力行、躬行实践，对语义学/语用学的传统分界观进行修正。正如前面简述经典言语行为论时所指出的那样，奥斯汀严格区分话语意义与施事语力。这就意味着话语意义是由句子意义加上说话语境决定的，而施事语力则取决于语境。同样一句“我建议咱们认真考虑学生的意见”，如果由校长在学生工作会议上说出，与会人员也许不会将之理解为“建议”，而会看作是对他们提出的“要求”甚或是一种“命令”;而假如是一位普通工作人员向校长说出这句话，则大多会理解为“建议”。这样看来，传统分界观必须从两个方面加以修正（Recanati 1987：11–14）：其一，除非相对于具体的话语语境，否则大多数句子并不表征事态、无法评价为成真成假，所以，不能将句子意义认同为句子的真值条件，即句子表征的事态；其二，也不能将话语行为传达的“语用意义”认同为表达的思想或促发的情感。语用意义超乎由句子意义与话语语境决定的话语意义，还包含施事语力，即包含说话者赋予话语并且意在听话者加以辨识的规约性义值。

在雷氏看来，基于奥斯汀言语行为论对传统分界观做出上述两方面修正还不够。原因似乎在于，首先，甚至是区别于句子意义的话语意义也不能等同于真值条件。将话语意义等同于真值条件尽管也许适于陈述性话语，陈述性话语具有真值条件。但是大量的非陈述性话语（如疑问、祈使、感叹性话语）具有意义，却不具有真值条件，从而也就无从将其话语意义与真值条件等同起来。但这并不意味着不能将话语意义认同为话语表征的事态，不同类型的话语可以表征相同的事态，只是表征事态的方式各不相同。其次,也不能将话语意义等同于施事行为的“满足条件”(如,“陈述”或“断言”满足真值条件、其他非陈述性施事行为满足“适切条件”)。具有完全不同语力的施事行为或许有着相同的满足条件，这体现了雷氏的所谓话语满足条件的中立性。由于这种中立性，就不能将满足条件认同于话语意义，也不能将句子意义认同于在特定语境中决定话语满足条件的东西。当然，这两点或许还不是最根本的原因。最根本的原因也许是，作为坚定的语境论者，雷氏认为，某些表达式具有规约性语用意义，包含这些表达式的句子类型也就具有规约性语用意义，这些规约性语用意义与语句的描述性意义结合起来，构成句子的整个语言意义。因此，他并不满足于对语义学 / 语用学传统分界观的局部修正，而试图以一种界面观取代传统的分界观。采取了界面观，也就意味着承认语义学与语用学之间至少存在着部分的交叉重叠、互相渗透的关系。

#### 1.3.2.2 撼动“规约论”之基石

在雷氏看来，“施为惯用语”的概念是言语行为规约论的基石。要驳倒言语行为规约论,首先必须撼动这块基石。所谓“施为惯用语”指的是类似于前面 1.3.1 中“我道歉”“我命名”“我保证”这样的表达式。对于奥斯汀 – 塞尔而言，这些施为惯用语按照常规，使说话者能够实施由其中的动词所陈说的行为；同时，存在规约性地用于实施这些行为的施为惯用语，是构成这些行为的要件。因此，奥斯汀 – 塞尔将“施为惯用语”看作藉由现实规约而获得某些效力。据此，“施为惯用语”所具有的是纯语用意义。奥斯汀 – 塞尔的这种规约论的观点遭到雷氏的批判。雷氏诉诸交际行为性质对“施为惯用语”的效力加以诠释。他认为，假如可以认为交流某个思想就表明交流的意向，那么，通过宣称实施某个行为而能够实施某个交际行为，这也就根本不足为奇了（Recanati 2011：2）。同时，雷氏还拒斥奥斯汀关于“施为惯用语”具有纯语用意义的观点，主张这种表达式带有描述意义。他是依据什么理由坚持这个主张的呢？他是从对比具有纯语用意义的表达式与施为惯用语入手，通过揭示两者的差异而为这个主张提供佐证的。正如雷氏所指出的那样，某个表达式类型假若具有纯语用意义，那么，将这个表达式的例型从包含它的话语中去掉，则不会改变话语的表征内容。而就许多施为惯用语而言，将其从包含这些施为惯用语的话语中移除，一般就会导致话语表征的内容发生变化。试比较例（11）中的 a 和 b：

（11）a. 我警告你，那条狗咬人。
　　　b. 那条狗咬人。

其中带有“我警告”这个施为惯用语的话语，奥斯汀称作“显性施为语”，像 b 这种不含施为惯用语的话语则叫作“基本施为语”。虽然两句话都包含“那条狗咬人”的表征内容，但是在 a 中这是我向你警告的内容，我说出 a 就明确地向你发出了警告。相形之下，脱离了有关的语境，b 可能只是一个陈述，也可能是一个警告，还可能是一个回答。

由于将施为惯用语视作规约性标志语，仅具有纯语用意义而无描述意义，奥斯汀着眼于施为语的社会性维度，强调施为语的规约性，试图立足于社会规约对施为语加以阐释。相形之下，雷氏则更加关注施为性话语的心理认知维度，突出施为性言语行为的意向性，主张话语前部是否缀以施为惯用语，其交际意义相同而字面意义不同；进而力图在对施为性话语的探析中以一种认知语用观取代规约论，亦即试图通过建构一种基于意向概念的格赖斯式理论、依循通行的语义组合原则对施为性话语做出系统阐释。

#### 1.3.2.3　改良格赖斯意向概念

交际意向是格赖斯意义理论中的基本概念。但是，格赖斯所说的交际不局限于语言交际，语言交际只是他所说的交际活动中的一个实例。雷氏也是在格赖斯所称的交际之意义上使用这一概念的。他将格赖斯所表征的交际意向概述为（Recanati 1987：177）：

> 当且仅当说话者在说出话语中带有以下三点意向时……他说的话方具有交际意向：
>
> （G1）说话者的话语使听话者做出某种反应（如产生某种信念）；
>
> （G2）使听话者认识到说话者的意向（G1）；
>
> （G3）……使意向（G1）的实现，部分地依赖于对这一意向的认识……

基于对交际意向的这一表征，进而就很容易将交际行为规定为呈现内在交际意向的话语行为。交际行为的类型与内容则取决于说话者意欲使自己的话语产生何种反应。正如雷氏所指出的那样，同交际意向的上述格赖斯式表征相联系并经常混淆的是一种他称之为“新格赖斯论”的主张，即认为听话者对交际意向的认识是实现该意向的充要条件。假若主张听话者对交际意向的认识是实现该意向的充要条件，这就是所谓强“新格赖斯论”，而假如将听话者对交际意向的认识看作是实现这一意向的充分条件，这是一种弱“新格赖斯论”。但是，无论是以强式还是以弱式出现，这都不能看作是格赖斯的主张，因为在上述格赖斯表征中，意向的实现与意向的认识相联系，但这个意向不等于交际意向（即施事行为意向）本身，而是一组共同构成交际意向的子意向之一（同上：178）。因此，认识这个子意向只可能为实现交际意向发挥一种作用，却不能成为实现交际意向的充分条件。

按照雷氏的分析，格赖斯交际意向表征之所以不能成立，其原因在于，在这三个子意向中，（G1）实际上是一种取效意向，即意在使话语能引起听话者的某种反应。但是，说话者实施交际行为未必要有取效意向。例如，说话者在说出“加州森林大火已经扑灭”时不一定意在让听话者相信这个陈述。因此，（G1）并非必然成立，而（G3）因为预设（G1），也就不一定成立。由于“认识”是一个叙实性谓词，（G2）也预设（G1），同样无法成立。既然藉由取效意向定义交际意向不能成功，那又该如何对交际意向做出解析呢？雷氏不落窠臼，提出在定义交际意向中以“典型性条件”替代取效意向。可是，雷氏并没有对所谓的“典型性”概念做出具体分析，而是依赖于人们对这一概念的直觉理解。不过，借助于他列举的例子也基本能够领会其“典型性条件”的所指（同上：183）。比如，在典型的情况下，某人如果断言某个命题，就知道这个命题，并且意欲让听话者也知道该命题。同样，某人向他人道歉时，典型的情况是，他对这个人做错了某件事情而请求其原谅。雷氏并不把诸如在断言时“（说话者）知道某个命题，并且意欲让听话者也知道该命题”这样的“典型性条件”看作实施有关行为的**必要**条件。在此基础上，雷氏进而强调应当区分成功交际的充要条件与满足交际意向的充要条件。一旦做出了这一区分，就会使我们看到，听话者认识说话者的交际意向是交际成功的必要条件，却不是交际意向得以满足的必要条件。也就是说，交际意向可以定义为“当且仅当某个（话语）行为使这样一种意向得到明示时，该行为才能作为交际行为”的意向（同上：205–207）。

#### 1.3.2.4　修正显性施为语概念

雷氏基于对意向之定义的改造，修正显性施为语概念，并对其做出自己的阐释。如上所示，雷氏关于意向概念定义与格赖斯既有相似性，更有显见的差异（Recanati 1987：208）。雷氏的意向概念与格赖斯的相似，同样不是一个简单的概念，而是由一个基本意向与该意向得到认识的意向所组成的复杂体。但是，与前面提供的格赖斯表征不同：①雷氏将基本意向定义为向听话者提供“理由相信”有关交际行为的“典型性条件”得到满足；他没有像格赖斯那样将基本意向定义为使听话者产生某种反应的意向，尽管他承认，典型性条件中有时包括说话者拥有在听话者身上产生某种反应的意向。②格赖斯始终意欲使基本意向的满足依赖于对这一意向的认识，而雷氏则不接受这种主张，亦即不接受下述观点：关于交际意向不仅包括基本意向与基本意向得到认识的意向，而且包括基本意向的满足以某种方式依赖于对该意向的认识。

从其针对格赖斯交际意向观做出的改造来看，雷氏采纳了上一小节中提到的弱“新格赖斯论”。按照弱新格赖斯意向论，交际意向的认识是交际意向得以满足的充分条件。之所以如此，是因为雷氏定义的交际意向包括一个基本意向，认识这个基本意向也就满足了这个意向。据此而论，认识了交际意向也就使之得到满足。可是，雷氏对显性施为语的阐析并不是严格地基于弱新格赖斯论做出的，他所依据的是一条略有不同的原则——说话者要实施一个交际行为，充分条件是说话者明示实施该交际行为的意向、听话者认识这个意向（同上：210）。要领会这条原则，首先要把握雷氏做出的另外一个区分，即上面所说的“交际意向”与“实施交际行为的意向”两者之间的区别。实施交际行为的意向指的是创生交际情境的意向。只有当说话者通过话语明示交际意向、听话者认识说话者的这个意向，交际才能发生。雷氏之所以要基于上述这条略为不同的原则对显性施为语做出阐析，主要原因在于他认为只有这样，才能说明显性施为语所具有的“自我证实”特性。这一特性具体表现在说出显性施为话语所产生的效应，即藉由话语语力，显性施为话语具有创生话语所表征之事态的功能。除了前面列举的有关例子，显性施为语的这种自我证实特性在下面这个例子中也可见一斑：

（12）我劝告你见好就收。

这句话中包含“我劝告……”，是一句显性施为语，“我”说出了这句话，也就对听话者做出了劝告。之所以如此，这是因为“我”说出这句话意在营造一个交际情境，以对听话者表达说话者对他的劝告。只有当说话者明确表示了交际意向、听话者认识到说话者的意向时，这一交际活动才能奏效。

施为性话语十分复杂。因此，值得注意的是，以上讨论不应当导致我们误认为所有显性施为话语均具有同等程度的自我证实特性。相反，不仅显性施为话语与非显性施为话语的自我证实性各异，而且不同显性施为话语的自我证实性也不尽相同。显性与隐性施为话语具有不同的自我证实性，这一点比较容易理解与接受。比如，若将例（12）中的“我劝告”移除，就得到了一句隐性施为话语。但是，正常情况下，这句话要产生“劝告”的语力，必须依靠相应的语境支持，满足一定的适切条件，如“听话者显得有得寸进尺之嫌；说话者出于善意、为了避免听话者因小失大”云云。否则，这句非显性施为话语同样可能表达“建议”甚或“威胁”等施事行为力量。

就显性施为语而言，正如前面讨论奥斯汀言语行为论从“二分说”到“三分说”的演进时所表明的那样，奥斯汀后来的施事行为概念实际上囊括了对应于两种显性施为语的行为：一种是受制于语言外规制的施事行为（如“任命”“提名”“命名”“（洗礼时）授……以教名”）；另一种是相对纯粹的言语行为，并不像前一种施事行为那样受到社会规制的约束（如“发问”“请求”“警告”，等等）。奥斯汀遭到的许多批评正是抨击他把这两类行为混为一谈了。虽然强调这两类行为的差异并对之做出区分不无道理，但是，雷氏的洞见也许更能给人以启迪。这个洞见在于揭示了以下事实，即，这两种施事行为的界线并非泾渭分明，两者之间存在一个连续体（同上：213）。由此看来，雷氏提出“典型性条件”及其满足的概念看来确实证明技高一筹。位于连续体一端的是典型的规制性行为，而位于另一端的是典型的纯言语行为（即狭义的言语行为）。当然，在某种意义上说，狭义的言语行为也需要满足有关的适切条件，但显然这种适切条件与约束典型规制性行为的规约大不相同。因此，处于这两端的两类行为之典型实例或许容易区分，而介于两个极端之间的大量施事行为也许就不那样易于区分了，因为这些施事行为不同程度地受到社会规制的约束。譬如，“宣布（某国）进入紧急状态”“宣告（某组织）成立”“宣称（自己无辜）”要满足的适切条件不同，受社会规制约束的程度也各异。奥斯汀将所有这些行为均归入施事行为一类，以凸显言语行为的准规制社会性维度，他是在雷氏所说的强意义上使用施事行为概念的。而奥斯汀的后继者很大程度上由于受到格赖斯的影响，大多是在弱意义上讨论施事行为。就这种弱意义上的施事行为而言，社会规制几近淡出视域，而着重要考虑的是说话者通过话语所表明、听话者藉由理解话语而认识的意向。据此而论，实施以言行事行为就只不过是表明某种意向罢了。

总之，雷氏批判奥斯汀言语行为规约论、倡导一种认知语用观的努力不无深意，为言语行为的阐释，尤其是为显性施为语的理解提供了一种不同视角。他对交际意向与施为话语的分析也体现了分析哲学条分缕析的精细特色。诚然这样，辩证地看，若要对言语行为做出更加全面系统的合理阐释，似不应将雷氏认知语用观与奥斯汀–塞尔的规约论径相对立起来。正像言语行为可以从不同层面、不同角度做出分析那样，我们也完全可以从认知的、社会的或语言的不同维度对之加以阐释。因此，不一定非把意向说与规约论视为非此即彼、互相排斥的替代关系，而可以将两者之间的关系看作一种相互配合、相得益彰的互补关系。言语行为作为一种社会交际行为，无疑会受到社会规约或规则的制约；而且我们作为正常的社会人，遵守这类规则通常业已成为我们的自觉行动。当然，雷氏也并没有否认言语行为受制于社会规约，他更多地强调对应于施为语不同类型的施事行为受程式性规约制约的程度不尽相同。他在哲学思潮认知转向的大背景下，聚焦意向这个认知因素在说话者以言行事和听话者领会说话者言语交际意图中的独特作用，试图以经过改造的交际意向概念对显性施为语做出一种新的阐释，这对言语行为理论的发展不无促进作用。

## 1.4 结语

作为全书的小引，本章简述了雷氏青年时代哲学立场的转变，从拉康哲学的狂热信徒转而成为坚定的语言分析哲学家；概述了他几十年来如何孜孜不倦、持之以恒，为日常语言哲学的复兴而不懈奋斗；着重阐述了雷氏关于言语行为论这一语言哲学核心课题的鼎新研究。基于以上论述不难看到，雷氏的语言哲学思想既有继承性，又有批判性，更有创新性。他继承了日常语言哲学直面自然语言现象、关注语言实际使用、强调语境功能的传统；着力批判片面主张语句意义充分决定说话者意义的

“决定论”以及所谓的“规约论”和“字义论”；改造了交际意向与施事行为等诸多基本概念，对经典言语行为理论推陈出新；原创性地做出了意义理论中的许多重要区分，推动了当代语境论的长足发展，逐渐创建起独具特色的真值条件语用学和心理档案等理论学说。雷氏本人也从创立于 20 世纪 90 年代初的欧洲分析哲学学会的首任主席，成长为国际公认的日常语言哲学的现代版——（新）语境论的先驱。语境论也就成为贯穿雷氏语言哲学的思想主线，这条主线也将贯穿本书后面各章关于雷氏哲学思想探究的整个过程。

第2章

# 语境论的传承与发展

雷氏为日常语言哲学的复兴与崛起不懈努力。他所系统阐释与论证的语境论业已成为日常语言哲学在当代的典型范式。雷氏语境论继承并发展了日常语言哲学立足于自然语言的日常使用、直面自然语言现象本身的实践传统，注重语言使用场景中各种要素对语言交际活动参与者言语表达与理解的作用与影响，以期对语言交际活动中所传达的丰富多样的言语行为意义做出全面系统、中肯合理的表征与阐释。

当然，语言哲学界对日常语言哲学的路径与取向历来评判不一。因此，也不大可能奢望学界会对根植于日常语言哲学的语境论持有一致的看法。实际上，关于什么是语境、语境在决定真值条件内容中有何作用、哪些语言表达式具有语境敏感性、乃至形形色色的语境论及其不尽相同的立场如何归类，学界依然莫衷一是。有鉴于此，本章首先简要梳理有关语境概念的基本表征，概述弗雷格“语境原则”以及维特根斯坦对这一原则的改造与扩充；继而探讨雷氏及其他学者关于语境敏感性的论述与争鸣，聚焦语义组合论与语用组合论的论争，以揭示语用组合论的优越性；进而通过对比几种代表性理论关于句子语言意义与说话者所传达意义之关系的不同阐释，彰显雷氏语境论的基本立场与主要特征。

## 2.1 语境概念简述

初看起来，“语境”似乎是个不言自明的概念。尤其是在日常语言交际活动中，语言使用者似乎都对语境概念拥有一种直觉的把握。人们经常告诫他人“不要断章取义”，应当“根据上下文理解词义”。由此看来，语境对于正确理解语言表达式意义的极端重要性是不言而喻的。语境的这种直觉概念虽然为我们研究语境提供了某种基础，但却远远不能表征当今语言哲学中在使用语境概念时所囊括的宽广外延与丰富内容。实际上，在语言哲学研究中，“语境”同其他许多术语的情况类似，实难觅得一个为研究者普遍接受的定义。关于语境的所指恐怕也只能从理论家们使用这个概念的语境中加以推定。可是，稍加考察也许就不难发现，他们使用语境意欲表达的所指对象可能差异迥然。有的用语境来指表言语交际活动中某个语言表达式表达特定含义所依赖的上下文或前言后语；也有学者用以表达言语交际事件中影响或制约某个语言表达式之特定涵义的各种相关的主客观因素，诸如言语活动发生的时间地点、具体场景，以及发话者和受话者的身份地位、信念意向、背景假设。然而，正如早有学者提醒的那样，假若将任何同话语相关的东西均视为语境的一部分，那么，既然直觉地看几乎任何东西都可能同话语相关，所以，关于语境的理论就可能成为一种包罗万象的理论（van Dijk 2008：ix）。

诚然如此，从上述对语境不同理解的描述可见，就总的趋势而言，语境概念的外延渐次不断扩展引申，变得越来越宽泛，其内涵也随之变得愈加丰富。正像对意义底蕴的不懈探究有力地助推了当代意义理论的发展那样，对语境概念的孜孜索解也极大地促进了当代语言哲学研究的深化与拓展。

正如后面的讨论将表明的那样，以雷氏为代表的众多语境论者所持的也是一种宽泛包容、动态开放的语境观，他们在探究语言使用意义时所关注的语境不啻包括语言要素，并且涵盖同言语交际活动相关的使用者及其认知、社会、文化、环境等诸多维度。从而在众多学者看来，“语境”实际上也早已成为一个心照不宣、无须明确界定的直觉概念。

## 2.2 弗雷格“语境原则”及其继承与改造

### 2.2.1 弗雷格的语境原则

语言哲学中关于语境重要性的认识或许应当追溯到分析哲学之父弗雷格。语境原则是弗雷格提出的哲学分析“三项根本原则”之一，[1]并且被看作弗雷格对语言哲学最为重要的贡献。按照这项原则，我们必须在命题的语境中探究词语的意义，而不能脱离语境孤立地探寻某个词的意义。弗雷格认为，只有恪守这条原则，才能切实避免许多哲学错误，尤其是能够避免逻辑哲学与数学哲学中那些同心理主义相联系的哲学错误。弗雷格的语境原则对后来的许多语言哲学研究产生了主导性的影响。众多语言哲学家虽然未予公开承认，但这条原则几成一种共识作为其理论建构的基础。有些哲学家甚至认为，可以将这项原则描述为现代语言哲学以及现代意义理论的分水岭，或者至少是最为重要的分水岭之一（Bar-Elli 1997：100）。不过，这并不是说哲学界普遍接受语境原则。譬如，罗素语言哲学中的许多内容似乎就与这条原

[1] 弗雷格在《算术基础》（1884/1980）导论中指出：

在随后的探究中，我坚持三项根本原则：①始终严格区分心理与逻辑、主观与客观；②决不孤立地探寻一个词的意义，而只在命题的语境中探寻词义；③决不无视概念与客体之间的区别。

（参见 Wikipedia, the free encyclopedia; accessed December 26, 2018）

则相左，或者他看似径直忽略该原则。但是，正如有的哲学家所指出的那样，从现在的角度来看，罗素语言哲学中那些与语境原则相悖的观点更显陈腐；而他富有活力和具有挑战性的灼见则与语境论相契合（同上）。相形之下，弗雷格语境原则对早期维特根斯坦的影响或许更加直观。维特根斯坦在《逻辑哲学论》中的多处论断体现了语境原则的精神实质。当然，维特根斯坦的这些论断体现了他早期“图像论”和意义指称论的立场。正如学界普遍认为的那样，这种立场同他后期的“使用论”或“意义即使用”的思想格格不入。后期维特根斯坦是日常语言学派的代表人物之一，其意义使用论是日常语言哲学思想的重要部分，并且是以雷氏为代表的当代语境论主要思想源泉之一。这种思想渊源关系也许会令不少人感到困惑。既然由弗雷格创立、前期维特根斯坦传承的是一条语境原则，那么，当代语境论为何根植于后期维特根斯坦思想，而不能溯源至维特根斯坦前期学说呢？这种困惑的产生可能是由于弗雷格语境原则和语境论中都含有“语境”这个关键术语。岂不知此语境非彼语境也。正如后面的论述将表明的那样，弗雷格语境原则非但不是当代语境论的源头，而恰恰正是与之径相对立的语义最小论的先祖。如此看来，为了更好地领会弗雷格语境原则的精神实质及其对当代语言哲学思想的影响，进一步探讨关于这一原则的不同解释就显得愈加必要。

在对弗雷格语境原则所做的种种解读中，斯坦顿概括的三层面理解颇具启迪性（Stainton 2006：88–89）：语境原则赋予句子以在先性，即认为语义上句子在先于构成句子的词。但是，人们可以从方法论上、从元语义上或从心理上将句子看作在先于组成句子的词汇。其一，就语境原则的**方法论**解读而言，这条原则实质上要求词汇语义学家只是考察某个词对可能包含它的句子所产生的效应。譬如，弗雷格对“一”抱有极大的兴趣，想要弄清“一”的意义，他不是孤立地探究这个词的意义，而是通过思考类似下述这种问题探寻“一”的意义：诸如“一辆救护车开过来了”“一个犯人逃跑了”这种包括“一”的完整句子有何共性？包含与“一”稍有不同的词的句子（“两个犯人逃跑了”）与包含“一”的最为类似的句子（“一个犯人逃跑了”）如何在意义上系统地不同？在弗雷格看来，词汇语义学家决不应当试图仅仅通过孤立地思考“一”的意义以弄清这个词的意义，亦即决不可脱离包孕某个词的句子结构而试图弄清其意义。其二，按照斯坦顿的分析，我们可以对弗雷格语境原则做出**元语义**解读，亦即做出关于意义来源的解释。这种解读要回答的是“藉由什么（表达式具有所具有的意义）”的问题。举例而言，假若我们问道“藉由什么 /dǎoyǔ/ 这个读音具有意义？藉由什么这个读音意谓‘四面环水并在高潮时高于水面的自然形成的陆地区域’而不意谓‘新闻开头揭示其核心内容的第一段或第一句话’？”值得注意的是，这里问的不是 /dǎoyǔ/ 意谓什么，而是问这个读音为什么意谓它所意谓的东西。因此，与上述第一种解读不同，这种关于语境原则的元语义解释并不关注我们应当到哪里去探寻意义，而关注什么是意义的基本来源这个问题。基于这种解读，语境原则所主张的是，非派生性地具有意义的实体是句子，从而作为句子构成成分的词语只有通过其在句中扮演的角色方能获得意义。其三，可以对弗雷格语境原则做出**心理上**的解读。从这个角度加以理解，该语境原则是关于内在于理解过程之心理特征的经验性主张，即宣称唯有当词语出现在某个特定句子中时，才可能领会其涵义。在斯坦顿看来,这是关于弗雷格语境原则三个解读中最为直截了当的一个，这个解读所基于的观点是我们在心理上能够理解的是整个语句。只有通过理解完整语句的意义，才能把握构成句子的词语的意义。

乍看起来，弗雷格语境原则强调不能孤立地询问某个词的意义，这似乎同奥斯汀（Austin 1979）关于泛泛地问什么是一个词的意义是不得要领的这种断言如出一辙。正如后面的讨论将表明的那样，虽然弗雷格与奥斯汀都反对孤立地探寻一个词的意义，但由于两人的哲学立场大相径庭，探讨意义的出发点和落脚点迥异，所以，他们两人的意义观实际上也大不相同。弗雷格所说的语境指的是句子或命题结构，强调藉由理解句子意义把握词的意义；而奥斯汀则主张言语行为是意义的基本单位，唯有在言语行为中才能确定词语的意义。因此，弗雷格与奥斯汀的意义理论同样必须基于他们各自的思想语境方能做出正确的理解。当然，要做到这一点却并不容易。回到弗雷格语境原则来看，不同哲学家对之做出的阐释或许并不限于上述三种。但仅从这三个不同层面的解读就已经足以看到，这一原则内涵的丰富性以及对之做出多种解释的可能性。下面再结合针对语境原则与所谓“语义组合原则”之关系的不同看法进一步表明这一点。

依据语义组合原则，诸如一个句子这种复杂表达式的意义是构成该表达式各个成分的意义之和加上其组合规则。表面上看，组合原则似乎与语境原则相抵牾，因为如前所述，根据语境原则，只有通过理解完整语句的意义才能把握句子所包含词语的意义。例如，贝克与海克就声称，既然句子逻辑成分的意义产生于对所表达之可判断意义的分解，这种句子的意义就是平凡地由其成分意义组合而成，所以，语境原则可以看作意义组合原则的逆命题（Bar-Elli 1997：107）。但是，作为组合原则逆命题的不是语境原则，而是意义提取原则。因此，在更多学者眼里，语义组合原则与语境原则实际上应当看作一枚硬币的两面。我们需要组合原则，以解释语言使用者为何能够理解各种先前从未遇到过的复杂表达式。语言使用者之所以能够理解陌生的复杂表达式，正是因为熟悉其构成成分的意义及其组合规则，藉此推导出整个复杂表达式的意义。理论上说，假如语义不具有组合性，语言使用者就无法依据有限的规则理解无限多句子的意义。组合原则正是强调整个复杂表达式的意义完全取决于其成分意义加上组合规则。而语境原则表征成分意义完全取决于复杂表达式的意义。斯坦顿通过两个类似的等式形象地揭示了语义组合性与语境原则作为一枚硬币之两面的性质（同上：90），试比较下列两个等式：

**（A）语义组合原则**

（复杂表达式的）整体意义 =〈成分意义$_1$，成分意义$_2$，……，成分意义$_i$……成分意义$_n$〉+ 结构

**(B) 语境原则**

成分意义 $_i$ = 整体意义 – (〈成分意义 $_1$，成分意义 $_2$，… 成分意义 $_n$〉+ 结构)

按照（B）语境原则，我们确定成分意义（词义），而基于（A）语义组合原则，我们获得所期望得到的复杂表达式整体意义。

## 2.2.2　弗雷格语境原则的继承与改造

弗雷格语境原则虽然对后来的语言哲学研究产生了巨大的影响，但也遭到了种种质疑与挑战。在有些哲学家看来，这条原则所主张的单词只有在句子（命题）语境中才能确定意义的信条并不符合人们使用语言的实际。在日常语言交际活动中，人们经常并不使用完整的句子，而使用小于句子的短语或单个的词；儿童习得语言也是从单个词开始。这说明他们并不需要藉由完整的语句把握单个词语的意义（Stainton 2006）。更有甚者，弗雷格将语境概念限于句子（命题）的做法显然也无法得到以后期维特根斯坦、奥斯汀等为代表的日常语言哲学家及其后继者的认同。如前所述，后期维特根斯坦从语言“图像论”转向了“（工具）使用论”，主张只有在语言游戏中才能确定语言表达式的意义，这就好比棋子的意义必须在下棋活动中得到确定、足球的意义必须在足球比赛中确定一样。而要在语言游戏中确定语言表达式的意义，仅仅依靠句子结构提供的语境是远远不够的，这时的语境概念显然需要包括许多语用因素。无独有偶，奥斯汀创立的言语行为论同样强调语用因素在确定言语行为意义中的重要作用。他一再强调必须在整个言语行为中确定有关语言表达式的意义。无论是其前期创立“施为语”概念并将之同“述谓语”加以区分时，还是在其后期提出言语行为三分说且将以言行事行为作为研究重点的过程中，奥斯汀始终贯彻语境的思想，强调言语行为的“适切性”，也即强调言语行为能否成功地实施在很大程度上取决于话语同相关语境是否契合。不言而喻，无论是后期维特根斯坦还是奥斯汀所说的语境根本不再囿于弗雷格语境原则中限于句子结构的语境概念，而是涵盖了各种影响言语交际活动的语用因素，既包括语言使用者的背景知识、交际意向等要素，又涉及交际场景、所处环境等外部因素。究其原因，就在于以后期维特根斯坦和奥斯汀为代表的日常语言哲学家主张，语义内容是言语行为或思想行为的性质，而句子只是以派生的方式具有语义内容，他们所奉行的是弗雷格语境原则的语用化形式，亦即对之加以改造而成的“语境论原则”：

> 唯有在言语行为的语境中，句子才能获得确定的语义内容。
>
> （Recanati 2018：183）

从某种角度看，当代语境论是在反驳弗雷格语境原则或对之加以改造的过程中得到发展的。正如有的学者所指出的那样，关于自然语言中句子意义的语境论起源于反对弗雷格语境原则的斗争。20 世纪中叶，这场斗争主要在日常语言哲学家与理想语言学派之间开展，后来又在语境论与语义最小论之间延续。20世纪中叶的这场斗争斯特劳森称之为“荷马史诗般的斗争”，被认为以日常语言哲学家的失败告终。但是，雷氏等当代语境论者并不接受日常语言哲学已被彻底击败的观点。其理由在于，后期维特根斯坦和奥斯汀为代表的日常语言哲学家的许多真知灼见被当代哲学家所汲取和利用。尤其是下面两点主张业已成为语言研究者的广泛共识（Recanati 2018：182）：① 言语单位是以言行事行为。断言只是许多以言行事行为中的一种；② 自然语言中存在着普遍的语境敏感性。语言表达式承载的语义内容依赖于话语语境。假如语境发生变化，有关的语义内容往往就会发生改变。当然，正如上面已经强调过的那样，这里所说的语境不只指句子（命题）结构、前言后语或上下文这种言内语境，而更加宽泛地指影响乃至决定话语意义与言语行为性质的语言使用环境。语境论试图复兴并发展日常语言哲学的努力遭到了理想语言哲学后嗣语义最小论的奋力阻抗。语境论的上述主张及其对弗雷格语境原则的改造始终受到语义最小论的抵制和反对。最小论恪守弗雷格语境原则，将语境局限于整个句子的框架中，而同说出句子的有关环境无关。只有当句子本身需要时，语义最小论者才允许语境影响句子的真值条件内容。也就是说，语义最小论者试图将语境因素对语义内容的介入控制在最小程度。这与语境论的立场显然是格格不入的。语境论虽然也分为几种形式，但所有这些形式的语境论均对弗雷格语境原则以及信奉这一原则的最小论提出了挑战。它们所说的语境不再囿于将某个句子各成分结合起来的言内语境，而涵盖可能说出同一个句子的各个不同的情境。因此，语境论着重关注话语的言外语境如何影响所说出句子之成分的意义，进而影响整个句子的意义，导致同一个句子类型的不同话语产生不同的真值条件。特别是，同一个句子的两个话语或许可能表达不同的语义内容，其原因并不能归结为句中包含指示性成分，而是由于两个话语出现在了不同的语境之中。这种现象同弗雷格“命题内语境”的概念相悖（Falcato 2010：259）。因此，在语境论者看来，要想对语言交际实践中的这种普遍现象做出更加令人信服的阐释，无疑必须摆脱弗雷格语境原则的窠臼。

## 2.3 语境敏感性的表征

当代语言哲学中各个学派之间的争论，无论是语境论与最小论的争鸣，还是这两个对立立场内部各种变体之间的分歧，往往体现在对语言表达式语境敏感性的接受程度与表征方式之上。最为激进的语境论宣称，自然语言中普遍存在语境敏感性，脱离了使用语境，词语没有确定的意义、话语也没有明确的真值条件，无法做出真值评判。相反，字面论或典型的最小论则坚持，除了由句子语言因素激发的语境依赖性之外，句子的语义内容不受语境因素影响，语境因素所影响的话语意义，属于语用学范畴。卡珀朗与莱波雷（Cappelen and Lepore 2005）就明确指出，语境敏感性表达式仅限于他们所说的“基本集”，即卡普兰在《指示词语》第一页上列出的一组指示语，诸如“我”“你”“这里”“那里”“现在”“今天”，等等。他们提出了所谓的“语义最小论”和“言语行为多元论”，以体现其坚持语义内容最小程度地受制于语境、言语行为内容依赖于语境的原则立场。但是，卡珀朗与莱波雷的许多论述受到了语境论者的质疑与抨击。即使在最小论者内部，他们的论断也没有得到普遍的认同。譬如，在博格看来，以最小论者和语境论者各自假定的一系列语境敏感性词项来呈现两个学派之间的纷争，这不是一条正确的路径。反之，应当将语境论与最小论的争鸣表征为关于语义理论作用机制的论争（Borg 2007：358）。博格对卡珀朗与莱波雷的批评不无道理。语境论与最小论的分歧并不只是简单地关涉哪些表达式是语境敏感性的这个操作层面的经验性问题，而是关于语义理论性质与作用等更加深层的问题，涉及语义内容、真值条件与语义学/语用学分界等一系列理论问题。

不言而喻，围绕语境敏感性及上述一系列理论问题，介于激进语境论与最小论这两个极端之间的理论立场持有相对温和的态度，它们既不像最小论那样将语境敏感性局限于指示性词语，又不像激进语境论走得如此之远，以致否认词语具有独立于语境的稳定意义或者否定语法对语义的制约作用。例如，由斯坦利等创立的指示论主张，句子中存在着隐性指示成分，因而允许受语境影响的说话者意义发挥作用，但这种作用仅限于填补句子逻辑式中出现的空缺。而调和论承认语境对真值条件的影响，但却将这种影响局限于直觉意义上的所言（Recanati 2004：81）。但在以雷氏为代表的语境论者看来，无论是指示论还是调和论均对语境的作用认识不足，因而都存在片面性。诸如指示论与调和论这种中间立场同样受到最小论者的诟病。卡珀朗与莱波雷（2005）就直言不讳地宣称介于最小论与激进语境论之间的中间立场是不稳定的立场，不是必然滑向最小论，就是注定沦为激进语境论。但是，博格在质疑卡珀朗与莱波雷将理论家归类所依据的标准时提出，若不像这两位哲学家将接受语境敏感性表达式的多寡作为标准，而将关于什么机制引发语境敏感性的认识作为分类标准，亦即重在考量有关哲学家是否将语境效应限定为由句子句法成分所触发的效应，还是同时也接受自由语用充实的语境效应，那么，关于温和语境类必然滑向激进语境论的断言就未必能够令人信服。但是，博格同样认为，介于激进语境论与最小论之间的中间立场是不稳固的。其理由在于，所有中间立场均受到固有内在矛盾的困扰——一面主张认真对待语境敏感性现象，一面又强调不要太把这一现象当回事儿，以致奉行意义使用论（Borg 2009：96）。尽管这样，就目前来看，针对最小论与激进语境论之间的中间道路是否可行、是否必须在这两种极端立场中做出非此即彼的选择这种问题，学界恐怕实难在可以预见的未来做出一致的回答。但是，关于学界认识的未来基本走向，我们或许能够从雷氏对字面意义论传统之发展轨迹的总结中得到某种启发：这一传统始于弗雷格，业已经历了原字义论、永恒论、规约论、最小论四个阶段（Recanati 2005：175），走向语境论则很可能将是其历史之必然。这样，自然语言中普遍存在语境敏感性就将成为愈加广泛的共识。

### 2.3.1 语境敏感性现象与特性

语境论者强调的语境敏感性或语境依赖性同语义不充分决定性联系密切。在他们看来，自然语言普遍存在语境敏感性；因此，脱离语境，句子的语言意义往往不能充分决定说话者所欲表达的意义，而必须依赖于语境，藉由一系列语用过程对句子的语义内容加以充实，以完整准确、清楚妥帖地传达说话者的话语意义。

随着关于语义不充分决定性与表达式语境敏感性认识的深化，视为具有语境敏感性的表达式数量不断增加，语境依赖性表达式的范围显著扩大。这一趋势看来从一个侧面印证了雷氏等理论家关于语境论思想将获得愈加广泛的认同这个预言。诚然如此，至于哪些表达式是语境敏感性的以及主要有哪些类型的语境敏感性表达式，目前学界尚无定论。实际上，在关于语境敏感性和语义不充分决定性的争鸣中，研究者们所列举的语言现象也不尽相同。下面这张表格概括了语境论者看作语境敏感性表达式的主要类型：

**表一："语境敏感性"表达式的主要类型**

| 表达式类型 | 示　　例 |
| --- | --- |
| 自动确定指称对象的指示语 | 我、今天、下个星期、去年 [ 时态 ] |
| 自行决定指称对象的指示语与指示代（副）词 | 我们、她、他们、你、现在、这里、那里、那个、那些 |
| 天气与其他环境报告词语 | （天）在下雨、热、潮湿、刮风、嘈杂、怪异、拥挤 |
| 能够不带补足语使用的表达式 | 准备好了、晚了、结束、足够坚固、合法、有资格的、不胜任的、有经验的、适用的、相关的、困难的 |
| 表关系的词语 | 邻居、迷（fan）、敌人、当地的、外国的、雇员、导师 |
| 视角词 | 左边、遥远的、上、后面、前台、地平线、晕倒、挡住 |
| （相对与绝对）等级性形容词 | 高、老、快、聪明；平、空、纯、干 |
| 依赖于反应的性质词项 | 可食用的、有毒的、吓人的、令人作呕的、舒服的 |
| 个人口味谓词 | 有趣的、可笑的、令人震惊的、枯燥的、可口的、味美的、酷 |
| 属格短语、形容词短语、名词 + 名词的复合词 | 约翰的汽车、约翰的家乡、约翰的老板、约翰的公司；fast car（快车），fast driver（开车快的司机）；child abuse（虐待儿童），drug abuse（嗜用毒品）；vitamin pill（维生素片），pain pill（止痛片） |
| 非完整句话语 | "一条鲨鱼！""手术刀！""水！" |

续前表

| 表达式类型 | 示　例 |
|---|---|
| 介词 | 在……中、在……上、至……、对于……、以…… |
| 某些有哲学趣味的词语 | 知道、可能、大概、必然、解释、和 / 与、或者、如果、强制性的、允许的、应当、自由的、负有责任的 |

（参见 Bach 2014：176–177）

当然，相对地说，这张列表也只能说是粗线条的，有些类别的划分及其包括的表达式或语言现象难免会引起争论。但是，巴赫列举类似这些被认为属于语境敏感性的语言现象，其目的并非要论证其分类标准，或者要穷尽各种语境敏感性表达式。实际上，其中许多项目他根本就不赞成归入语境敏感性表达式之列。他认为，语境论者之所以将之看作语境敏感性的，主要原因就在于他们：①没有区分“在语境中做的事情”与“由语境做出的事情”；②没有能有效地克服“命题论”的错误假设，即误认为所有句子都表达命题。在他看来，许多句子仅仅表达“命题干”；③没有将“意向”同语境因素区分开来。但是，巴赫作为雷氏所称的调和论者，其“所言”概念极窄，他的很多观点虽然耐人寻味，却并没有得到普遍认同。特别是他将意向排除在语境因素之外似同语境论主流思想不符。尽管这样，从他概括的类似上述这些被视为语境敏感的表达式不难看到，无论承认与否，学界论争的语境敏感性显然不再囿于语义最小论所限定的范围。不过，值得注意的是，近年来，语境论着力表征的语境敏感性已不是由句子语言成分触发的语境依赖实例，即为了消除歧义、补全句法省略以及确定指示语所指对象而依赖于语境作用的情形。这些类型的语境敏感性基本已为最小论者所接受。表一中罗列的其他类型则不为最小论者承认。这些类型的语境敏感现象却是语境论者论辩的主要内容，他们旨在表明，这些类型的语境敏感性不能简单地解释为歧义、省略或指示性等，而应当表征为自成一类的特殊性质。面对这种争议，也许有的学者会提出，既然广义上可以把表一中罗列的这些现象均视为语境敏感性表达式，而且其中几类确实可以认为由句法因素触发，那么，也就不能说语境敏感性具有什么不同于歧义、省略、模糊、指示性等现象的特别之处，但问题在于，语义最小论者并不将表一中的绝大多数实例看作语境敏感性的。而这些实例却正是语境论者用以反对最小论的重要素材。

## 2.3.2　语境敏感性的特征

如前所述，语境论者所揭示的语境敏感性远不止包括自然语言中的指示性，即指示语的指称对象随语境的变化而变化的性质。他们所理解的语境作用也远不止确定指示语和指称性表达式的所指对象或为歧义表达式消除歧义。这些语境作用当代语义最小论者也并不否认，尽管其先祖理想语言学派曾将指示性与歧义看作自然语言的缺陷。这里重点讨论的是语义最小论往往不予承认、语境论者却突出强调的语境敏感现象，这些现象通常被认为源于有关表达式的语义不充分决定性。语境论者所说的这些语境敏感现象，最小论者往往试图通过歧义、模糊、省略甚或指示性做出解释。那么，语境论者列举的种种语境敏感性实例是否可以通过这些语言现象得到解释呢？换句话说，这些实例是否呈现某种有别于这些现象的特殊性质呢？语境论者坚持认为，这些语境敏感实例不同于歧义、模糊、省略等语言现象，其特殊性质无法以这些现象做出令人信服的解释（Bianchi 2011：68；Belleri 2014：52–64）：首先，语义不充分决定性导致的语境敏感性不能理解为歧义。试比较（1）与（2）：

（1）这张木桥足够坚固。

（2）老王**原来**住在王府井附近。

从语境论的视角看，脱离了语境，（1）由于包含“坚固”这个语境敏感性表达式，其语义是不充分确定的，因而也就不能判定这句话成真或成假。也许行人或自行车通过时，木桥足够坚固，从而所表达的命题成真；但它或许不足以承载一辆卡车的重量，因此若用以回答一辆载重卡车能否安全通过这个问题时，（1）显然就成假。可是，在这两个情境中，“坚固”的词义却并无差异，均表达“结实（牢固）”之意，亦即这个词并不产生歧义。相反，例（2）可以作两种不同理解，其原因正在于“原来”这个多义词导致的歧义。具体地说，“原来”做名词时，这句话的意思是“老王以前曾经住在王府井附近”；而“原来”做副词时，例（2）就意谓“没想到老王就住在王府井附近”。再来比较一下英语文献中经常列举的包含 bank 和 ready 的语句：

（3）Mary is ready.（玛丽**准备**好了。）

（4）Jack went to the bank this morning.（杰克今天上午到银行 / 河边去了。）

例（3）中的 ready 与例（1）中的“坚固”类似，经常被语境论者视作语境敏感性的表达式。因此，在有关的语境中，说玛丽准备好了**考试**或许成真，但说她准备好了郊游却成假，而泛泛地说玛丽准备好了则无法判定为成真还是成假。相形之下，只要确定了 bank 究竟指的“银行”还是指“河岸”，亦即消除了歧义，这句话的真值就不难判定了。实际上，研究者们设计了数种检验方法，藉以区别歧义与语义不充分决定性导致的语境敏感现象。常用的检验方法包括“并连法”“肯定否定法”“语际检验法”（Searle 1980；Zwicky and Sadock 1975；参见 Belleri 2014）。其一，所谓“并连法”指的是通过使用并连结构区分歧义与语义不充分确定导致的语境敏感性现象的方法。例如，假如在语境中明确杰克去了 $bank_1$（银行）、吉尔去了 $bank_2$“河岸”，就不能正确地说“杰克和吉尔都去了 bank”。相形之下，对于 ready 这样的语境敏感性表达式也许不会受到这种并连结构的排除。因此，虽然玛丽准备好了考试，而约翰准备好了启程，我们依然可以说“玛丽和约翰都准备好了”。其二，通常可以藉由“肯定否定法”表明这里强调的语境敏感现象不同于一般认知的歧义。仍以 bank 一词为例。一经在语境中明确了它的两个意思分别为 $bank_1$（银行）和 $bank_2$“河岸”，就完全可以说“杰克去了 $bank_1$（银行）而没有去了 $bank_2$（河岸）”。但如果我们说“玛丽准备好了，玛丽没有准备好”就会显得自相矛盾。其三，正如上述包含 bank 的歧义句与包含 ready 的语境敏感性实例业已表明的那样，bank 的两个意项在中文中分别译作“银行”和“河岸”两个表达式，而 ready 无论是指为考试做好准备，还是为其他事情做好准备，却都译成“准备好了”。这种区分歧义与在此强调的语境敏感现象的方法即为所谓的“语际检验法”。当然，诸如此类的检验手段或许并不始终灵验。而且针对不同的实例，这些检验手段的适用性也许不能等量齐观，但的确足以表明，语义不充分决定性引起的语境敏感与通常理解的歧义现象不同，不应该将其认同于歧义实例。

其次，也不能将这里强调的语境敏感性等同于通常所说的狭义模糊现象。尽管如何定义模糊性，研究者的看法并不完全一致。假若将“模糊”的区别性特征仅限于理解为有关事物或概念的界线不够清晰分明，那么，语境论者看作由语义不充分决定性导致的很多语境敏感性实例就不能认同于“模糊”。例如，尽管通常认为“英年早逝”中的“英年”指的是18–45岁的青壮年，但这显然存在模糊性。奥斯汀是在49岁时去世的，可是说他英年早逝恐怕并不为过。相比之下，上面讨论的关于 ready 的例子就难以归因于模糊，无论玛丽准备好了做什么，她要么准备好了，要么没有准备好,两者之间并非含混不清。再以语境论者经常讨论的“This is a red pen.”（这是一只红钢笔）为例。尽管这句话中的红色并不存在（红与非红之间的）边界模糊性，但脱离了语境，根本无法判定说的是这支笔外壳是红色的、墨水是红色的，还是通体黑色，连墨水看上去也是黑色的，而只在笔尖接触到纸写出字时才呈红色？无独有偶，特拉维斯列举的一个例子同样别具匠心，广为研究者讨论。他设想将一棵树上黄褐色的树叶刷成了绿色，然后在两个情境下说出“（这些）叶子是绿色的”：一个情境是摄影师要绿色树叶作背景，另一个情境是植物学家在寻找绿色的树叶用于研究。可以认为，在前一个情境下，说出这句话成真，而在后一个情境下，说出这句话则成假（Travis 2008）。究其原因，这两个情境下，评判绿色的标准不同。也就是说，脱离了使用语境，就难以对这句话的真值做出恰当的评判。

最后，语境论者强调而最小论者否认的语境敏感现象也无法归结为“省略”，这里所说的省略主要是一种句法现象，所省略的语言成分一般可以从前面出现的句子结构中复取。例如，

（5）甲：谁惹老师生气啦？乙：二愣子。

（6）麦迪逊说汉语和英语一样流利。

例（5）中乙说的话省略了甲前面说过的“惹老师生气”。在日常交际中，这样的省略能使会话更加简洁。同理，例（6）中在“和”之后省略了“他说”。那么，为什么在很多语境论者看来，语义不充分决定性导致的语境敏感性不宜归入这类省略呢？为了回答这个问题，考虑一下贝勒里所概括的以下三个方面的原因或许能够获得一些帮助（Belleri 2014：64–65）：其一，在会话双方之前没有说出任何话语、

又不共有任何预设句法的情形下，省略表达式与（语境论者强调的）语境敏感性表达式表现出的性质不同。关于这一点,可以通过对比两种现象的很多例子说明。不过，比较一下上面举过的“玛丽准备好了”和“二楞子”这两个例子就可见一斑。在所假设的情形下说出这两个话语，其可接受程度显然大不一样。没有（5）中甲的话作前提，孤立地说出“二楞子”极可能让人摸不着头脑。而“玛丽准备好了”尽管认为语义上不够完整，但听上去不会像“二楞子”那样令人不解。其二，如有关例子所示，句法省略的成分受句法规则制约，有规律可循。但要补充完整像“他迟到了”这种语义不充分确定的实例却找不到类似的句法规则。只能在相应的语境中，我们才能得知“他开会迟到了”“他上课迟到了”“他观看演出迟到了”，还是参加什么别的活动他迟到了。其三，若将语境论者强调的语境敏感性实例看作句法省略，就可能使句法省略概念失去特色。如果可以将这种语境敏感性实例都解释为省略，那就意味着即使前面没有出现省略句所基于的有关语句或表达式，句法上不完整的语句也可以看作句法省略，这就会导致混淆句法不完整性与语义不完整性，从而将所有缺少某种语义成分的现象都看成句法省略。这种结果显然不会为众多语言哲学家和语言学家所接受。

### 2.3.3 语境依赖性之理据

（激进）语境论所强调的语境敏感性并非最小论能够解释的语境依赖现象，诸如指示性、歧义与省略等。在（激进）语境论者看来，与逻辑语言不同，自然语言的特点是普遍存在的语境敏感性；语句的语言意义往往不能充分决定其真值条件内容，真值条件内容的充分确定有赖于语境做出贡献；语境对真值条件内容的贡献超出语言成分触发的内容，囊括各种相关的语用信息和语境内容。而句子的规约意义只有相对于有关的语境要素，才能决定恰当的真值条件。那么，语境论者都挖掘了什么样的理据，藉以佐证语境在决定话语真值条件内容中无以替代的重要作用呢？这个问题同样无法做出明确唯一的回答。以雷氏为代表的语境论者各自提供的论据不尽相同，即使具体到个人而言，他们前后所探讨的理据也未必一成不变。这种局面实际上并不难理解。虽然可以认为同属于语境论者，但由于所依据的哲学视角与方法不同，他们提供的理据出现差异实属正常。同时，就个体而言，其思想发展不同阶段做出的理论探索自然也会发生相应的变化。因此，仅以雷氏为例，他在 20 世纪 90 年代所探讨的语境敏感性所涉及的范围显然与近几年重点探究的不完全相同。当然，应当强调，他所坚持的语境论立场是始终一贯的。本章最后将概要地考察雷氏最近关于语境论视角下的多义现象的阐释。在这一小节中，我们先引介雷氏在 20 世纪 90 年代反驳“永恒论”（语义最小论的先祖）时为语境论提供的论据。然后着重探讨语境论的四个主要理据。

20 世纪 90 年代初，为了复兴日常语言哲学，雷氏驳斥了反语境论的通常论调（即存在所谓的“永恒句”；应当将真值条件内容归于句子），为日常语言哲学的语境论立场做出了辩护，论证了应当将真值条件内容归赋给语境中的话语，即言语行为。雷氏批驳反语境论立场的主要论据涉及指称与述谓的语境依赖性。关于指称的语境依赖性，前面论述中已有所论及。我们多次指出，指示语的语境敏感性早已为包括最小论者在内的学者普遍接受。不过，专名和描述语指称对象的语境依赖性或许并没有获得如此广泛的接受。按照传统观点，专名在很强的意义上属于语言的一部分，掌握语言需要了解每个专名的指称对象。但是，雷氏却认为，正如"我"指称说话者是一条语言规则、"我"的指称对象是语境知识那样，专名指称其拥有者也属语言规则，而专名具体的指称对象则是语境知识。所以，例如，我们根据语言规则，虽然知道"拿破仑"指的是叫这个名字的实体，但它究竟是指在滑铁卢战役败北的拿破仑一世，还是指语言学家莱昂斯家的狗，则需要根据说话的语境而定。同样，"美国总统"在例（7）中到底是指特朗普还是指奥巴马或其他人，也需要根据语境确定。

（7）美国总统真任性。[1]

究其原因，完整描述语指称对象的确定往往也依赖于语境。具体而言，描述语所指对象的确定依赖于理解描述语所针对的话语域，而话语域本身又是语境依赖的（Recanati 1994: 158）。

较之指称的语境依赖性，关于述谓之语境依赖性的揭示也许更具新意。述谓之所以有赖于语境或具有语境敏感性，很多情形下是因为经验性概念具有开放性特质。因此，正如雷氏所指出的那样，许多述谓表达式的意义并不是决定其适用条件的"定义"。表达式的适用条件由于不能在语言层面决定，可能随语境的变化而变化。述谓表达式通常用以谈论普通情况，相对于这些普通情况，这些表达式具有某些适用条件。但是，如果考虑特殊情形，事先就不清楚表达式的适用条件究竟是什么。看一下雷氏也曾引用过的塞尔所举的一个例子，塞尔设想说出"雪是白的"这句话以描述下面的情景：

> 假设由于自然界发生了某种巨变，地球遭到宇宙射线簇射，以某种方式影响到现存的与未来的水分子，结果水分子以其结晶状态在阳光下反射一种不同于遭到宇宙射线簇射之前反射的波长。再假设相同的宇宙射线簇射影响了人的视觉系统及其基因组织。这样雪晶体看起来与此前的一模一样。在宇宙射线簇射发生后，物理学家让我们确信，如果我们能够像以前一样看见雪，雪看上去会呈苹果绿色。但是，因为我们的视网膜发生了变化，这影响了对雪的观察，而其他什么也不受影响。雪看上去颜色跟以前任何时候都一样，在未来的世世代代看起来将一如既往……我们会说雪仍然是白色的吗？（Searle 1980：230；Recanati 2004：142）

[1] 这句话若是在2019年1月22日说出，"美国总统"指的是特朗普，这句话可以认为成真，因为至这一天特朗普已使美国政府有些部门关门达有史以来最长时间。而如果在2015年1月22日说出这句话，"美国总统"则可能指奥巴马，他的支持者大概会坚持这句话成假。

在一般人看来，这样的假设似乎有点异想天开。但是，作为论证述谓语境依赖性的思想实验真可谓自出机杼，它的确提出了一个我们在日常情形下不甚思考的问题。应当说，这同学界耳熟能详的由帕特南设计的双子地球思想实验确有异曲同工之妙。这些思想实验都形象地揭示了话语真值条件内容本质上的语境依赖性特征。

更有甚者，在雷氏看来，即使像“有些三角形是等边的”这种不包含具体所指的指称性表达式和经验性概念词语的句子，同样具有语境依赖性而不能看作“永恒句”。究其原因，首先，限量化可以认为始终需要在语境中做出。“有些三角形”的限量域必须在语境中确定，虽然其限量域可能是普遍性的，但普遍域只是多种限量域中的一种。“有些三角形”完全可能指有关的一组三角形中的几个三角形。其次，“等边的”尽管是具有明确定义和单个标准的词，但是，依据与话语语境相关的不同“精确度标准”，它对有关话语真值条件的贡献却不尽相同（Recanati 1994：159）。例如，小学生徒手在纸上画的一个等边三角形，作为示意图或许可以称作等边三角形，但若按照严格的标准却未必能够叫作等边三角形。这就意味着“等边的”适用条件也是随语境而变的。

除了上述雷氏为语境论提供的论据，从语境论者及其反对者近年的论述中，还可以发现以下几个理据颇具代表性，即语境转变论、“不完整”论、“不恰当”论。

### （一）语境转变论

语境论者坚持认为，同一个句子类型用于不同的语境时，可能表达不同的直觉性真值条件内容。语境论者的这一观点，卡珀朗与莱波雷（Cappelen and Lepore 2005）将之概括为“语境转变论”。语境转变论是用于为语境论做出辩护的最主要的论据之一。除了前面列举过的“这些叶子是绿色的”和“玛丽准备好了”等例子外，许多其他包含巴赫囊括在表一内的表达式的例子也经常用以表明说出同一个句子，在一些语境中成真，而在另一些语境中却成假，从而佐证话语真值条件内容的语境敏感性。下面先看改编自特拉维斯（Travis 2002：18–20）的两个颇为有趣的例子：

（8）冰箱里有牛奶。（这句话描述的事态是所说的冰箱底部有一小摊牛奶。）

（9）王大壮体重 90 公斤。

现在，我们分别为这两个句子设想两个不同的说话情景，并比较在这两个不同情景中说出同一句话。比如，针对例（8），所设想的两个情景是：

情景一：丈夫刚为冰箱做完清洁。妻子打开冰箱说：“冰箱里有牛奶。”

情景二：看到丈夫搅动着一杯咖啡、想找牛奶加到咖啡里，妻子对他说：“冰箱里有牛奶。”

直觉地看，尽管“冰箱里有牛奶”这个句子并不存在歧义，换言之，虽然两次说话的场景不同，但话语本身并不存在歧义，而且两次说出的话语表征同一事态，即处于相同状态的同一台冰箱。然而，妻子两次说出的话在真值上有所不同。妻子的话在情景一中成真，在情景二中成假（冰箱底部那点牛奶显然不能满足丈夫用于加入咖啡的需要）。

再来看看例（9）这个句子。这无疑也不是一个歧义句。但是，设想在下面两个不同情景下说出这个句子：

情景一：王大壮早晨起床后，洗了个淋浴后，赤身站在磅称上，体重为90公斤。

情景二：他穿上衣服，早饭吃了半斤包子、喝了两杯牛奶。然后拎起两公斤重的公文包前去上班。准备上电梯下楼时，被告知电梯的承重量至多只能再增加90公斤，否则，就有发生事故的危险。这时，王大壮回答说："我体重90公斤。"

同样，在情景一中说"王大壮体重90公斤"直觉地为真；而在情景二中依然说"王大壮体重90公斤"似乎却不能成真。而且在这个情景中，王大壮看来也不应该跨入电梯，以免给他本人和已经站在电梯里面的人造成生命威胁。

**（二）"不完整"论**

从确定话语的真值条件内容的角度看，语义不充分决定性与语境敏感性似乎是一枚硬币的两面。正由于语言意义不能充分决定话语的真值条件内容，因而必须诉诸语境对句子的语言意义加以充实或调适，以达致说话者意欲表达的内容。语境论者认为，之所以需要语用充实或调适，原因之一是许多句子尽管在语法上完整，但在语义上并不完整，无法表达可做出真值评判的命题，因而需要在语境中加以"补全"。实际上，从语境论的视角看，前面讨论过的诸如"这座木桥足够坚固""玛丽准备好了""这些叶子是绿色的"等例子在语义上都存在不完整性，需要依据语境增添适当的内容加以补全，才能表达说话者意欲表达的可判定真假的命题内容。因此，在确定了指示语"这（座）"的所指之后，必须补充"对于承载一辆自行车 / 一台手扶拖拉机通过"这样的信息，"这座木桥足够坚固"方能判定为成真，而若补充"对于承载一辆卡车而言"这个信息，"这座木桥足够坚固"也许成假。"玛丽准备好了[上台表演]"或许成真，而"玛丽准备好了[上前线作战]"可能成假。同样，就"这些叶子是绿色的"这个句子而言，由于叶子呈现绿色可能有多种情形：叶子刷上绿漆成绿色、叶子在绿光照射下呈绿色、叶子天然为绿色等等。句子的语义没有具体描述叶子在哪种情形下呈绿色。严格地说，在缺乏这种语境信息的前提下，难以对"这些叶子是绿色的"的真值做出评判。假如明确了有关叶子是刷上了绿漆而成绿色，那么，正如前面涉及这个例子时所述，不同的评判者（如摄影师与植物学家）可能会就"这些叶子是绿色的"这句话的真值做出相反的判断。

除了这些例子以外，包含属格表达式的句子也经常用以例示可能存在的语义不完整性或语境敏感性。当然，关于在语境中明确属格表达式意义究竟属于哪种语用过程，不同学者可能看法不完全相同。鉴于这一过程是由属格表达式触发的，雷氏倾向于将之归入饱和。因此，他（Recanati 2004：59）在探讨饱和过程相互作用时就列举了下面这个例子：

（10）迈克完成了约翰的书。

脱离了语境，无法断定“约翰的书”究竟指约翰同书处于哪种关系：约翰拥有的书、约翰写的书、约翰读的书等等。同样，“完成”孤立地看，可能表示“读完”“写完”“装帧完”等等。正如雷氏富于启迪性地指出的那样，如果在相关语境中确定“约翰的书”指的是“约翰写的书”，那么，这句话中的“完成”一般就不大可能理解为“写完”的意思。这表明分别赋予这两个成分的两个义值在相互作用，而同一个语句中各个表达式义值的派赋必须融贯一致。

**（三）“不恰当”论**

一个有趣的现象是，人们日常交际活动中所使用的很多语句无须语境充实便能够表达可做出真假判断的完整命题。但这些命题却往往不是说话者意欲表达的命题，有些甚至是明显有悖常理的荒唐命题或者是不言自明、无须赘述的常识内容。先来看一下例（11）：

（11）你不会死的。

这也是一个文献中广为讨论的例子。仅从句子所表达的语义内容来看，所表达的命题违背了格赖斯的质准则，显然是有悖常理的，因为世上没有人能长生不死，（11）的受话人也不例外。但是，在巴赫最初提出这个例子的思想实验中，说出这句话的语境是：说话者是一位母亲，她的小孩因手指上割破了一个小口子而不停地哭泣。这时，母亲对孩子说出了（11）。因此，在这个语境中母亲要传达的意思是“你不会因那个小口子而死”。再如，假设夫妇俩将要去参加一场婚礼，妻子在衣柜里找了半天后对丈夫说：

（12）我没有衣服穿。

字面地看，这是一句公然的谎言，妻子满柜子的衣服不可能没有衣服穿，而且她本来就是穿着衣服的。丈夫也不会把妻子的话作谎言理解。她显然是想表达“没有适合参加婚礼穿的衣服”。与上面这两个字面地理解就会成为谎言的例子不同，另一类例子字面地表达了一种不言自明、平淡无奇的事实，但这并不是说话者意在表达的命题。例如：

（13）筹款需要时间。

表面看来，这句话似乎是一句废话，试问干哪样事情不需要时间？筹款需要时间是无须赘述的。因此，说话者意欲传达的无疑不是这个简单的事实。设想在讨论如何解决急需的资金问题时，有人建议通过筹款方式解决。这时，说话者说出（13）也许是想传达“筹款需要**相当长的**时间”之意，其含意可能是“筹款不是解决急需资金的可行办法"。这些例子看起来都非常普通，在日常交际中也十分常见。但围绕它们所争论的哲学问题却意义重大。这些问题不仅涉及语境的功能、最小命题的作用，甚或关涉语言表达的经济性以及可表达性 / 可言说性原则的合理性等重要哲学命题。

## 2.3.4 语境依赖性之检验

自然语言是否普遍地存在语境依赖性？语言意义能否充分决定说话者意欲传达的意义？对于这类问题，激进语境论与语义最小论基于迥异的语言哲学立场，做出了几近对立的回答。如前所述，以卡珀朗与莱波雷为代表的最小论者主张将语境对语义内容的影响控制在最小程度，坚持语境对语义内容的作用仅限于由句法触发。所以，在他们看来，语境的功能无外乎消除歧义、确定所指对象。除了歧义现象外，他们所说的语境敏感性经常等同于指示性，而语境敏感性表达式仅限于他们概括的所谓"基本集"中的表达式。为了证明语境论所看作语境敏感性的表达式实际上并不具有语境敏感性，他们提出了三种检验：阻隔跨语境去引号间接引语、集合描述、跨语境去引号（2005：89–109）。借助于这些检验手段，他们对比基本集成员与语境论者看作语境敏感性的表达式性质上的差异：认为前者能够通过这些检验，而后者则无法通过这些检验。因此，他们得出结论，语境论者视为语境敏感性的表达式实际上并不具有语境敏感性。卡珀朗与莱波雷的检验是否真能起到试金石的作用，有效地甄别语境敏感性与非语境敏感性表达式呢？下面我们首先简介这三种检验手段，然后对其效度做一初步检验。

**（一）阻隔跨语境去引号间接引语**

正如伯泽伊登霍特所指出的那样，卡珀朗与莱波雷隐含地假定，语境敏感性存在"真正的"单一形式，所有语境敏感性表达式必须符合这种形式，否则就根本不是语境敏感性的（Bezuidenhout 2006：2）。基于这种假设，他们提出所谓的"阻隔跨语境去引号间接引语"检验，认为真正的语境敏感性表达式阻断跨语境去引号间接引语，而语境论者声称的语境敏感性表达式则不能阻隔跨语境去引号间接引语。他们对这一检验的具体表述如下：

> 取说话者 A 在语境 C 中说出句子 S 的一个话语 u。u 的跨语境去引号间接引语是在"A 说了 S"的语境 C'中的一个话语 u'（其中 C' ≠ C）。
>
> （Cappelen and Lepore 2005：88）

先以下面的（14）为例，假设迈克指着一件红色外套对他妻子说出这句话：

（14）你应该买这件。

再考虑一下这句话的间接引语：

（15）迈克说你应该买这件。

按照卡珀朗与莱波雷的要求，让我们假设一个不同的语境，在这个语境中杰克指着一件蓝色毛衣对他母亲说出这个间接引语。显然，这个间接引语不能成立。其原因在于，这句话所包含的“你”和“这”都是“基本集”的成员，被看作典型的语境敏感性表达式。相反，卡珀朗与莱波雷试图表明，不包括在“基本集”之列、却被语境论者认定为语境敏感性的表达式则无法阻隔跨语境去引号间接引语。这些表达式涵盖了表一中罗列的许多类型，例如：“准备好了”“红色的”“知道”“相信”“量词（至少有一个）”“属格”“等级性形容词（高）”“道德评判词语（恶的）”“几何术语（六边形的）”“情态表达式（可能会、也许会）”“气象报告”，等等。他们用大量的篇幅论证这些表达式无一能够通过“阻隔跨语境去引号间接引语”检验。这里仅以表达式“足够（地 / 的）”为例进一步展开讨论。比如，玛丽说出（16）：

（16）麻绳足够结实。

基于卡珀朗与莱波雷的判断，在引语语境中，（17）能够成立：

（17）迈克说麻绳足够结实。

不仅如此，而且任何这样两个话语都可以用（18）引述：

（18）玛丽和迈克俩都说麻绳足够结实。

乍看起来，与例（14）、（15）中的“你”“这”不同，这三句话语中的“足够”的性质似乎并没有随语境而变。在此之所以说“似乎”，这是因为正如这一小节最后将论证的那样，我们并不认为卡珀朗与莱波雷的检验具有令人信服的效度。

### （二）集合描述

如果接着上面对第一种检验的介绍，继续基于卡珀朗与莱波雷推论，既然“足够”是非语境敏感性表达性，我们还可以说出（19）这样的话语：

（19）麻绳和草绳都足够结实。

这句话实际上可以看作（16）和（20）的集合描述：

（20）草绳足够结实。

然而，（16）和（20）可能是在两个不同的语境中说出的。比如，假设（16）是在回答“将一艘靠岸的水泥船绑定在树桩上，那条麻绳是否足够结实”时说出，而（20）则是用以回答“一条草绳用来系一捆干柴是否足够结实”的问题。在他们看来，正由于“足够结实”是非语境敏感性的，所以不能阻隔集合描述。他们还例示了语境论者经常看作语境敏感性表达式范例的等级形容词“高的”同样不能阻隔集合描述，所以，（23）这个集合描述似乎十分自然（同上：103）：

（21）珠穆朗玛峰很高。

（22）金茂大厦很高。

（23）珠穆朗玛峰和金茂大厦都很高。

卡珀朗与莱波雷声称，与类似于“足够”“高的”等表达式的情形相反，“基本集”中列出的“真正的”语境敏感性表达式阻隔集合描述。以包含指示语“今天”的话语为例。假设两次使用这个指示语分别指称两个不同的日子，那么，“苏珊今天（5 月 6 日）结婚”和“汤姆今天（6 月 8 日）结婚”就不能集合描述为“苏珊和汤姆都是今天结婚”。藉由集合描述检验，并且与“基本集”成员的表现进行对比，卡珀朗与莱波雷否认语境论者所论述的种种表达式为名副其实地语境敏感性的。

### （三）跨语境去引号

“跨语境去引号”是卡珀朗与莱波雷检验语境敏感性的第三种手段。在他们看来，能够通过这一检验的才是语境敏感性的表达式。具体地说，在他们看来，某个表达式 e 是语境敏感性的，仅当存在符合下面这条跨语境去引号公理之实例的成真话语（其中句子 S 包含表达式 e）：

**跨语境去引号（ICD）**：存在或可能存在“S”成假的话语，尽管 S 成真。

（Cappelen and Lepore 2005：105）

卡珀朗与莱波雷依然试图通过与“基本集”中的表达式加以对比，以证明语境论者所认定的表达式并不是语境敏感性的。让我们依循他们的路径，先看“基本集”中的一个表达式是如何通过“跨语境去引号”检验的。以下面这句话为例：

（24）**现在**是上午 9 点正。

这句话中所包含的“现在”是一个指示语，属于卡珀朗与莱波雷认可的典型的语境敏感性表达式。为了对之加以“跨语境去引号”检验，我们对相关于（24）的 ICD 实例做出断言，即（25）：

（25）存在或可能存在“现在是上午 9 点正”成假的话语，尽管现在是上午 9 点正成真。

既然我在说出（24）这句话时，正是上午 9 点正，（25）成真。换言之，在讨论这个问题所处时间的语境中，（25）为真；相反，在不是上午 9 点的语境中说出（24），所做出的断言则成假。因此，“现在”是语境敏感性的。当然，做出这样的判断，仍然离不开语言使用者的直觉。卡珀朗与莱波雷认为，引发他人直觉的最佳办法是提供一个“真正的语境转变论证”，即针对所谓“目标语境”所做的论证（同上：106）。不难预料，与前面两种检验的结果如出一辙，卡珀朗与莱波雷的结论是，同“基本集”中的表达式性质相反，（激进）语境论者认定的语境敏感性表达式并不支持跨语境去引号检验和“真正的语境转变论证”，因而是名不副实的语境敏感性表达式。

以上简述的关于语境敏感性的三种检验进一步表明，卡珀朗与莱波雷坚持的语义最小论是字义论的现代翻版，这一立场不遗余力地试图将语境敏感性控制在最小范围、局限于“基本集”表达式。当然，不可否认，这些检验手段的设计与论证不无创意，即使最终证明缺乏效度，也应当引起语境论者以及其他语言哲学家的深思，进而做出有理有据的反驳。事实上，我们对许多语言哲学论题的认识正是在持不同立场的哲学家的思想交锋中不断深化的。在此，就卡珀朗与莱波雷提出的关于语境敏感性表达式的上述检验手段而言，其效度与论证方法或许可以从不同视角加以质疑与挑战。首先，卡珀朗与莱波雷一再抨击语境论者在论证种种表达式的语境敏感性时，主要依赖于自己的直觉判断。可是，他们自己在鉴别有关表达式能否通得过上述检验时，所依靠的往往同样是检验者的直觉判断。更有甚者，在很多情形下，他们的判断与其他语言哲学家并不吻合（Bezuidenhout 2006；Recanati 2006 等）。例如，莱斯利在为温和语境论立场进行辩护时，论证了在卡珀朗与莱波雷所说的“基本集”和激进语境论者认定的某些表达式之间存在着一个“中间集”，包括像“高的”“准备好了”“足够”“每个”这样的表达式;他详述了属于这个“中间集”的表达式同“基本集”成员一样，经得起卡珀朗与莱波雷的语境敏感性检验（Leslie 2007）。尽管我们不能简单地臆断，只要存在相悖的直觉，卡珀朗与莱波雷不同的直觉判断一定就是不可靠的，但这起码让我们看到，就语境敏感性的直觉判断而言，理论家之间存在显见的差异。实际上，不同理论家对其直觉判断可靠性往往也是各持一词。受近年来关于直觉概念研究的启迪，越来越多的学者认识到，学界对直觉概念内涵的理解远未达成共识，所以，他们所依据的所谓直觉未必就是相同的构念。就目前的状况而言，我们或许可以借鉴当代描写语法学的做法，调查特定语言使用者群体对有关表达式的直觉判断，这种判断既可以源于专业人士，也可以来自普通大众，只要达到统计学上有意义的数值就能够具有相当的说服力。虽然这一主张仍然面临质疑，但是，鉴于语言哲学论题的性质，彻底摒弃直觉的做法是不现实的，也是不足取的。按照乔姆斯基（Chomsky 1957）的观点，语言学的任务就是要对语言使用者的直觉做出系统描述与阐释。这同样可以看作语言哲学的重要任务之一。因此，或许我们应当顺应语言哲学的实验转向，围绕语境敏感性的直觉判断开展一系列有效规模的实证研究。

其次，不仅卡珀朗与莱波雷关于语境论者倚重直觉判断的质疑难以自圆其说，他们在以其检验手段否证语境论者强调的表达式之语境敏感性时，其论辩策略并不能够证明这些检验手段的效度。正如前面对三种检验方法的介绍所示，卡珀朗与莱波雷主要是藉由论证诸如“高的”“准备好了”“足够”“每个”等表达式不同于“基本集”成员，无法通过这些检验，从而不是语境敏感性的。然而，事实并非如此。就以其中“每个”为例。在卡珀朗与莱波雷看来，“每个”无法阻隔跨语境去引号间接引语、可用于集合描述、不能跨语境去引号。因此，可以说：

（26）每个瓶子都是空的。

（27）约翰说每个瓶子都是空的。

（28）每个瓶子和每个罐子都是空的。

而且不可能出现（29）描述的情况：

（29）存在或可能存在“每个瓶子都是空的”成假的话语，尽管每个瓶子都是空的成真。

然而，卡珀朗与莱波雷基于最小论的语境敏感性检验恰恰忽视或否认了语境论的核心思想，即脱离了语言使用的具体语境，语言表达式的意义往往无法充分确定说话者意欲传达的意义，有关话语则无法表达能够做出真值评判的内容。就拿例（26）来说，在不同的语境中，所表达的真值条件内容各不相同。譬如，也许指“柜子里的瓶子”这句话成真，但是若指整个房间、整个大楼、整个小区……整个世界上的“每个瓶子”则成假。以此类推，不难设想出不同的语境，而在这些语境中，对（27）–（29）可能做出迥然而异的真值判断。这样看来，“每个”尽管不在基本集之列，却照样可以通过卡珀朗与莱波雷的语境敏感性检验。

最后，退一步说，即使卡珀朗与莱波雷的检验手段像他们所声称的那样有效，那充其量也只能说明语境论者所强调的语境敏感性表达式与“基本集”成员存在差异，但却并不能证明这些表达式就不是语境敏感性的。而且实际上，不同表达式在语境敏感性的表现形式及程度上存在这样那样的差异，这一事实语境论者非但不予否认，并且着重加以强调。譬如，雷氏不啻认可基本集成员与语境论者所论证的语境敏感性表达式之间可能存在差异，而且独具只眼地指出，所谓“基本集”内部的不同成员之间其语境敏感性也未必是整齐划一的。例如，“现在”和“这里”尽管都属于指示语，但前者的可转变性远远大于后者（Recanati 2006：29）。因此，如果约翰今天说“我**现在**体会到生活在大城市的烦恼了”，第二天玛丽可以转述这句话说“约翰说他**现在**体会到生活在大城市的烦恼了”。然而，按照卡珀朗与莱波雷的第一种检验方法，“现在”既然属于基本集，就应当“阻隔跨语境去引号间接引语”。但在这个例子中，“阻隔”已被打破。这一方面否证了卡珀朗与莱波雷检验方法的效度，另一方面则表明即使同属指示语的不同表达式其语境敏感性也可能存在差异。这样，指示语与非指示语表达式在语境敏感性上呈现出差异，或者说，不同类型表达式的语境敏感性体现出“梯度性”，也就更不足为奇了。问题在于，卡珀朗与莱波雷提出上述检验手法的目的是为了将语境敏感性表达式局限于基本集成员，亦即将其数量控制在最小范围，从而试图将语境敏感性或语境依赖性限定为指示性。然而，就指示性而言，不同类型的表达式可能差异显著，典型的指示语表现出最强的指示性，相反，很多其他类型的表达式或许并不具有指示性。但是，正如语境论者深刻地揭示的那样，指示性只不过是语境敏感性的一种。这一点从前面关于语境敏感性之理据的讨论中也得到了充分表征。尽管包括语境论者在内的不同学者对语境敏感性的描述及分类不尽相同，但除了极端最小论者之外，绝大多数理论家都不会将语境敏感性囿于指示性。他们也许并不都承认自己是语境论者，但却大多会接受雷氏概括的另外两种语境敏感性——调适与境况相对性（Recanati 2011）。这也意味着，愈来愈多的人认识到，即使语句中不包含指示语，但由于语境的变化，需要对语言表达式的系统意义加以调整，使之成为适于语境的场合意义；同时，语境在必要时还提供相关信息以补全语句未充分表达的内容，从而完整确切地表达说话者意在传达的意义。因此，语境论者强调的“语境转变”和“（内容）不完整性”依然是探究语境敏感性的两个重要考量。

## 2.4 语境论对语义组合原则的改造

按照经典语义组合原则，复杂表达式的意义由其构成成分的意义加上组合方式构成。除了确定指示语与指称性表达式的指称对象、为歧义性表达式除歧需要借助于语境之外，语境因素在语义组合过程中几乎不再发挥任何其他作用。然而，随着语境论的崛起与发展，经典语义组合原则的局限性日渐遭到揭露。以雷氏为代表的语境论者所揭示的语境效应不仅产生于话语（语篇）的前言后语或上下文，而且产生于影响语言使用者意欲传达之意义的各种来源。语境对语言表达式意义的效应既包括自下而上的饱和、自上而下的调适，也包括出现在同一个更大语言单位中与之搭配或结成其他关系的表达式的作用（即所谓的“侧面效应”）。既然语境敏感性普遍存在、语境在确定直觉性真值条件内容中发挥着不可替代的作用，看来就无法继续坚持“复杂表达式的意义是其构成成分的意义加上组合方式之和”的语义组合原则。那么，我们是否必须抛弃这一组合原则呢？乍看起来，语境论的立场与语义组合原则是格格不入的，二者必居其一。但是，以雷氏为代表的语境论者另辟蹊径，试图对经典语义组合原则加以改造，从而语境论与组合原则二者鱼和熊掌兼得。雷氏一方面将语义组合原则重塑为语用组合原则，另一方面相应地创立了“应景意义”概念（occasion meaning; Recanati 2004，2010，2012）。应景意义是表达式在具体语境中拥有的意义，而与之相对的“稳定意义”则指表达式类型不依赖于语境、藉由语言规约所具有的意义。语言表达式在使用中可能随语境变化的不是其稳定意义，而是所谓的应景意义。应景意义的产生既可能是由下而上（饱和）、由上而下（调适）语用过程的效应，也可能是“侧面效应”的体现。

承认包括“侧面效应”在内的语境作用是认识语义灵活性的必然结果。实际上，在许多语境论者看来，自然语言较之人造语言的区别性特征之一是其语义灵活性。藉由语义灵活性，复杂表达式的意义以及出现在同一个复杂表达式中的其他词语的意义都可能对某个表达式的意义产生影响。这一事实除了由我们前面论述语境敏感性时所举的一系列例子加以证明之外，也在下面科恩所讨论的关于英语“drop”的例子中获得了进一步的确证。在下面这几个句子中，drop 一词由于后面所接的宾语

（亦即 drop 的对象不同而带有不同的"应景意义"（Cohen 1986：227–228；Recanati 2012：175–176）：

（30）这里的大多数学生在最后一年 drop [ 不再修 ] 地理。

（31）这里的大多数学生在最后一年 drop [ 不再上 ] 地理课。

（32）这里的大多数学生在最后一年 drop [ 不再做 ] 地理课阅读作业。

（33）这里的大多数学生在最后一年 drop [ 不再付 ] 地理课阅读作业的图书馆费。

这些例子中方括号内的中文释义表明，drop 在各个句子中的具体意义存在明显的差异。更有甚者，正如科恩所指出的那样，理论上讲，可以出现在 drop 之后的表达式远不止这些。而且语义灵活性不仅体现在像 drop 这种其意义受宾语影响的动词的实例中，其他一些词类同样具有这种特性。以作定语的形容词为例，同一个形容词也许会因所修饰的名词不同而在意义上呈现出一定程度的差异。例如，英语的 heavy 一词最基本的意义是"重的"，如"a heavy package"（沉重的包裹）；但当所修饰的名词改变时，其意义也会相应变化，或者说根据所修饰的名词得到充实。因此，a blanket of *heavy* mist（一层浓雾）、a *heavy* eater（食量大的人）中的 heavy 就不再简单地指重量，而分别指密度（或浓度）和（数）量了。

诸如上述大量实例表明，经典语义组合原则所基于的下述**绝缘论**就难以维系：即语词具有确定的意义，不受包含该词语出现其中的复杂表达式整体的影响，也与出现在同一个复杂表达式的相邻词语无关。我们应当按照科恩等理论家所主张的，以**互动论**取而代之：

根据绝缘论的阐释，特定句子中任何一个词的意义不受同一个句子中其他任何词的意义的干扰。依据这个观点，句子的组合与用不同形状的砖砌墙一样，其结果取决于组件的性质及其结合方式。但是，正像砌入每堵墙或墙的一部分中时，每块砖的形状完全相同那样，词语的每个标准涵义在其所出现的每个句子或句子的一部分中也完全相同……

互动论做出的断言与此相抵牾：在有些语言的有些句子中，一个句子中的一个词的意义可能部分地取决于这个词在这个句子中的语言环境，尽管语言环境如此决定词义的程度与性质变化多端。按照这种观点，一个句子的组成更像用不同种类的沙袋垒一堵墙。尽管沙袋的体积、结构、质地与内容限制了其可能具有的形状，但是，沙袋在具体情境中的实际形状在不同程度上取决于沙墙中其他沙袋的形状。同一个沙袋在另一堵墙里或在同一堵墙的不同位置可能以稍微有些不同的形状出现。通过以这种方式利用局部语境，语言的意义就可能远比绝缘论者所认为的更加丰富多样。

（Cohen 1986：223–224；Recanati 2012：178–179）

绝缘论之所以应当由互动论取代，这是因为正如上面所强调的那样，与人造（逻辑）语言不同，自然语言存在语义灵活性。而语义灵活性最终可归结为语境依赖性。所以，在以雷氏为代表的语境论者看来，互动论无疑优于绝缘论，但依然存在局限性，因为互动论仅仅关注我们所说的言内语境在确定语词意义中的作用，却将更加广泛的言外语境的作用置之度外。这也就意味着应当对互动论加以积极扬弃，汲取其有益的启迪。同时，吸纳语境论者的深刻洞见，注重言外语境因素在确定所使用的语言表达式的特定意义，从而将语义组合原则重塑为“语用组合原则”。

倡导“语用组合原则”，首先必须对上面引文中科恩所描述的“沙袋语义学”内涵加以扩展，进而使得语言表达式的意义不只依赖于言内的局部语境，而且取决于使用语境的相关言外语境因素。根据“语用组合原则”，虽然不排除系统意义无须调适直接成为进入组合过程的情形，但是，这种所谓“零调适”应当视为特例而非常态，因为单个词语的意义本身往往并不融贯，需要经过相互调适才能协调一致；所以调适这种直接语用过程并非总是偶发的、可有可无的，而经常是不可或缺的（Recanati 2004：135）。调适对于表达直觉性真值条件内容势在必行的例子不胜枚举。除了业已列举的许多实例之外，雷氏（2004，2012）多次讨论、最初由鲁梅尔哈特（Rumelhart 1979：78）提供的一个例子颇具说服力：

（34）The policeman stopped the car.（警察让车停了下来。）

句中的 stop 一词的词典意义为“使……不再移动”，脱离具体的使用语境，不经相应的语用调适，难以确定警察究竟是以何种方式让车停下的。按照通常的假设，警察作为交通执法者，必要时有权示意有关司机把车停下。根据这个假设，例（34）可以理解为警察向司机发出信号、司机将车停了下来。不过，假若在另外一种语境中，假设车是由有关警察本人驾驶的，那么，停车的操作则是由他自己完成。当然，除了这两种解释之外，还可能设想出许多同样不那么荒诞的情境，在这些情境中，警察是以不同于上述两种方式让车停下的。当然，列举这些例子并不是为了否认词语有其系统意义，而在于证明语境对词语使用意义的影响具有相当的普遍性，语境敏感性远非指示语所体现的指示性一种，语用过程也不限于饱和，语境充实与调适的作用同样不容小觑。同时，值得强调的是，语用组合论纵然仍有质疑者（Unnsteinsson 2014），而且本身也在逐步完善之中，但业已显现出的解释力也不容一笔勾销。一方面，语用组合原则反映了语言使用者关于复合表达式意义生成中的组合性直觉；另一方面，经过改造的组合原则不再将复杂表达式的意义简单地认同为构成成分的意义及其组合方式之和，而是将其视为由**经过调适的**成分意义加之组合方式组成，从而能够对言语交际活动中语言表达的实际意义做出更趋合理的描述与阐释。

## 2.5 雷卡纳蒂语境论的新探索：多义性阐释

语境论沿袭日常语言学派专注自然语言使用、直面日常语言现象的传统，在努力对丰富多样的语言游戏或纷繁复杂的言语行为的探究中崛起与发展，其影响力日趋显豁，业已成为当代语言哲学竞技场上颇具竞争力的理论。除了以上讨论的对于语境概念的拓展、关于语言意义对言者意义的不充分确定性以及语言使用意义普遍的语境依赖性的揭示与阐释、语用组合原则的创立等贡献之外，语境论对其他诸多传统语言哲学论题也展开了不懈的探索，其中尤以雷氏近年围绕多义现象做出的新解格外引人注目。

对于语言哲学及其他相关学科而言，词义的性质公认是具有根本性的重要问题。多义性又是词语的一种十分普遍的基本属性。词语的多义性质体现了语言的经济性特征，是人们以有限的语言资源交流无限的思想内容的重要保障。而多义现象研究也是一个历久弥新的论题。近年来，随着语言哲学观的演进，多义现象研究也出现了由静态向动态的转变（Geeraerts 2016）。立足实际语言使用研究语言性质的语境论者无疑是助推这场转变的积极参与者。正如至此应当十分清楚的那样，既然语境论者坚持基于使用的意义观，强调意义决定于语境，势必反对静态地考察意义，而倡导以动态的视角描述与阐释意义。这样，上文论述语境敏感性时反复出现的**调适**在语境论者探析多义性中再次成为一个核心概念，也就不足为奇了。调适意味着变化，而变化就不可能是静态的了。下面就让我们扼要地探讨一下以雷氏为代表的语境论者关于“多义性”的新解，并以此管窥语境论的新发展。

雷氏最近发表的《语境论与多义性》一文比较系统地阐述了“多义是规约化的调适”的思想（Recanati 2017）。为了阐明语境论的这一思想，雷氏首先重申了他之前提出过的两种主要立场（即“真值条件语用学”和“错误形式观”），这两种立场都主张开放性词类普遍存在语境敏感性，只不过 TCP 普遍化的语境敏感性是“潜在的而非实际的”；因此，雷氏力图表明，多义现象佐证了更加激进的“错误形式观”，即表达式贡献给直觉性真值条件的使用意义必然有别于词汇意义（同上:380）。那么，就多义现象而言，如何从“规约化”与“调适”两个维度做出语境论的阐释呢？雷氏在论证多义现象的两面性之前，首先对传统多义观加以批判，揭示了这些观点的局限性与片面性。

### 2.5.1 歧义论的困境

与语境敏感性表达式类似，多义性词语在不同的语境中其意义往往不尽相同。有鉴于此，将这些词语当作歧义表达式似乎简捷便当、明了直观，我们何乐而不为呢？然而，对多义性做出这种“歧义论”的解释尽管貌似不无魅力，但是，它不仅有懒惰哲学做法之嫌，而且实际上也是行不通的。“歧义论”拒不承认调适是多义性之源，而将多义现象仅仅理解为词汇历时演变的结果，将同一个词语的数个义项视为歧义表达式不同的规约性涵义，从而也就抹杀了多义与同形（音）异义两种现象之间的重要区别（鉴于规约化是歧义论中的核心概念，因此，这一多义论似乎也可称作“规约论”）。除了屡举不鲜的英文单词 $bank^1$（银行）和 $bank^2$（河岸）的例子外，再考虑一下 $pore^1$（沉思）与 $pore^2$（毛孔）、$rib^1$（肋骨）与 $rib^2$（笑话）这类典型的同形（音）异义词。不难发现，它们尽管共有拼写与 / 或语音形式，但在词义上却大相径庭，似乎风马牛不相及。相形之下，light 在 a light package（轻包裹）、a light breeze（微风）和 a light smoker（烟瘾不大的人）中不仅音形相同，而且有内在的语义联系。同样，汉语的“深”这个词在“**深**山老林”“河水很**深**”“由浅入**深**”“影响**深**远”“**深**情厚谊”“**深**表同情”等表达式中所使用的义项之间也存在着彰明较著的联系，这些义项构成了一个义项“家族”。此外，正如雷氏（Recanati 2004：134–135）所强调的那样，与其将多义表达式看作一列有限的分离式涵义，不如将之视为开放式的义项连续体，始终可能创造新义项添加到这个连续体中。结成这种连续体的各个义项，显然不能按照歧义论、像针对同形（音）异义的情形那样，将之解释成不同表达式所具有的意义。

值得注意的是，歧义论虽然并不否认语境在理解使用中的词语所表达意义时的作用，但却没有看到在解读多义词与同形（音）异义词的过程中，语境的作用方式存在差异。对于理解同形（音）异义词而言，语境（包括前言后语或上下文）帮助我们甄别不同的词项以消除歧义。譬如，在谈论花卉的语境中，“杜鹃”显然指的是一种花，而不大可能指一种鸟；而在有关飞禽的会话中，“杜鹃”的所指则适得其反。然而，正如我们将在后面论述的那样，在涉及多义表达式的情形下，对义项的调适至关重要。只有经过调适，才能生成恰当的涵义，并将之贡献于所在的复杂表达式。因此，与两个表达式共有一个语音（书写）形式而具有不同意义的同形（音）异义现象相反，同义性体现为一个表达式既作为一个书写单位又作为一个语义单位，因而无法解释为歧义。

### 2.5.2 单义说的局限

与将多义词语认同为具有不同意义的同形（音）异义表达式的歧义论相反，单义说假设通常所说多义表达式实际上是单义性的。查尔斯·罗尔是单义说的主要倡导者。按照他的观点，多义表达式具有高度抽象的单一意义，这种表达式在使用中贡献给复杂表达式的意义均为对这个抽象意义的调适。这个抽象意义在意识上是不可及的，所意识到的只是其经过调适的涵义。意识心智的解释是语义与语用的结合，而笼统的抽象意义是意识不到的，这个意义奠定了更加具体的有意识区分的基础（Rhul 1989；Recanati 2017：385）。更加具体的有意识的区分（诸如因果 / 非因果、动态 / 静态，等等）导致大量涵义的产生，而这些区分应当通过诉诸不充分确定性加以中和。将涵义做出区别的是沿着这些维度的语义值。这些语义值源于语境，而非产生于词语本身。因此，根据鲁尔的立场，所有语言使用均在很大程度上受到调适（Rhul 1989：86；Recanati 2017：386）。从这一视角看，“bear”高度抽象的意义在许多方面是不充分确定的，因而当语境发挥其调适作用而在这些方面提供恰当的语义值时，许多可直觉的不同义项就应运而生了。显然，同倚重规约的歧义论相反，单义说突出强调语境调适在多义生成中的关键作用，但却忽略了规约化在多义形成过程中也占有一席之地，似乎从一个极端走向了另一个极端，从而也无法对多义现象做出全面合理的阐释，起码无以有效地揭示并解释多义性与单义性的直觉差异。

### 2.5.3 语境论的新解

以雷氏为代表的语境论者一方面能动地吸纳上述两种多义观中的有益洞见，另一方面又竭力克服两种极端立场的片面性与局限性，并且借鉴了兰艾克（Langacker 1987，1991）等认知语言学家的研究成果，对多义性做出了语境论的阐释。雷氏断然拒绝“歧义说”，斥之为混淆多义性与同形（音）异义现象的空洞理论。与此同时，他不啻充分肯定鲁尔和兰艾克等人关于多义性呈现语境敏感性与调适依赖性之认识具有积极意义，并且洞见其忽略规约化在多义形成中的历时作用以及对语境调适缺乏系统表征的不足。在此基础上，雷氏深刻阐述了多义现象产生于规约化调适的语境论思想。

正如雷氏明确指出的那样，多义兼具语义规约化与语用调适双重特征，但却不能单纯简约为其中任何一个方面。多义表达式的义项是语用调适的结果，但这些义项存储在记忆之中。如上所述，这与同形（音）异义表达式导致的歧义不同。歧义表达式的不同意义尽管也储存于记忆中，但却是作为独立的意义存在的。多义表达式的义项之间在直觉上则存在语义上的某种联系。然而，多义表达式在用于具体语境中时，其语言意义与所贡献的具体义项之间存在着规律性差异，这种差异再次佐证了语境论的断言，即语境敏感性确实普遍存在。既然可以认为多义性实际上是一种语境敏感性，那么，对多义性做出语境论的阐释就是顺理成章之举。

雷氏既然将多义性看作包含规约化和调适两个侧面，这两个侧面也就成了语境论对多义性阐释的核心内容。首先就调适而言，可以认为，前面提到的鲁尔和兰艾克等人所持的实际上属于激进的语境论立场，他们将多义性看作某种程度上类似于指示性——多义表达式像指示语那样，不仅所贡献的内容取决于语境，而且将（语词）意义调适成符合语境要求的恰当义项是必不可少的步骤。为了将他们的调适概念改造为语境论多义学说中的构件，雷氏一方面论证了 TCP 与激进语境论表面上的差异只是术语上的，另一方面做出了一系列的概念区分，以使两种语境论形式相互兼容。凭借这些重要的区分，语境论中的调适内涵与对象也就变得更加清晰（Recanati 2017：395）：首先，必须严格区分词汇意义与具体义项。义项是词语在具体语境中表达的直觉性意义内容，是思想的构件；词汇意义是词汇类型的属性，是由语言学家藉由观察语词用法所推定的构念。在（激进）语境论者看来，词汇意义具有某种内在的类范型图式性特征，这一特征使得词汇意义太过抽象，无法直接作为所使用的意义内容，所以必须像在为指示语确定指称对象的过程中所做的那样，将词汇意义转化为义项。其次，应当对由词汇意义向具体义项的转化与调适本身做出区分。调适的作用对象是义项，义项不仅作为调适的产物，而且也是调适的原料。通过语境调适的作用，语词的义项不断增加，变得丰富多样。换言之，语境论者是以调适概念具体说明词义的逐步扩大与引申的。这样说来，从某种角度看，语境论的调适观与多义词是循着“本－转－引”的路径增加其义项的传统理解亦有相通之处。经过“本－转－引”的历时演进，有些义项随着接受度的提高而逐步定型（即规约化），乃至收录到权威词典之中，成为规约意义。因此，雷氏强调区分以下三种意义不无道理（同上）：①词汇意义（不是使用意义的恰当形式；由义项网络组成）；②原型义项（“用嘴吃食物”，这个本义作为调适的输入，产生“吃食堂”等表达式中的引申义项）；③引申义（能够感知到是通过调适而产生的义项）。据此，在雷氏语境论关于多义性的调适中，引申义项是对原型义项加以调适的产物，而不是对词汇意义进行调适的结果，词汇意义与原型义项不能混为一谈。

总之，雷氏语境论多义观以辩证动态的视角，深刻揭示了多义性形成过程中语用调适与语义规约化的互动关系，突出强调了在多义现象阐释中调适与规约化是缺一不可的双重要素，从而凸显了多义性词语的语境敏感性特质，初步表明了语境论对于多义性颇强的解释力。当然，与任何富有活力的理论学说类似，当代语境论尚处于不断丰富发展和不断完善的过程之中。语境论的反对者对其路径方法与理据论断仍贬谪不息。针对这些批评质疑，应当秉持实事求是、公正客观的哲学态度，理性地做出分析评判。对那些源于不同流派的无端指责，我们应当不为所动；而对那些确有深意、有的放矢的中肯之言应当勇于吸纳。

## 2.6 结语

20 世纪中后叶，语境论的勃兴一改传统字义论在语言哲学界一统天下的格局，使日常语言学派的语言哲学观得以传承与光大。语境论秉持基于使用探究语言意义的传统，立足于语言游戏的实践活动，注重考察实际语言交流中的言语行为意义，强调意义规定于语境，全面考量各语用要素在决定语言使用意义中的作用，从而有效地破除了极端形式论套用逻辑语言而强加于自然语言的“普罗克汝斯忒之床”，摆脱了字义论囿于语言符号本身探析意义的窠臼。语境论的发展顺应并助推了语言哲学中的语用转向，也反映了哲学研究中对人本身及其实践活动关注度逐渐提升的趋势。当然，语境论不同变体虽然就上述立场具有共识，但对于是否承认语言符号具有独立的意义以及语用因素在多大程度上影响或者制约语义内容等一系列问题上，则存在各种各样的差异。作为当代语境论的巨擘，雷氏提出了诸多独创性的观点，其语境论思想在语言哲学界业已产生颇为广泛的影响。他承继了分析哲学注重分析的传统，倚重自然语言材料的解剖分析，为自己的语言哲学论断确立坚实的理据；而且兼收并蓄了语言哲学、心智哲学、语言学以及认知科学的研究成果，使其语境论思想的基底更加宽广厚实。

# 第3章

# 真值条件语用学进路

## 3.1 概述

长期以来，句子真值条件内容的阐述一直被看作是语义学的主要研究任务。区分语义学与语用学的经典标准之一即为视其研究对象究竟是真值条件性的抑或非真值条件性的。这一信条不仅体现在语言哲学奠基者的论述中，而且在之后的诸多学者的研究中得到了坚持与发展。由戴维森（1984）将塔尔斯基的真理论颠倒过来而创立的意义理论更是明确冠之以“真值条件语义论”。

此外，理想语言哲学家对日常语言学派的主要质疑之一是日常语言哲学研究及思想缺乏系统性。因此，前期曾经作为日常语言学派主力的格赖斯力图创立系统的语言哲学思想体系，其结果被认为导致了日常语言哲学（表面上）的终结。格赖斯凭借经过改良的“奥康姆剃刀”，将非真值条件意义从语义学中剔除出去，统统归入与“所言”相对的“所含”，从而使其非自然意义理论得以高度的系统化。自此以后，所言取决于所说出句子的字面意义，表达蕴含或曰真值条件内容，所含传达说话者在具体语境中所欲传达的意义，取决于说话者意向以及听话者对这一意向的辨识；这样的二元区分在经典格赖斯意义理论中几成金科玉律。

当然，格赖斯虽有看似断送了日常语言哲学之嫌，但其独具特色的意义理论，尤其是他的会话含义理论，对自然语言意义的系统表征贡献卓著。但是，同其他独创性意义理论一样，经典格赖斯学说自面世以来就不断遭到质疑与挑战。特别是自20世纪80年代以降，在批判经典格赖斯学说的基础之上，涌现出了种种新格赖斯、后格赖斯语言哲学理论。在这些各具特色的语言哲学思想中，后格赖斯理论代表人物之一雷卡纳蒂创立与发展的真值条件语用学格外引人注目。但是，在坚持真值条件语义学传统立场的理论家眼里，真值条件语用学仅就名称而言就是一个自相矛盾的概念，令人无法接受。在他们看来，真值条件与语用学完全是在永不交汇的两股道上跑的车，是始终不可能存在任何交集的，所以既然是真值条件就不可能属于语用学。事实也许并非如此。

“真值条件语用学”最初作为雷氏《直接指称：从语言到思想》第 13 章的标题出现，时隔 17 载后又成为他在牛津大学出版社出版的专著之名。经过近 30 年的发展，雷氏真值条件语用学理论体系渐趋完备，内涵更加丰富，应用前景也愈加广阔。因此，恐怕很难在一章的有限篇幅里对之做出系统阐发。但是，读者似可望藉以窥一斑而知全豹，对真值条件语用学获得概貌的了解。为此，这一章主要聚焦以下几个方面的问题：从真值条件语义学（以下简称 TCS）转向真值条件语用学（以下简称 TCP）的动因是什么？TCP 框架中的真值条件与这一概念的传统理解有何不同？关于内嵌语用效应的局部调适观与整体论之争如何推动了 TCP 新的发展？但是，在考察这些问题之前，有必要先简单地探究一下雷氏语境论与其 TCP 学说的联系与区别。

## 3.2 语境论与真值条件语用学

雷氏被公认为当代语境论的代表人物。前面已经有一章专题探讨了他对语境论思想的传承与发展。那么，人们不禁要问，雷氏为什么又要倡导 TCP 理论学说？TCP 和语境论究竟是同一种理论贴上了两个不同的标签，抑或是两个既相联系又有差异的理论体系？答案显然应当是后者。尽管两种学说具有诸多的共性，而且很多评论家并没有将 TCP 与语境论加以区分，但是，应当说 TCP 并不等同于语境论。随着语言哲学研究的拓展，语境论和最小论等立场都不再是浑然单一的思想体系，各自均衍生出多种变体；不仅存在激进的和相对温和的语境论或最小论形式，而且出现了由语境论与最小论相混合的中间立场（Recanati 2005：171）。雷氏曾经多次表示自己虽然不自称为激进语境论者，但却倾向于赞同激进语境论的诸多观点。然而，相较而言，TCP 的立场显然不能归于激进语境论。之所以可以这样认为，一条理由是，雷氏 TCP 尽管允许自由语用充实与调适过程可能在帮助决定所表达的命题中发挥作用，但却并不像激进语境论那样主张这些语用过程自始至终这样地决定直觉性真值条件内容。正如他自己明确指出的那样，同激进语境论相对比，TCP 的立场更加保守。TCP 接受语言规约将表达式与词义相关联的观点，但并不假设表达式的意义即为表达式用以构成完整话语时所贡献的内容。TCP 主张，表达式可能但不一定贡献其通过语言规约而拥有的意义；表达式还能通过语用调适过程贡献其他意义（Recanati 2010：19）。其二，雷氏（2013：61）明确指出，根据 TCP 的观点，由言语行为所贡献的真值条件内容方面不能从句子语言的性质产生。但是，TCP 的这种观点与下述思想相容：所说出句子的语言性质（加上饱和）确实决定最小的、可做出真值评价的内容，这个内容可能与话语行为内容重合，也可能不重合。激进语境论则不接受这一思想。激进语境论将内容看作主要是一种言语行为概念：句子仅仅在派生意义上拥有内容，即继承用于实施言语行为所获得的内容。据此，句子本身不带有可做出真值评价的内容，而只带有略图式的意义，这种意义须在言语行为语境中充实成可做出真值评价的内容。如此说来，激进语境论蕴含 TCP，但却不由之蕴含。这也许就是为何雷氏（2002：303）曾经将语境论称为“一种激进形式的 TCP”的原因。显然，他那里所说的语境论主要指激进语境论。其三，近年来，雷氏数次（如 2017：380）强调 TCP 不是最为激进的语境论，TCP 尽管看重语用调适的作用，但辩证地坚持调适过程的任选性本质。因此，这一立场显然不同于诸如“错误形式观”（Recanati 2004：140）这样一些更加激进的路径选择。顾名思义，所谓“错误形式观”主张，词义不具有正确的形式，因而无法作为所表达语义内容的构成成分；据此，贡献给命题的内容必然与词义不同。虽然 TCP 不如错误形式观激进，但近年雷氏（2017）在基于语境论阐释多义现象论文中明确认为，多义现象的阐析为错误形式观这种激进的语境论提供了颇具说服力的佐证。藉此或许可以推断，同其对语言哲学界认识的发展轨迹相吻合，雷氏的语言哲学思想也愈加趋于激进语境论一端。不过，TCP 尚未达致这一激进立场。

## 3.3　由真值条件语义学转向真值条件语用学

从根本上看，由真值条件语义学转向真值条件语用学是雷氏继承与发展日常语言学派哲学思想系统工程的一部分。实际上，真值条件语用学同日常语言学派的语言哲学观一脉相承。无论是就语言观而言，还是从所奉行的语言研究方法论来说，TCP 无疑都忠实地体现了日常语言哲学之真谛。首先，TCP 的研究对象是自然语言及其实际使用，这一理论直面使用中的语言现象本身，强调在完整的言语行为中考察与探究意义，着重关注语言使用者以及语言使用相关语境在意义表达与理解中的决定作用。但是，与日常语言哲学针锋相对的理想语言学派则认为，自然语言充满了模糊歧义现象，不适于缜密的哲学思辨，因而他们所倚重的是逻辑语言。

### 3.3.1　戴维森真值条件意义论

理想语言学派的基本立场在形式语义学中得以传承。理想语言学派注重探究命题及其真值条件的倾向也不同程度地体现在戴维森、蒙太格、刘易斯等语义学家的研究之中。仅以真值条件意义论创立者戴维森为例。尽管他并不像传统理想语言学派那样对自然语言抱有偏见，而是关注自然语言研究，但他的着眼点依然主要是在命题或句子的成真条件之上。戴维森通过将以意义作为原初概念阐释真值性质的塔尔斯基模式加以颠倒，即把成真性当作解释意义之原初概念，并且借助塔尔斯基 T- 图式对句子意义做出表征（Davidson 1984）。因此，在戴维森真值条件语义学中，句子的意义藉由句子的真值条件理论提供。这个理论包括基于 T- 图式并以元语言表达的一组 T- 语句，每个 T- 语句针对所分析之对象语言中的每个句子。以人们耳熟能详的“雪是白色的”这个例子而言，其 T- 语句如下所示：

（1）“雪是白色的”成真，当且仅当雪是白色的。

若对各种类似上面这样的 T- 语句加以抽象，就能够获得以下这个形式化的“T- 约定”：

（T）X 成真，当且仅当 p。

这样形式化地表征语句的意义似乎有效地迎合了将语言学（包括语义学）建立成一门科学的旨归，尤其受到语言研究中形式学派的青睐。尽管如此，虽然现在有更多的研究者意识到真值条件在语义阐释中应当占有一席之地，但是将语句意义表征认同于真值条件阐释，这种做法却遭到愈来愈多理论家的质疑。譬如，美国著名分析哲学家与当代言语行为理论家塞尔（2001：78–79）就曾通过对比下面（2）中的 A、B 两个 T- 语句批判真值条件意义论：

（2）A.“雪是白色的”成真，当且仅当雪是白色的。
B.“雪是白色的”成真，当且仅当处于结晶状态的 $H_2O$ 分子发射出具有一切波长 X 的光波。

在塞尔看来，这两个句子虽然从某种角度看描述了相同的事态，却未必都能充分表达“雪是白色的”这句话的意义。我们尽管可能知道这个句子只有在“雪是白色的”这个条件下成真，却也许对 B 中列述的条件一无所知。换言之，B 尽管提供了成真条件，但或许根本没有给出语句的意义。当然，真值条件语义学家也许会反驳说，塞尔之流的质疑基于将语句真值条件与说出句子之话语真值条件相混淆。但是，如前所述，如果我们坚持认为，只有描述事态、陈述事实的命题才拥有真值条件，那么，严格地说，只有实施言语行为的话语才能表达命题，方有真值条件可谈（下一小节将进一步探讨关于真值条件的不同界定）。

当然，即使不借助于类似塞尔列举的貌似涉及专业知识的例子，真值条件意义论在表征自然语言意义中的局限性依旧昭然若揭。普遍认为，逻辑真值无非就是成真或成假两种，从而相应地说，命题的真值条件同样也只有成真或成假两种。可是，我们无论怎样描述意义，自然语言的意义显然远不止两种。与逻辑语言不同，自然语言构成人们生活形式的一部分，而生活形式丰富多彩、无限多样。将意义认同于语句的真值条件难以揭示自然语言意义的无比丰富多样性。因此，传统的真值条件语义学路径对于表征自然语言意义存在局限性。

### 3.3.2 格赖斯“所言”说：真值条件语义学翻版

在经典格赖斯意义理论中，真值条件与非真值条件的区分同样举足轻重。这一区分在格赖斯反驳某些日常语言学派哲学家的“不合法使用”论中至关重要（Carston

2004：65）。在格赖斯看来，这些日常语言哲学家未能有效地区分真值条件意义与非真值条件内容，从而使其论述明显地缺乏系统性。因此，正是借助于真值条件与非真值条件的区分，格赖斯系统地阐述了“所言”与“所含”一对二分的意义概念，藉此表征了自然意义中真值条件性“所言”和非真值条件性“所含”这样两个意义维度。关于“所言”概念更加详细的阐述将在下一章进行。在此，值得指出的是，格赖斯真值条件性“所言”概念属最小论式的，这一概念的基础是所谓的最小论原则，即坚持将语境因素或语用成分对“所言”（命题）的影响限定在最小程度，这一程度大体不超出语境在消除歧义、确定指示词语指称对象等方面的作用范围。这样，格赖斯“所言”的内容基本取决于语句的意义，即由句子成分的意义及其组合规则决定。换言之，格赖斯“所言”是受制于语法、在最小程度上异于句子意义的实体。这一实体经常被看作语句表达的真值条件内容或称作“最小命题”。因此，这种“所言”理论或许可以看作真值条件语义学的一个翻版。

与“所言”相对的是“所含”。“所含”是格赖斯借助于“奥康姆剃刀”，将“所言”之外的其他意义从说出句子的话语中剔除出来的结果，包括规约含义与会话含义。例如：

（3）Jack insulted Susan and she hit him.（杰克侮辱了苏珊，她打了他。）

只要杰克侮辱了苏珊，苏珊打了杰克，这句话即成真，否则成假。至于说出这句话时所传达的“杰克侮辱苏珊在先、苏珊打他在后”以及“杰克侮辱苏珊是导致苏珊打他的原因”等意蕴，格赖斯一概排除在“所言”之外，囊括在会话含义的范畴中。而且正如业已指出的那样，在格赖斯看来，“所含”或会话含义是非真值条件性的，具有“可取消性”等特点。

但是，自然语言英语中的 and（与 / 和）同与之对应的逻辑符号 & 的功能与意义并不完全一致。由逻辑连接语 & 构成的复杂命题 P & Q，只要其成分命题 P 和 Q 成真，整个复杂命题即成真。然而，自然语言中由 and（与 / 和）连接的复合句的情形则要复杂得多。尽管（3）的逻辑式通常表征为“P & Q”，但同样具有这个逻辑式的语句在语义上的性质大不相同，试将（3）与（4）做一比较：

（4）Mary is watching TV and Tom is talking on the phone.（玛丽在看电视，汤姆在打电话。）

与例（3）的情况不同，这个句子虽然同样是由 and 并连而成的复合句，但前后两个分句即使对调也不会影响所表达的真值条件内容。再看一下下面的例子（改编自 Simons 2017：467），这个例子在目前关于内嵌含义的争论中经常在作为证据的实例中内嵌：

（5）A. The old king has died of a heart attack and a republic has been declared.（老国王死于心脏病发作，共和国宣告成立。）

B. A republic has been declared and the old king has died of a heart attack.
（共和国宣告成立，老国王死于心脏病发作。）

例（5）中由 and 并连的两个句子虽然均具有类似于（4）的逻辑式，而且句中既不存在歧义现象，也没有需要加以饱和的指示词语，但直觉地看，与例（3）类似，由于 A 和 B 中两个合取肢的位置不同，所以真值条件内容各异。“老国王死于心脏病发作”与“共和国宣告成立”两个事件发生的先后（甚至其中哪个事件是导致另一事件发生的诱因）也就不同。但是，两个事件发生的先后顺序以及哪个事件作为原因、哪个事件作为结果，这些信息直接影响说出句子之话语的真值条件内容，显然不能简单地划入会话含义的范畴。由此可见，针对类似上述的自然语言实例，格赖斯基于最小论原则，对“所言”概念做出的真值条件语义学阐释有时无法自圆其说。究其原因，正如雷氏（2013a：59）援引斯特劳森的论述所表明的那样，以“P 与 Q”形式出现的简单并列句不具有固定的真值条件。这一形式的真值条件依赖于语境，这种语境依赖性与指示性毫无关系。在有些语境中，两个分句描述的事件之间的时间关系与真值条件相关，而在其他语境中则与真值条件无关。真值条件内容不是句子的性质，而是言语行为的性质，这个性质对使用语境的细微特征敏感。

### 3.3.3 真值条件语用学路径的开启

在许多当代语言哲学家看来，语言研究的根本任务是对语言使用者的语言能力做出系统合理的描述。但在研究实践中，他们的着眼点与侧重点却存在差异。概括地说，他们主要从以下两个不同视角力图对语言能力做出系统描述（Pinal 2018：166）：其一，侧重于将语言使用者的语言能力描述为系统性能产体系。正如乔姆斯基（1957）反复强调的那样，语言使用者借助于内化的语言规则，不仅能够从有限的规则生成无限的表达形式，并且能够理解合乎规则但之前未曾见过的新颖表达式的意义。将语言能力描述为能产性系统，这就意味着能够藉由组合性真值条件理论表征这种语言能力。其二，语言能力也可以描述为一种依赖于语境且极具灵活性的表征系统。在这样的描述系统中，语言表达式在具体场合中的意义往往取决于使用语境。问题在于，很多理论家经常专注于上述两个系统中的一个，忽略乃至否认另一个系统的可能性。令人鼓舞的是，TCP 理论框架兼容了这两个视角的有益洞见，有效地克服了单一视角的片面性与局限性。

首先，雷氏 TCP 框架坚持关于复杂表达式意义生成的组合原则。当然，TCP 倡导的是一种语用组合原则，它与真值条件语义学的组合原则不同。按照 TCP 语用组合原则，参与组合进而成为复杂表达式语义内容的经常是经过调适的成分意义，而往往并非其构成成分稳定的系统意义。其次，TCP 理论家并不像秉持真值条件语义学立场的格赖斯等最小论者那样，信奉巴赫（2005，2011）所称的“命题论”——主张每个陈述句均具有真值条件即表达命题。在 TCP 理论家看来，不通过相应的语用过程加以充实或调适，许多句子并不能够直接表达命题，充其量只能充当命题基干或命题模板。最后，TCP 并不像最小论信奉的真值条件语义学那样，将语用对命题内容的作用局限于由语言因素触发的消除歧义或确定指示词语指称对象等过程，亦即仅仅接受“饱和”这个自下而上的语用过程对语义内容的作用。相反，TCP 远非只是重视饱和的作用，而且同样关注自由语用充实这种自上而下的语用过程对命题内容做出的贡献。这样，TCP 既恰当地呈现了语言表征体系的能产性与系统性，又凸显了语言能力表征体系的语境依赖性与语义灵活性。TCP 强调，真值条件内容的获得离不开语用过程的介入。不言而喻，语用过程必须在具体语境中实施。在 TCP 理论框架中，实施语用过程的语境不只包括说话者、听话者、说话的时间和地点等所谓“窄式”语境参数，而且往往涉及言语活动参与者的背景知识、文化习俗和心理意向等相关的“宽式”语境因素。由此可见，TCP 关注的是话语在用于实施具体言语行为时所具有的真值条件。这样一种视角显然比囿于语码意义的真值条件语义学视角更加宽广，从而在面对自然语言中广泛存在的表达式语义不充分确定性时，可望对语言交际中的话语意义做出更趋合理的解释。

## 3.4　直觉性真值条件说

显然，TCP 名副其实地是一种竭力主张并且系统阐述语用过程介入真值条件内容的学说。但这些语用过程远远超出消除歧义、指示语指称对象确定等所涉及的饱和过程。这些饱和过程同样为最小论者与真值条件语义学家所接受。除饱和过程之外，TCP 理论家同样关注乃至更加强调自由语用充实或者调适在真值条件内容形成中的作用。接受自由语用充实对真值条件内容的贡献，结果形成的真值条件内容显然就与最小论原则相悖，因为这个内容不再仅仅受制于语法，即不再是组成语句的词语之意义及其组合规则之和。根据语用组合原则，组成语句真值条件内容的未必是词语本身的语码意义，而往往是经过语用调适的场合意义。所以，说出同一个句子的话语其真值条件内容或许会因语境的不同而不同，这样的真值条件内容也不再是一成不变的稳定实体。真值条件内容的这种变化，势必就打破了经典格赖斯理论中“所言”与“所含”的界线。以格赖斯为代表的最小论者划归含义的许多内容被雷氏等 TCP 理论家重新纳入具有调适特性的真值条件内容之中。这样看来，TCP 框架中的真值条件内容较之格赖斯等最小论者真值条件语义学中的真值条件内容更加丰富。

不过，在重塑真值条件内容（所言）的同时，TCP 理论家并没有完全抛弃“所含”的概念。但是，既然最小论者归为“所含”的许多东西在 TCP 框架内被重新囊括在真值条件内容之中，TCP 理论家称作“所含”的内容显然要比在经典格赖斯理论中瘦身不少。雷氏等人仅将外在于真值条件内容的东西视为所含，雷氏称之为“真正的含义”。当然，雷氏所持的是一种语用“所言”观，他的“所言”与其“所含”的区分不能同经典格赖斯“所言”与“所含”之分混为一谈。尽管这样，与关联论者等其他后格赖斯理论家类似，雷氏同样强调“所言”与“所含”两者之间存在非对称性，亦即他们都坚持认为，“所言”（显义）是“所含”（含义）的基础，“所言”（显义）为“所含”（含义）提供保证（Recanati 2004:47）。表面上看，既然坚持“所言”与“所含”两者的非对称性，并且强调“所言”是真值条件性的，而“所含”为非真值条件性的，相对于以最小论真值条件语义学为旨归的经典格赖斯学说，TCP理论似有陈陈相因之嫌。然而，雷氏等理论家不仅对经典格赖斯“所言”概念加以改造，而且该理论对传统真值条件概念也有鼎新之举。

真值条件（亦作成真条件）无非是命题成真（或成假）的条件。按照真值条件语义学的通行理解，这种条件取决于语句构成成分的规约意义及其组合规则，假若如此组合的意义恰当地陈述了事实、描述了事态，语句的命题即成真，否则即成假。但在坚持语义不充分决定论的TCP理论家看来，由于自然语言表达式广泛存在的语境敏感性，基于语句成分规约意义、按照语义组合原则生成的真值条件内容往往并非说话者意欲传达的确切信息。无数实例充分证明了这一点。例如：

（6）出国游需要钱。
（7）所有人都为他的事迹所感动。
（8）你给我们上的这份牛排是生的。

若按照坚持最小论的真值条件语义学家的立场，这几个语句的真值条件内容取决于构成各个语句的成分之意义以及成分的组合方式。但是，直觉地看，说出类似这些语句所要表达的显然并不完全由其成分的意义及其组合方式决定。就（6）而言，“出国旅游需要钱”似乎是不言而喻的，根本无须赘述。说话者之所以要说这句话，并非只是为了表达**出国旅游需要（无论多少）钱**的意思，而是要传达“出国旅游需要**很多**钱”之意。同样，（7）的说话者并不旨在意谓“世界上的所有人都为他的事迹所感动”，那会近乎于不经之谈。句中“所有人”的限量域依据具体的语境而定，如“聆听关于他事迹报告的所有人”或者“了解他事迹的所有人”等等，却几乎不可能是“世界上所有人”。最后来看例（8）。抛开确定其中的指示语“你”、“我们”和“这”之指称对象依赖于语境不论（因为这样的语境作用也为最小论者承认），领会说话者所欲表达的真值条件内容同样离不开使用这个语句的具体语境。通常这句话是由顾客在饭店餐桌旁说出的。（8）的说话者所表达的真值条件内容与由其成分之编码意义组成的句子意义明显各异。服务员不大可能会将生牛排端给顾客。所以，说出这句话的顾客通常要表达的真值条件意义是“你给我们上的这份牛排有点生（不够熟）”。因此，在某种程度上看，同样一种事态，语句本身的真值条件与说话者断言行为蕴含的真值条件可能相反，一个成真，另一个或许成假。就（8）描述的事态来说，取决于语句意义的真值条件为假，而说话者说出该语句所表达的真值条件成真。说话者说出语句意欲表达的真值条件内容是TCP关注的焦点，雷氏将这一内容所基于的真值条件称之为“直觉性真值条件”。

在传统真值条件语义学框架中，语句的真值条件藉由“X成真，当且仅当p”的条件性T-语句呈现。与此不同，TCP区分句子的语义内容与句子在语境中说出时所断言的直觉性真值条件内容。按照TCP的主张，句子相对于语境c成真，当且仅当句子的直觉性真值条件内容对于由c决定的语境参数成真。那么，每当说话者所欲表达的命题与句子的语义内容不相一致时，相关的直接语用过程就会开始运作而发挥相应的调适作用，以传达说话者意欲传达的直觉性真值条件内容。因此，TCP框架中的真值条件与传统真值条件语义学所说的真值条件差异迥然。而直觉性真值条件概念的提出或许可以看作雷氏TCP理论的又一创新之举。

当然，TCP的反对者并不认为直觉性真值条件是他们能够苟同的新颖概念。这既由于他们所持的理论立场使然，又归因于他们并不认同TCP的方法论取向。在他们看来，以雷氏为代表的TCP理论家在理论建构与观点论证中过度依赖于直觉，“直觉性真值条件说”正是倚重直觉的典型案例。因此，坚持真值条件语义学传统立场的戴维特就明确地将依赖于直觉的方法归咎于包括TCP在内的语用论的一大缺陷（Devitt 2013：89）。他断言语用论者最终将理论建构在元语言直觉的基础之上，不仅尼尔、卡斯顿这样，雷氏也不例外。他尤其对雷氏（2010）将“所言”对应于话语的直觉性真值条件、采用所谓“可及性原则”阐述“所言”与“所含”的做法不以为然。根据雷氏的可及性原则，“所言”是由会话活动参与者的真值条件直觉决定的命题。这样的主张与坚持真值条件语义学传统的立场无疑是格格不入的。当然，戴维特承认，依赖于元语言直觉的做法不仅限于语用论者，而且普遍存在于语言哲学研究中。但是，在他看来这种通行做法是误入了歧途；其理由在于，在关于语言与交际的科学研究中不应当专注于元语言直觉，而应当关注“所言”这一理论概念的应用。在探究“所言”的应用中，不要期望普通百姓的直觉可能作为可靠的向导（同上：97）。但是，戴维特的质疑实际上从一个侧面反映了自语言哲学研究出现实验转向以来，学界关于直觉之证据作用日益激烈的争鸣。在语言哲学研究中，是否应当依赖于直觉？若对这个问题做出肯定的回答，接踵而至的问题是，应当依赖于谁的直觉？是大众的直觉更可靠还是受过专业训练者的直觉更可靠？不同学者所说的直觉是同一个概念吗？目前，关于这些问题的回答真可谓言人人殊、莫衷一是。

这里需要着重考虑的问题包括，雷氏的真值条件语用学果真像戴维特所说的那样依赖于元语言直觉吗？究竟应当如何看待直觉在TCP框架中的作用？首先值得注意的是，戴维特在质疑中似乎将元语言直觉与语义直觉相提并论。另一方面，重视直觉的作用与简单地一味依赖于直觉同样不可同日而语。实际上，雷氏在回应戴维特的质疑时，虽然完全赞同应当关注“所言”这一理论概念的应用，并且不应当期望大众关于所言概念的直觉能够作为这一理论概念实际应用的可靠向导；但他并不承认其TCP理论诉诸元语言直觉。在雷氏看来，戴维特的质疑源于误解。这个误解体现在以下两个方面（2013b：104）：其一，TCP理论强调应当诉诸直接关于真值条件内容的直觉，而非关于言说“所言”之反思性元语言直觉。正如雷氏早就指出的那样：

我假定，充分理解陈述句的任何人都知道哪种事态可能构成话语的真值条件，亦即知道什么情况下可能成真。将话语与情景这样匹配起来的能力，比起用间接引语转述所言的能力更加基础。不管怎样，前一种能力并不预设后一种能力；甚至不预设掌握了“所言”这个概念。因此，引出这种直觉的恰当方法是不要问受试“你认为在该情景中说出这个句子的所言……是什么？”（Recanati 2004：14）

据此，关于什么构成了话语真值条件的直觉指的是针对特定话语所描述事态的一价直觉，而非言说“所言”的元语言二价直觉。其二，TCP 重视直觉并不意味着其所言概念的建立以大众关于所言之直觉为指导。事实上，TCP 理论家将直觉作为素材，试图对这些素材做出阐释。为了消除戴维特等人的误解，雷氏再次重申了他的立场。他虽然同意“科学的理论建构应当摆脱直觉与常识，直觉与常识只是提供了一个出发点，不应成为理论建构的羁绊”；但与此同时，他又指出，“人的认知是一个十分特殊的领域：在这个领域中，我们的直觉不啻是理论建构首先依靠的东西——类似于维特根斯坦的梯子，梯子登完后就可以扔掉——而且是该理论所针对内容的一部分。就此而论，直觉不可忽略”（Recanati 1989：327）。由此可见，雷氏与戴维特尽管就直觉的内涵和作用看法不一，但是，关于“所言”应当作为一个理论概念以及语义理论建构需要涵盖“所言”概念的主张,两人实质上并无抵牾。然而，由于理论立场迥异，戴维特等人所持的语义“所言”概念与雷氏的语用“所言”观显然大相径庭。按照雷氏的 TCP 所言观，句子意义经常不能充分决定直觉性真值条件内容，原因之一是句子中往往存在未言说成分，需要通过语用过程加以充实，方能确切表达说话者所意谓的命题内容。

## 3.5 隐性指示论批判

### 3.5.1 “强语用效应”难以拒斥

未言说成分概念无疑是真值条件语用学理论建构的一块基石。反对 TCP 的研究者要否证这一理论往往就须从打破这块基石入手，并且试图提出自己宣称更具解释力的方案取而代之。语义最小论者根本不承认语境论者宣称的语义不充分决定论，他们否认未言说成分概念也完全是预料之中的事情。除了语义最小论者外，“未言说成分”论的主要反对者还包括以斯旦利为代表的隐性指示论的倡导者。斯旦利将雷氏所说的自由语用充实称作“强语用效应”，他并不认为这种强语用效应对直觉性真值条件能够产生影响。在斯旦利看来，雷氏 TCP 理论正是由于假定未言说成分的存在、坚持自由语用充实这种强语用效应对真值条件内容的作用，一方面导致了生成过度的问题，另一方面使 TCP 理论阐释失去系统性，进而使受制于规约、由规则支配的语言交际活动得以成功进行的事实沦为难解之谜（Stanley 2005a：29）。斯旦利反对 TCP 这种语境论立场，但这并不意味着他就完全站到最小论者一边。实际上，斯旦利并不全然赞同语义最小论的路径。如前所述，之所以称作最小论，正是因为这种理论试图将语境因素对语义内容的影响控制在最小程度。因此，基于语义最小论的视角，句子相对于语境所具有的语义内容仅同在语境中说出句子之话语所表达的直觉性真值条件存在一种松散的联系，而人们关于话语表达内容的直觉产生于句子语义内容与各种非系统性语用效应两个方面。最小论为了将语境敏感性排除在意义理论的大门之外，使得句子语义内容所传递的信息大打折扣（Stanley 2007：10）。这显然是不能为斯旦利等指示论者所接受的。

斯旦利反对“未言说成分”概念及其充实，这与前面提到的同样不接受未言说成分与语用充实过程的真值条件语义论者戴维特立场一致。与戴维特不同的是，斯旦利不仅没有否认直觉在创建意义理论中的重要性，甚至反复强调直觉在检验理论假设与运用意义理论解释具体语言实例中的独特作用。在他看来，作为有语言能力的说话者，我们大家就自己本族语的句子是否合乎语法、说出话语在什么条件下成真或成假，均具有强烈的直觉。若能有效地挖掘与利用这样的直觉，对形成新颖的语言理论会有裨益。在以往的语言哲学探究中，这样的成功范例不胜枚举。譬如，通过有效地利用语言直觉证据，乔姆斯基创立了转换生成语法，克里普克建构了历史因果指称论。斯旦利则力图利用语言使用者关于说出句子之所言成真成假的直觉阐释意义，其理由在于，这是“为自然语言建构意义理论唯一可行的”通途（同上：6）。尽管在反对最小命题论、注重直觉在阐释意义中的作用这两点上，斯旦利和雷氏似乎不无共性，但是，他所选择的意义阐释路径却与雷氏 TCP 进路径相对立。斯旦利选择的实质上依然是真值条件语义学传统道路，所奉行的仍然是语义组合原则。在他看来，通过诉诸所说出语句之构成成分的意义，结合这些成分在句子结构中出现的位置，对具体话语如何能够具有相应的真值条件做出阐释，这样的做法可谓天经地义。

## 3.5.2 “饱和”无以取代“充实”

可是，一方面要坚持语义组合原则，另一方面又要对直觉性真值条件合理地加以阐释，鱼和熊掌如何兼得呢？换句话说，如何弥补 TCP 等语境论所揭示的句子的语言意义与说出句子的话语所表达的直觉性真值条件内容两者之间的差距呢？这样的问题在斯旦利那里也许根本不称其为问题。究其原因，斯旦利声称，如果他的方案正确，相对于语境由语言决定的句子内容同句子直觉地表达的命题之间就不存在差距。语法与所传达内容之间的差距可以藉由真值条件语义学结合一般会话常规得以解释（同上：5）。因此，斯旦利既摒弃最小论的最小命题假设，又拒斥 TCP 等语境论的自由语用充实策略，而试图依循一种隐性指示论路径对直觉性真值条件内容做出系统阐释。

斯旦利为代表的隐性指示论者否认 TCP 假定的未言说成分，并非通过证明这种成分与语义学无关，而是试图表明这种成分承载的信息是藉由**隐性**句法变项传递的。隐性指示论者恪守语义组合论原则，坚信受制于语言规约是语义内容的标志性特征；

强调语义内容是语义组合过程的产物，产生于按照组合规则将语词的编码意义组合成更大的复杂表达式意义的过程（King and Stanley 2005：116）。这就是说，语义成分与句法（逻辑）形式相互高度对应，语义内容均能溯源于句法形式。这样，在隐性指示论者看来，语境论者提出的所谓未言说成分的相关内容，倘若能够视为语义内容的话，实际上也是藉由句法表征，而并不是通过所谓自由充实这种语用过程提供的。因此，每当句子的语言意义不能充分决定说出句子所表达的直觉性真值条件内容时，隐性指示论者即假设有关句子中存在隐性指示语或隐性变项，这些隐性成分受到句中有关成分的约束。隐性成分受约束的方式如同管约论中的代形式 PRO 受到与之存在共指关系之名词短语的约束。为了获得说出语句所表达的直觉性真值条件内容，就必须甄别存在这种约束关系的隐性成分或变项。这一过程不同于 TCP 对未言说成分加以充实的语用过程，这实质上是一种“饱和”的过程。如前所示，语用充实是任选性自上而下的过程，而饱和一般认为是由语言因素触发的强制性自下而上的过程。正像典型指示语的情形所示。每当遇到包含“现在”“今天”“我们”等指示语的语句时，首先必须通过饱和过程确定这些指示语的指称对象，然后才能判定说出句子的话语所表达的命题成真或成假。同样，在斯旦利等人看来，TCP 理论家假设存在未言说成分的语句中实际存在着隐性指示语，若要获得这些语句所表达的直觉性真值条件内容同样必须对有关的隐性指示语加以饱和，而这样的饱和过程由语言因素触发，受语法规约管控。隐性指示论的标签也由此而来。从这一点上看，隐性指示论与最小论并没有多少实质上的差异，因为最小论同样接受饱和这一语用过程，差异或许只在于最小论中饱和过程的适用范围主要限于卡珀朗与莱波雷（2005）划定的所谓“基本集”，而指示论所说的饱和其范围则扩大到了隐性成分或变项。隐性指示论者之所以假设隐性指示语或受到约束的隐性变项的存在，根本目的在于坚持字义论的基本主张，即语境影响话语直觉性真值条件内容的唯一方式是通过帮助决定所说出句子之成分的恰当解释。与传统字义论所不同的是，隐性指示论承认，许多语境敏感性表达式语义内容的确定在一定程度上需要考虑说话者使用这些表达式的意向，从而就可能部分地克服了字义论与最小论的片面性。因此，斯旦利（2005：28）声称，指示论乃字义论幸存后嗣中有希望的理论。

隐性指示论果真是一种前景看好的意义理论吗？事实上，众多学者（如 Recanati 2004，2005；Clapp 2012；Carston and Hall 2017）并不这样认为。在我们得出自己的结论之前，还是先来考察一下隐性指示论为了取代语用充实论，是如何对语义不充分确定性以及句子的语言意义与说出句子之话语的直觉性真值条件之间的差距提供阐释的。如前所述，按照隐性指示论的假设，自然语言语句中包含的大量语境敏感性表达式应当看作隐性指示语，需要在说出语句的具体语境中赋值。以“打开”一词为例。正常情况下，在“打开门”、“打开伤口”和“打开书”等表达式中，“打开”的意谓不尽相同。我们通常并不以打开门的方式打开伤口或者打开书本。那么，应当如何阐释这种意谓上的差异呢？我们显然不能简单地采用“懒惰的哲学方法”将之解释为一种歧义现象。假若按照 TCP 的语用充实观，在打开这些不同的客体时，具体的使用语境充实了相应的打开方式，从而表征了这些打开行为上的差异。但是，隐性指示论者并不接受语用充实观，认为这种解释缺乏系统性。他们主张立足于语言因素本身对诸如“打开”意谓上的差异这种语境敏感性做出解释。为此，隐性指示论假定“打开”是一个隐性的“指示语”。它虽然是一个隐性指示语，却同显性指示语（如“我”“这里”“现在”等）一样，必须由语境赋予相应的语义值。

但是，正如雷氏（2005：187）早就指出的那样，类似“打开”方式这样的语境信息同指示性词语在语境中赋值的情形迥然不同。为“打开”充实关于方式的语境信息是任选性过程，并不为表达命题所必需。譬如，无论是用钥匙打开门，还是以别的方式打开门，只要是施事将门打开了，说“某人打开了门”即成真。相反，假若不能通过语境为指示性词语赋予恰当的语义值，即确定其指称对象，所说出的句子就无法成为可以判定为真假的命题。例如，在下面这组译自巴赫（2005）的例子中，若不能弄清“他”在每句话中的指称对象，就无法判定话语成真成假：

（9）A. 一名警察逮捕了一个窃贼；**他**戴着徽章。

B. 一名警察逮捕了一个窃贼；**他**戴着面具。

C. 一名警察逮捕了一个窃贼；**他**用了枪。

D. 一名警察逮捕了一个窃贼；**他**丢下枪。

E. 一名警察逮捕了一个窃贼；**他**抢夺了**他**的枪，逃脱了。

参考每个句子分号之前提供的信息，根据常理或背景知识，我们倾向于将A和C中的“他”以及E中的第二个“他”理解为指称警察（警察通常佩戴徽章、配有枪支），将其余的“他”解释为指称窃贼（窃贼更可能戴着面具加以伪装，走投无路时会抢夺武器，伺机逃跑）。常理或背景知识本身就是宽式语境信息的一部分。假若不利用相关语境信息为各句中的指示代词“他”赋值，分号之后的句子就无法表达恰当的命题内容。因此，这种由词语激发的语境赋值（饱和）过程是强制性的，而非任选性的。这起码初步表明，类似“打开”这种动词并不能够因为需要借助语境确定行为方式而看作（隐性）指示语。当然，通过关于类似“打开”这种例子所包含的语境敏感性之阐释表征隐性指示论，并基于此对其加以批判，或许比较直观明了，但却恐有简单化之嫌。实际上，斯旦利及其合作者在为建立隐性指示论而发表的一系列论文中探究了许多复杂的论题，包括非句子断言、递延指称（deferred reference）、量词域限制、语义内容范围、句子意义与直觉性真值条件内容之关系，乃至语义学与语用学划界等语言哲学中的重要论题。这些论题本身无疑均有探讨的价值，但限于篇幅以及我们论述的主题，在此显然不可能或者也没有必要考察斯旦利等人关于所有这些论题的阐述。因此，下面将聚焦他们关于量词域限制的论述，以便对隐性指示论做出更加深入的探究。

### 3.5.3 “量词域限制”不能确证隐性指示论

量词域限制指的是对量词语义影响范围的限制。在前面讨论过的例（7）中，量词域即指“所有人”的指称范围。我们指出，根据直觉，“所有人都为他的事迹所感动”中的限量短语“所有人”在相应的语境中可以指“了解他事迹的所有人”或“出席他事迹报告会的所有听众”等，却不大可能指宇宙上的所有人。根据TCP的未言说成分充实观，相应的限量范围是一个未言说成分，具体的语境提供这个成分，经过充实的话语从而能够表达直觉性真值条件内容。隐性指示论者拒不接受TCP语用充实论，认为TCP假定的语言结构缺乏充分证据。相反，隐性指示论者主张，言外语境对真值条件的一切影响都能够溯源于逻辑式；并且将通常所说的语境敏感性假定为一种广义指示性，广义指示性不限于显性指示语的性质，而且囊括隐性指示成分的特性。斯旦利声称隐性指示论者关于语境对真值条件作用的看法十分保守，并将之具体概括如下：

> 其一，显然存在狭义的指示语表达式，如“我”“这里”“现在”等等。其二，显然存在指示代词，如“这”“那”。其三，显然存在人称代词，如“他”“她”。不属于其中任何一类的显性表达式不依赖于语境。假若包含这些表达式之结构的真值条件受到言外语境的影响，这种语境依赖性必须溯源于逻辑式中所出现的显性指示语、指示代词或人称代词，或者追溯到由**隐性变项**在逻辑式中所占据的结构位置。（Stanley 2007：38；黑体强调为本书作者所加）

基于广义指示性概念，语境依赖性实际上就可以认同为广义的指示性。这样，语境依赖性也就可以追溯到语言结构中的指示性表达式，指示性表达式既可以是显性的，又可以是隐性的。这里主要关注的是斯旦利假定的隐性变项及其在量词域限制中的运作（Stanley and Szabo 2000；Stanley 2002，2005：233–234）。在他所倡导的量词域限制论中，域限制指示标记（index）在句法上同量词限定的名词相关联，指示标记出现的形式为“f(i)”。相对于具体语境，赋予“f”以从客体到性质的函数、赋予“i”以客体。以下面这两个包含量词域的句子为例：

（10）a. 每个学生都就座了。

　　　b. 每个 < 学生，f(i) > 都就座了。

（11）a. 每个考生回答了每道试题。

　　　b. [ 每个 < 考生，f(j) >]-i 回答了每道 < 试题，f(i)>。

在具体语境中说出（10）a 时，其表达式或许能以 b 表征：i 可能代表说话者暗指的教室，f 可能代表从教室到教室里的学生之函数。同理，如果针对特定考场这个语境说出（11）a 时，其表达式或许可以呈现为 b，说话者意在使“f”的值成为从考生到试题的函数，“i”则受到更高一层的限量名词短语“每个考生”的**约束**，从而获得“每个考生回答了每个考生试卷上的每道试题”的理解。隐性指示论试图以此表明，存在量化域变项，亦即存在一种隐性指示语成分，对隐性指示语加以饱和就是为变项赋值。

藉由假定约束关系、论证隐性变项的存在，这种手法被认为可以推广至许多结构类型（Stanley 2000），隐性指示论者试图以此表明这些结构中包含的语境依赖性完全可以在语义学中做出阐释，而且语义学阐释较之语用学阐释更加令人信服。所以，他们不仅对包含诸如“高的”“老的”“小的”这类等级性形容词的结构做出约束论分析，并且试图对“（天）在下雨”这个引起长期广泛讨论的例子提供约束论的解释。如前所述，按照TCP的观点，“（天）在下雨”表达直觉性真值条件所需要的下雨地点是通过自由语用充实过程提供的。斯旦利认为TCP的阐释是错误的。他以下面这个例子的解释为例（Stanley 2007：52–53）：

（12）每次约翰点上一支烟，天就下雨。

在斯旦利看来，按照TCP的分析，我们无法从（12）得到（13）这样的理解，而只能获得（14）的理解，但（13）这个理解却是很自然的：

（13）每次t，在t约翰点上一支烟，在约翰在t点烟的地点，天就在t下雨。

（14）每次t，在t约翰点上一支烟，“下雨”的所指导致<t, l>成真，其中的l是说出（12）之话语语境中凸显的地点。

藉此，斯旦利试图表明隐性变项（指示成分）论优于未言说成分充实论。其理由在于，变项既可能受到约束，也可能不受约束，因而假定地点变项的约束论能够对（12）做出以上两种解释，而TCP充实论却只能提供后一种解释。但是，这一质疑并不能为TCP理论家所接受。隐性变项约束论将下雨地点视作逻辑式中一个变项的语境值，由语境提供具体的地点，因而被看作是一种饱和的过程。这显然与TCP语用充实论径相对立。在实践上，隐性指示论的约束标准未必十分可靠，因为这条标准将饱和过度泛化，结果可能把根本不属于这一由语言因素激发的语用过程之实例也穿凿附会地归入了饱和现象之列。这样，要对各种语境敏感性实例做出阐释，不仅可能需要假设无数隐性变项，而且在有些情形下，隐性变项假设可能导致荒谬的分析。以下面（15）这句话为例。

（15）警察让车停了下来。

按照TCP的阐释（Recanati 2004：105–106），听话者在听到（15）这句话时，可能做出不同的假设而得到不同的理解。基于常识，通常可能将之理解为警察示意，使车停下。不过也可以做出另外一种假设，设想是警察自己开的车，那么他使车停下的方式则与履行警察职责时让车停下的方式大相径庭。当然，这两种不同的停车方式只是隐含在两种话语语境之中，这些信息并未由任何语言表达式编码。因此，停车方式是通过语用充实过程提供的。但是，按照隐性变项约束论，必须假定一个停车方式变项m，以做出以下表征：

(16) 对于某种停止方式 m，警察以这种方式 m 让车停下了。

在这样的表征中，m 的语义值好比指示语的指称对象那样，是经过饱和过程获得的。但是，隐含的停车方式显然与指示语的所指迥然不同，将两者相提并论无法正确反映言语交际活动参与者的语言直觉。此外，将指示性泛化、假定存在各种隐性指示成分或受到约束的隐性变项，还可能导致生成过度现象的产生。生成过度正是隐性指示论者质疑 TCP 语用充实论的主要论据之一。因此，TCP 倡导者同样可以以此为矛，反击隐性指示论之盾。

### 3.5.4 克莱普对隐性指示论的三大质疑

近年来，不同研究者在批判隐性指示论理论立场的同时，还就这一立场在实践应用中的问题提出质疑。其中，TCP 的支持者克莱普对隐性指示论的三大质疑鞭辟入里、切中要害。克莱普尽管并没有像雷氏那样断然拒斥隐性指示论，但却认为隐性指示必须面对下述三大质疑构成的挑战（Clapp 2012：440–457）。首先，隐性指示论者通过假定隐性指示语以阐释 TCP 以及其他语境论者提出的语义不充分决定现象。但是，即使不像激进语境论者走得那么远，即主张所有话语均须对所说出的相关语句加以充实或调适才能表达所言，那也不得不承认，语境敏感性广泛存在，从而语句的字面意义与直觉性真值条件内容之间的差距大量存在。这样，依循隐性指示论的路径，就不得不假定，许多句子包含着隐性指示语，这也就必然意味着许多词语是隐性指示语。虽然以有悖直觉来反驳隐性指示论可能未必有效，因为这一论调一定程度上内在地违反直觉（同上：440），但是，在没有任何独立理据的情况下，接受隐性指示语的普遍存在却反映出这一理论解释力的缺乏。因此，隐性指示论面临的第一个问题是提供接受众多隐性指示语的理据以及确定哪些句子包含这些指示语的标准。其次，即使能够确定哪些句子包含隐性指示语，这并不必然意味着就能够确定句中哪个词语是隐性指示语。所以，如何甄别说出的句子中所假定的隐性指示语就成为隐性指示论者必须面对的第二个问题。为了解决这个问题，斯旦利和绍博等隐性指示论者诉诸所谓的约束论，主张直觉上的语义约束提供了独立的理由，佐证在相关逻辑式中存在着隐性指示成分或变项。可是，约束论存在谬误，并不像隐性指示论者所声称的那样可靠。因此，这至少说明，如何确定隐性指示语依然是一个悬而未决的问题。最后，克莱普揭示了隐性指示论者需要面对的一个更加宏观的问题：如何坚持句子的语义内容与说话者传达的语用内容之间的区分。斯旦利对语义与语用做了如下区分：

语义解释涉及相对于语境将义值派赋给逻辑式各个成分以及成分组合而成的结构。仅当支配成分的语言规则要求时，言外语境才产生效应。语义解释产生的结果是某种非语言实体（诸如命题或性质）；然后，这种非语言实体构成对语用解释的输入。（Stanley 2007：35）

隐性指示论者坚守真值条件语义学立场，这就迫使他们在句子的语言意义与说话者说出句子所欲传达的直觉性真值条件内容之间做出某种区分。一般认为，句子的语言编码意义是语义学阐释的对象，而说话者实施言语行为所传达的意谓则属于语用学研究范围。然而，为了就语境依赖性对真值条件内容的影响做出语义学阐释，隐性指示论者在逻辑式中假定大量隐性指示成分或变项的存在，从而模糊了语义学与语用学的分界。当然，模糊乃至否认语义学与语用学的界线并非不受激进语境论者的欢迎，但却同隐性指示论者所声称的立场背道而驰。

## 3.6 “内嵌语用效应”局部调适论

TCP 理论的特色不仅体现在以与隐性指示论等学说十分不同的方式揭示从句子语言意义达致话语直觉性真值条件内容的路径，而且反映在关于内嵌语用效应阐释的独特方略之上。那么，什么是内嵌语用效应呢？经典格赖斯会话含义理论究竟能否对内嵌语用效应做出恰当表征？雷氏为代表的 TCP 理论家所倡导的局部语用调适论有何新颖之处？局部调适观对于内嵌语用效应的解释力究竟如何？下面将首先对内嵌语用效应现象做一简要的描述。在此基础上，扼要介绍后格赖斯语用学家所概括的经典格赖斯两阶段分析法，旨在表明，为什么有些学者认为按照经典格赖斯会话含义理论，内嵌会话含义的本体论地位无从确立；为什么西蒙斯却相反，主张修正的格赖斯式整体论能够对内嵌语用效应做出合理的阐释。最后，我们集中探析 TCP 局部调适论的理据与论证，进而对局部调适论的解释力做出考量。

### 3.6.1 内嵌语用效应简述

语用效应指的是根据语用原则、藉由语用过程，各种相关语用因素对话语意义生成与理解产生的影响。按照格赖斯会话含义理论，我们在正常的言语交际活动中说出某句话语时，往往通过言说行为传达了某种含义。听话者借助于会话合作原则及其四准则，能够通过识别说话者的交际意向领会说话者所欲传达的这种含义。会话含义体现出整体性或后命题性特点，即作为一种合理的语用推理意义，会话含义产生的前提是说话者言说了一个命题，说话者言说了一个命题的事实成为会话含义的输入。然而，随着新格赖斯、后格赖斯语用学家和其他众多理论家对经典格赖斯意义理论的改造与发展，会话含义概念的应用范围不断扩大，所囊括的现象中有些并不具备整体性（后命题性）以及雷氏所强调的会话含义的可及性特征。其中，所谓的“内嵌含义”或 / 与“内嵌语用效应”就是典型的一例。“内嵌语用效应”一般指语用过程对包孕于话语中的小句或词语产生的效应或影响。这种效应往往局部性地体现在语句的某个部分，而不是针对所言说的整个命题来看的。为了证明内嵌含义或 / 与局部语用效应的存在，研究者探析了多种类型的语言实例，诸如包含生成级差含义之词语的语句、析取句与条件句以及其他受到相关语用过程作用的语词。最初引起学界关注内嵌语用效应的主要现象之一是所谓的内嵌含义。这类更加复杂的例子将在后面相关讨论中列举。这里先看一个相对简单却颇为有趣的例子。

（17）活过一百岁的听众都受益匪浅。[1]

在会话中听到这句话，听话者假定说话者会本着合作的态度而遵守合作原则及其准则。但是，要领会说话者旨在传达的意向意义，首先必须弄清“活过一百岁的听众”这个描述语的指称对象是谁。当然，缺乏必要的语境知识，这将证明是一件困难的事情。字面地看，这个描述语可以指年龄在百岁以上的听众。可是，在相关的语境中，了解到“活过一百岁”是电台一档养生节目的名称，并且以这个背景知识对描述语的编码意义加以充实，那么，所指“听众”的范围就不再局限于百岁以上的老人，而是指称所有聆听这一节目、处于各个不同年龄段的听众了。为“活过一百岁”充实所指范围的信息完全是一种语用过程。这个语用过程不仅是任选性的，而且是局部性的，作用于该描述语中的定语部分。此外，正像从下文讨论中将看到的那样，按照雷氏等 TCP 理论家的观点，在说话语境中对“活过一百岁的听众”进行语用充实，以使其指称对象明确，并非要等到对整句话加工完成后方才开始，而是一听到这一描述语即予以充实。否则，听话者就很可能将这句话做出囿于字面意义的理解了。因此，从 TCP 的视角看，内嵌语用效应同经典格赖斯会话含义的一个主要区别在于其局部性。当然，正像 TCP 的其他观点并不均为持不同理论立场者所接受那样,“局部论”也同样为坚持整体观立场的理论家所拒斥。那么,就解释力而言，局部论与整体观孰优孰劣？或者换一个角度来问，局部论与整体观始终必须是非此即彼、二者必居其一吗？在更加深入考察这些问题之前，先简要探讨一下后格赖斯语用学家对经典格赖斯两阶段分析法的批判。

### 3.6.2 经典格赖斯两阶段分析法

局部语用效应或内嵌含义无法在经典格赖斯会话含义理论框架中得到合理的阐释，尽管在比较宽泛的意义上，这些效应仍然可以看作格赖斯式语用效应。为了更加深刻地认识这一点，十分必要像雷氏那样，区分广义与狭义上的格赖斯式阐释，并且揭示经典格赖斯“两阶段”分析法的实质（Recanati 2017b：494）。广义格赖斯式阐释指任何本着会话合作原则并且基于说话者意向辨识的理论学说。因此，西蒙斯所主张的实际上是一种广义格赖斯立场，因为她将有如下述这样的任何阐释看作格赖斯式理论：假定听话者就说话者意谓做出推理，听话者在解释话语中做出的这一推理受到关于说话者理性之假设的引导（Simons 2017：470）。相反，按照狭义格

[1]《活过一百岁》是某广播电台一个节目的名称，之前为《活到一百岁》。按照规范书写形式，应当加上书名号。但为了说明问题，用作话语的例子，未冠之以书名号。若以正规的书面形式出现，所讨论的问题或许就不复存在了。

赖斯式阐释，说话者首先必须言说某个命题，话语解释者（即听话者）以这个事实为输入做出某种合理的语用推理，从而把握所传达的会话含义。这就是雷氏等后格赖斯理论家所描述的经典格赖斯“两阶段”分析法：第一阶段为语义解释阶段，而第二阶段则是语用解释阶段。按照这一分析法，作为第一步，听话者首先必须推演出话语所表达的命题；然后，再进行第二步，推论说话者在相关语境中表达该命题实际上所欲传达的意谓。如前所述，随着意义理论研究的逐步深化，含义的外延与内涵均发生了显著的变化。尤其是语境论、关联论等后格赖斯学说揭示的诸多现象表明，一方面“所言”与“所含”的推导有时是平行地进行的，另一方面，许多语用过程同样对所言发挥作用。换言之，并不能绝对地说，语用过程同命题内容无涉。包括内嵌语用效应等在内的多种语用影响在直觉性真值条件的构成中占有一席之地。这一点从上面（17）这个简单的例子似乎已可见一斑。在这个例子中，“活过一百岁的听众”的所指对象直接影响这句话所表达命题的真值。不依赖于语境和藉由语用调适过程的充实，这句话的解释者恐怕难以正确领会说话者说出这句话所表达的直觉性真值条件内容。然而，这样的阐释显然是难以为主张严格为语义学与语用学划界、竭力将语用因素对“所言”或真值条件内容的介入控制在最小程度的理论家所接受的。

### 3.6.3　修正的格赖斯式整体论阐释

针对局部语用效应或/与内嵌含义的现象，不同学者基于不同视角做出了多种不同的阐释。除了关联论和下一小节将讨论的TCP局部论的语用解释之外，还有偏向于语义学立场的阐析（如Chierchia et al 2012）。这些解释大多否认经典格赖斯两阶段分析法能够对内嵌语用效应做出令人满意的阐释。然而，对于这种否定的论调，也有研究者不以为然。例如，西蒙斯（Simons 2017a，2017b）就坚称，同许多人所断言的相反，（经过改造的）经典格赖斯两阶段分析法同样能够为内嵌语用效应提供系统的阐述。她一方面坚信，存在内嵌语用效应、内嵌内容由语用生成；另一方面又主张依据格赖斯基本理论对内嵌语用效应做出解释。基于这样一种解释，内嵌语用效应可以看作话语层面普通会话含义的延续。当然，西蒙斯意识到，她要实现做出这个解释的目的，必须对格赖斯理论的通常表述做出修正。首先，鉴于格赖斯“所言”概念遭到的质疑，西蒙斯提出以“所表达内容”取代“所言”。当然，她的这一建议看来并没有得到学界的积极响应。究其原因，尽管格赖斯“所言”概念似乎命运多舛，不断有人试图加以改造甚或代之以其他概念，但是，无论怎样，“所言”与“所含”依然是人们耳熟能详的基本对照。以“所表达内容”代替“所言”未必就能使有关概念更加清晰，甚至可能导致更多的混乱。或许有人会问，“所表达内容”是指语句表达的意义还是说话者说出句子所表达的内容？它与“所传达的”、“所交流的”、“所意谓的”和“所隐含的”内容又有什么区别？西蒙斯并没有对“所表达内容”明确予以界定，也没有将之与其他有关概念加以对照。

众所周知，经典格赖斯理论旨在揭示并阐释言语交际活动的内在规律以及言语交际活动获得成功的基本要素。格赖斯对于言语交际内在规律的认知呈现在他所总结的会话合作原则及其四准则之中。经典格赖斯的理论阐析表明，成功的言语交际活动除了受制于合作原则及其四准则之外，还包含若干基本要素。其中有三个要素在格赖斯阐释中占据着突出地位（Bach 2007：27–28）：①“所言”：说话者说出语句言说了“所言”，亦即表达了相关的命题。说话者言说“所言”的事实不仅帮助解释说话者言说“所言”的动因与方式，而且部分地说明其“所言”具有的信息量与相关性。正是基于说话者言说“所言”的事实以及“所言”的信息量、真实性和相关性的特性，听话者方能领悟说话者的言下之意。②意向：包括说话者向听话者传递某个信息的意向以及旨在使听话者识别这个意向；听话者能够鉴别说话者的交际意向。假如说话者缺乏交流信息的意向，或者听话者不能按照所期望的那样识别说话者的交际意向，会话就无法达到预期的效果。因此，要对话语做出正确的解读，就必须认识说出话语的意向。③语境：任何言语交际活动都是在一定的语境中开展的。说话者借助于语境可以传达比语句字面意义更加丰富的意谓，亦即使用尽可能少的语言符号，传递尽可能多的信息。同样，依靠语境线索的帮助，听话者得以领会超乎语言编码意义的说话者意谓。

那么，格赖斯两阶段分析法具体是如何表征会话含义推导机制的呢？根据经典格赖斯学说，会话含义的解读必须以说话者言说某个命题为前提条件，并以说话者言说了该命题这个事实为输入。以下面（18）这个对话为例。

（18）甲：咱俩去看今晚 10 点这场电影吧！这场的票价打对折。

乙：我明天早上头两节有课。

通常情况下，针对一个提议或邀请，我们要么接受，要么婉拒。但在这个对话中，乙却没有表示接受，也没有直接拒绝。从字面上看，他的回应是不合作的。这也就意味着，乙假如只是意谓所言说的内容，就违反了关联准则，因为甲并没有问他第二天早上要做什么。可是，没有理由假定乙意在不合作。因此，乙就可能传达了某种意谓。这一含义从他的所言中推导得出，该含义使他的话具有了相关性。基于进一步的推论，甲推断乙意欲传达的是这个会话含义，而不是“所言”表达的命题。如果以 p 代表“所言”命题、q 表示会话含义，上述分析可以概括为以下五个步骤（Simons 2017a：472）：

① 乙言说了 p；
② 乙言说 p 表面上看违反合作原则；
③ 没有理由假定，乙意在不合作；
④ 因此，乙意谓某种可以从 p 推导的含义；
⑤基于进一步推论，可以推断乙意谓 q，而非 p。

基于对话语境，甲从乙的“所言”最终推断出其“所含”尽管实际上通常是在瞬间完成的，但按照格赖斯两阶段的分析，着眼于成功交际的诸多要素，就需要将言说“所言”划为第一阶段；其余步骤则归入推导会话含义的第二阶段。

可是，局部语用效应或内嵌含义是否也能藉由经典格赖斯两阶段分析法予以阐释呢？TCP 理论家以及关联论者均做出了否定的回答。与此相反，西蒙斯则认为，稍加改造，格赖斯会话含义整体论同样能够对局部语用效应做出阐析。那么，具体应当如何对格赖斯理论的通常表述做出修正呢？按照西蒙斯的方案（同上：488），上述五个步骤或许可以改造为下面的推导过程：

① 说话者表达了命题 p，作为复杂言语行为 A 的一个组成部分；
② 听话者针对 A 构成部分的内容，追问说话者的意向；
③ 听话者观察到，仅当④的条件得到满足时，说话者在①中的行为才是合作的；
④ 说话者藉由表达 p，意在（也许除了 p 之外）传达 q，作为该组成部分的内容；
⑤ q（也许与 p 均）作为 A 组成部分的内容。

在西蒙斯看来，通过上述这些步骤的推导，就会直接导致内嵌语用效应，但这样推导得出的内嵌语用效应是格赖斯式整体推演的产物，亦即为“整体考虑、局部作用”的结果。西蒙斯基于上述这种整体论解释机制，分析了条件从句、宾语从句和选言判断句等结构中的内嵌语用效应，力图证明修正的经典格赖斯路径能够对局部语用效应做出合理阐释。限于篇幅，这里仅以条件句作为示例。假设甲和乙两人打算周末一同去野餐，正在核计准备要带的食物，这时，甲对乙说出（19）这句话。

（19）假如你带饮料，我就负责准备吃的。

正常情况下，甲说出这句话的隐含意义是“假如你带（足够的）饮料供咱们两人野餐时喝……”。乙是如何推导出这一层会话含义的呢？按照西蒙斯倡导的格赖斯式整体论解释，听话者首先注意到，仅仅对条件句前件作字面的理解，那么整个条件句做出的断言不大可能是甲真正意欲表达的命题。假如乙只带一小罐饮料给自己喝或者带的饮料只能看不能喝，甲也许就不大可能主动提出负责准备吃的，以对乙做出鼓励了。所以，字面表达的句子整体内容在语用上并不充分，不足以表达甲意在传达的内容。这就引发乙对甲的交际意向的进一步探寻，从而领会甲真正意欲传达的是上面引号中提供的会话含义。由此看来，对其前件内容加以完善，其目的在于理解整个条件句。也就是说，真正的格赖斯式推理是在话语整体层面上展开的。因此，尽管前件内容不是任何格赖斯准则的作用对象，也不作为格赖斯式推演的输入，但是，为了整体语用推论的目的，必须把握前件（与后件）的内容（同上：477）。

西蒙斯基于经过改造的经典格赖斯分析法，对内嵌/局部语用效应做出整体论阐释，为扩大格赖斯会话含义理论的适用范围做出了新的探索，对深化关于格赖斯学说的认识不无启迪。她倡导的路径也引起了学界的高度关注，尤其得到语义最小论者（如 Borg 2017）的欣然认同。但是，从根本上看，她所依循的仍然是经典格赖斯原则立场。也就是说，她阐释内嵌语用效应的出发点和落脚点依然是格赖斯语义最小论，即把语用因素对语义内容的“侵入”限制在最小程度。这样一种立场令 TCP 理论家和其他语境论者无法接受。

### 3.6.4 基于 TCP 局部调适论之解

与西蒙斯倡导的内嵌语用效应整体论路径不同，雷氏为代表的真值条件语用学家坚持对这种效应做出局部论阐释。追根求源，内嵌语用效应局部论基于 TCP 的根本立场。从 TCP 的视角看，作用于真值条件内容建构的语用过程并不限于由语言因素触发的饱和，包括自由充实在内的语用调适同样可能对直觉性命题的构成做出贡献。与外在于话语真值条件命题的会话含义不同，内嵌语用效应影响话语直觉性真值条件内容的生成。因此，在这一点上，局部语用过程同饱和过程类似，两者均对话语直觉性真值条件内容的构成发挥作用，皆为真值条件性语用过程。所不同的是，局部语用调适过程是非语言因素触发的由上而下的过程，而饱和则是由语言因素驱动的自下而上的语用过程。局部语用过程与饱和的相似性与差异性也正是雷氏在反驳内嵌语用效应整体论、论证局部论阐释的过程中所反复强调的。他之所以这样做，其目的或许一方面是为了进一步证明语用调适可能影响真值条件内容，另一方面试图从一个侧面表明真值条件性的内嵌语用效应与非真值条件性会话含义之间的一个重要区别。

内嵌语用效应的特性在诸多方面与传统概念上的会话含义存在不同。内嵌语用效应是语用过程作用于话语组成部分的结果，具有前命题特征；而会话含义是基于整个话语进行语用推理的产物，其性质是后命题的。譬如，对比一下下面这两个例子，或许就能对两者的区别获得更加深刻的认识。

（20）哈代的 20 部小说王帅都读过。

（21）我怀疑现在英文专业的学生还有多少在读哈代。

就（20）而言，在恰当的语境中，说话者说出这句话可能相应地传达多种会话含义，如“王帅对哈代的小说情有独钟”“王帅可以对哈代的作品做出比较全面的评价”“王帅真是个奇葩 [ 因为他的专业是数学，却花大量的时间看英国作家的小说 ]”…… 若要确定所传达的究竟是其中的哪一个含义，则需要借助于语境，弄清具体会话场景中说话者的交际意向。说话者通常也预设听话者对其意向能够加以辨识。无须赘言，这样传达的会话含义一般都具有前面提到的可取消性等基本特性；而且由于其后命题性质，对（20）的真值条件不构成影响。相形之下，要正确理解说话者说出（21）时所表达的直觉性真值条件内容，就必须对句子成分“哈代”做出局部语用调适，将之“充实”为“哈代的作品”。而换一个角度来说，正常情况下，谓词“读”的客体是书籍或作品一类的东西，而不会是人。因此，或许也有人会主张将这个例子分析为“谓词迁移”过程，即“读”从表征学生同哈代的关系迁移到表征学生同哈代作品之间的关系。这两种过程中,或许“充实”说更加符合我们的直觉。不过，无论以哪种语用过程做出分析，该语用过程都是针对语句成分（“哈代”或“读”）局部地运作的。若采取我们偏爱的自由充实过程，那么，在这个局部语用过程的作用下，结果就产生了调适成分“哈代的作品”。然后，这个调适成分同话语其他成分组合，生成整句话语的直觉性真值条件命题。

因此，根据局部论的观点，内嵌语用效应的产生不同于格赖斯式会话含义的生成，尽管两者都借助于某种语用推理，但内嵌语用效应所涉及的是广义语用推论，而非格赖斯两阶段分析法中蕴含的狭义语用推论。若要更加深入地认识这一点，考察一下雷氏所做的关于“触发推论”与“生成推论”之间的区分（Recanati 2017：502–503），无疑会有助益。顾名思义，“触发推论”的作用是触发另一个推论，以识别说话者旨在真正表达的意义。那么，主要是什么诱因导致了触发推论呢？从根本上看，触发推论是关于会话合作原则的考虑使然。可以认为，正常的语言使用者通常假定，人们在参与会话活动时，普遍都会遵循合作原则及其四准则。因此，假如听话者意识到，说话者的话语从字面上看违背合作原则，从而推断说话者很可能意谓与话语字面意义不同的内容。也就是说，听话者在试图对话语做出解释时，意识到该话语在语用上存在不足。为了弥补这个不足，就必须诉诸“生成推论”。听话者通过这一推论，为话语生成正确的解释，这个解释超出了语义组合产生的理解。雷氏在对这两种推论做出区分之后,为了反驳整体论,把关注的重点置于生成推论之上。他通过深入分析生成推论在格赖斯会话含义与内嵌语用效应产生过程中的不同机制及其作用，力图表明将整体论用于阐释局部语用效应是难以奏效的。如前所述，会话含义的推论以说话者言说了其所言为前提,因此,会话含义的生成推论是整体性的。与之不同，在藉由语用调适产生正确理解的过程中，获得局部语用效应的生成机制则不是整体性的。

上述简要对比分析表明，西蒙斯为代表的整体论者更多地强调会话含义与局部语用效应的共性，并试图坚持以格赖斯原则立场做出统一的阐释。他们甚至认为，不仅通常认定的会话含义可以做出整体论阐释，而且对语用调适和多种修辞格也可以做出同样处理。相反，TCP 理论家和关联论者则更多地着眼于会话含义与内嵌语用效应两者之间的差异，并且更加坚定地反对整体论者赴格赖斯之后尘、将隐喻和反语等修辞格归入会话含义。其理由在于，这些现象并不符合格赖斯定义的会话含义之典型特征，即作为论证的前提，以证明说话者在言说所言的过程中遵守了会话合作原则及其准则。因此，会话含义通常是说话者在话语字面意义之外传达的某个命题。然而，说话者在说出隐喻和反语等话语时，所欲传达的意思往往旨在取代话语的字面意义。尤其在反语中，说话者真正旨在传达的意思经常与话语的字面意义相互矛盾。因此，与真正的会话含义的生成机制不同，对于这些“替代类型”的所谓含义而言，导致意义替代的触发推论是整体性的，但该推论产生的效应却是局部性的。这同样也正是内嵌语用效应生成机制的特点。在产生内嵌语用效应的局部语用调适过程中，只有触发推论是整体性的；而生成正确理解的过程则是一个重新解释的过程。这个“重解”过程“将话语成分的字面意义局部地映射到经过调适的意义，并且同其他成分的意义组合起来”（同上：506）。值得强调的是，既然经过重新解释，参与组合过程的调适意义显然就不是原初的字面意义。此外，既然是局部地映射，所产生的语用效应当然是局部性的。因此，针对这种局部内嵌语用效应的众多实例，格赖斯两阶段整体论阐释无疑难以自圆其说。西蒙斯试图通过对格赖斯模式的改造，继续坚持格赖斯会话含义理论对于阐释局部语用效应的适用性。她的努力尽管得到语义最小论者的认同，但在以 TCP 理论家为代表的语境论者看来，那只不过是一种徒劳之举。诚然如此，西蒙斯等整体论者注重区分内嵌语用效应与局部语用过程、强调话语整体理解对局部语用效应的制约作用以及关注各种广义语用推论之间的联系与共性等一系列做法，对于更加全面认识局部 / 内嵌语用效应的生成机制与本质特征，并非全无助益。同时，整体论者对 TCP 局部调适论的种种质疑与挑战已经并将继续促使后者不断地逐步完善，以便在阐释更加广泛的局部语用效应实例中显现出更强的解释力。

## 3.7 结语

作为一种形式的温和语境论，TCP 立足于从语言编码信息与语言使用者交际意谓两个维度，阐释言语行为所传达的直觉性真值条件内容，从而一定程度上克服了 TCS 与激进语境论片面强调其中的一个维度、忽略另一个维度的极端倾向，为更加全面表征自然语言使用中的意义提供了一条值得继续探索的路径。由此可见，TCP 并不像反对者所声称的那样，是一种自相矛盾、似是而非的意义理论。经过将近 30 年的演进与发展，TCP 业已对意义概念这个千年老题的创新性研究做出了许多有益的贡献。下面择其要者，概述 TCP 几个方面的突出贡献。其一，TCP 鼎新了真值条件概念，不再囿于 TCS 的传统立场，局限于句子的编码意义界定真值条件，而是将相关的语用效应纳入真值条件内容之中，从而将传统的 TCS 真值条件重铸为 TCP 直觉性真值条件。其二，对传统的组合原则加以革新。TCP 并没有全然抛弃传统的语义组合性原则，而是对之加以积极扬弃，既承继了组合过程的基本规则，又更新了组合操作的具体内容。一方面坚持复杂表达式的意义由构成成分的意义组合而成的原则；另一方面，则主张参与组合的成分意义经常是经过语用调适生成的意义而非表达式原初的字面意义；从而将传统的语义组合原则改造成为语用组合原则。其三，对各种语用过程系统地做出理论阐述。TCP 的重要内容是对各种语用过程的理论阐述与实例论证。这些论述不仅包括关于一位语用过程与二位语用过程的区分，而且涉及诸如饱和与调适过程的相似性和区别性，藉此进一步凸显 TCP 与语义最小论、隐性指示论等理论立场的根本区别。最后，为语境论大厦添砖加瓦。温和也好，激进也罢，不管怎样，TCP 都应看作语境论大家庭中的一员。而各种形式的语境论之共性正在于主张，承载直觉性真值条件内容的是语境中说出的话语，即说出语句所实施的言语行为，而非抽象的语法实体——句子。因此，TCP 无论是就语用过程的探索，还是对未言说成分的论证，抑或针对内嵌语用效应所做的阐析，从某种角度看，目的均在于为（温和）语境论的巩固与发展提供新的动能。

# 第4章

# 语义内在论与外在论的统一

## 4.1 概述

现代哲学史上存在的内在论与外在论之争可追溯至笛卡儿身心二元论。笛卡儿将思维与身体区分开来，认为思维在本质上是独立于外在世界的，甚至独立于思想所栖居的身体，因此“我思”可以无关乎“我在”而存在。在本质上，内在论与外在论争论的焦点是心理内容究竟如何得以存在以及如何得到识别的问题。内在论者主张，个体的心理状态仅仅形而上地依赖于那些内在于个体的物理事实，即心理内容存在于大脑之中。外在论者拒斥这种观点，认为个体心理状态的确定必然离不开对外在世界的认识和理解。

在语义研究的传统中，内在论与外在论乃两种对立的哲学立场。然而，雷氏认为内在论与外在论之间并非完全对立，二者有统一的可能，他提出的双成分理论图景正是这种统一论思想的集中体现。实际上，哲学领域存在的诸多论争很多时候皆因概念定义不清晰或术语歧义而产生，厘清概念乃雷氏之“长技”，也是他进行哲学研究的重要策略之一。此外，雷氏虽然有时声称同情激进语境论者的立场，但与塞尔和特拉维斯等公认的激进语境论者相比，他的很多观点显然属于相对温和的语境论。双成分理论的提出正是体现了其基本语言哲学取向。按照该理论阐释，心理内容不仅是生物体的内在特性，还是一种关系特性。同时，双成分理论将心理内容区分为窄式内容与宽式内容，主张心理状态的宽式内容依赖于引发该状态的**实际**环境因素，而其窄式内容仅依赖于引发该状态的**规约性**环境因素。

那么，雷氏是如何构建双成分理论以及如何试图将语义内在论与外在论统一起来的呢？在回答这个核心问题之前，需要先考察一下传统内在论和外在论是如何解释个体心理状态或意义及其与外在世界之关系的。

## 4.2 内在论：意义存在于大脑之中

### 4.2.1 内在论概观

内在论又可称为个体论，原本是一种关于自然种类的心理学学说，主要论点是生物体的心理状态仅仅依赖于其内在特征。

一般认为，提出内在论的动因源于两点，其一是源于事态之间的因果关系和随附性。斯蒂尔尼（Sterelny 1991）曾经指出，心理学理论最好不要假设诡异的、实际不可能存在的因果关系。心理特性常常随附于那些与感知刺激相关联的行为举止、态度或反应。内在论之所以认为心理特性内在于生物体，原因之一在于这些特性与生物体的大脑状态息息相关。虽然严格说来，心理状态不可归约为神经物理特性，但它至少随附于神经物理特性。若两个个体大脑状态的内在特性并无差异，那么，他们的心理状态也应当实无二致。

促成内在论的第二个动因源于人的心理或思维这个精密明确的完备系统。当然，各个论派对这个系统的理解和表征不尽相同。譬如，各式心智功能主义理论似乎都承认思维可藉由感知通道获得信息输入，而其输出则是通过向运动系统发出指令实现，这种指令最终会转化为个体的外在行为。心智推演理论也赞成功能主义的观点，但对生物体心智的形成之源做出了进一步的深入考察。详细地说，心智形成是建立在三种器件之上的：生物体所具有的传感器将能量转化为符号；效应器将符号转化为行为；而信息处理器起着桥接作用，从传感器那里获得符号输入并将之传递给效应器。假若推演理论的观点正确无误，那么，思维与外在世界仅仅通过寥寥离散的通道即可连接，这些通道或可获取符号输入，或可通过对运动中枢发出符号指令来指引个体有所行动。如此看来，思维就好似一个封闭系统，各心理状态只能借助它们各自在此系统中所起的特定作用方可得以识别。因此，若系统内部没有差别，心理状态也不会出现差异。无论从因果关系、随附性还是思维系统观照，内在论秉持的核心论点从未改变，即个体的心理状态仅仅取决于其内在特性，与外在因素无关。

自笛卡儿身心二分说面世以来，内在论对哲学、心理学、认知科学以及人工智能等学科均产生了深远影响。有些学者逐渐接受这样的一个观点：心智（思想）存在于大脑之中。语言哲学作为哲学的一个分支，也不可避免地受到内在论的影响。许多语言哲学家开始思考，既然语言是思想最重要的载体，那么"（话语）意义是否也存在于大脑之中？"对于这个问题，语义内在论者如查尔默斯（David Chalmers）、杰克森（Frank Jackson）、塞尔、早期福多尔（Jerry Fodor）等均给出了肯定的回答，认为心理内容即话语的语义内容，而且这个内容仅仅存在于我们的大脑之中，不依赖于外在世界。下文将对内在论涉及的一些重要概念与观点进一步具体加以阐释。

### 4.2.2　窄式内容的基本内涵

与内在论 / 外在论相对应的是窄式内容 / 宽式内容。对于窄式内容 / 宽式内容究竟是什么，哲学界并无确切定义。宽泛地说，信念的窄式内容是指由主体内在心理特征决定的内容，而内在心理特征指的是不依赖于主体外在环境的那些特征。窄式内容观最初出现在笛卡儿的“自足论”中，之后在弗雷格、罗素等提倡的描述论中也有所体现。按照窄式内容观，心理状态的意义由主体的内在特征决定，而主体内在特征可通过描述条件的识别得到表征。早期福多尔、西格尔、塞尔、布洛克等被认为是窄式内容观的主要支持者。相反，某个信念的宽式内容是指由主体与其环境之间的关系所决定的内容，因而也可称为关系宽式内容。帕特南、伯奇（Burge）与后期福多尔皆支持这种外在论的观点。

纵然窄式内容难以定义，学者们对它的探索却是坚持不懈的。总的来说，阐释窄式内容的理论主要有两类：① 语境理论；②“功能理论”。不依赖语境或可视为窄式内容如何自显于语言之中的一种标准范式（Botterill & Carruthers 1999）。想象一下，在元旦晚会上丈夫对妻子说：“我明年一定给你买房。”妻子嘲讽：“没错，你每年都是这么向我承诺的。”丈夫反驳说：“所以确切地说我每次都承诺不同的事情。”在这个例子中，若你赞成妻子所说的话，那么你心中所想的是窄式内容；若是赞成丈夫所说的话，你所想的则是宽式内容。

随着帕特南关于双子地球思想实验的发表，意义决定指称这一观点的影响力逐渐式微，窄式内容的出现在某种意义上成为了分析指示词语意义的救命稻草。假设宇宙之中存在另外一个星球（即所谓“双子地球”），这个星球上的所有东西都和地球上的一模一样，除了水。在双子地球上，那种无色无味、可以饮用、流淌于江河湖海之中的透明液体不是 $H_2O$，而是由另一种不同的化合物 XYZ 构成。在正常情况下，$H_2O$ 和 XYZ 在形态、颜色和气味上均无不同，它们之间的区别只有经过精密的化学分析才能知晓。当地球人张三$_{地球}$和双子地球人张三$_{双子}$同时说出“水可以解渴”时（假设双子地球人也说一种类似于汉语的语言），他们使用了同一个术语“水”，却指代不同的物质。张三$_{地球}$口中的“水”是 $H_2O$，张三$_{双子}$说出的“水”则是 XYZ。当说出“水可以解渴”时，两人具有相同的心理状态，但所说的话语表达不同的意义。由此可知，自然类属词项如“水”也在一定意义上具有语境依赖性，类似于指示词。再假设一个突然的机会，张三$_{地球}$到了双子地球上，那么在造访双子地球期间，他使用的术语“水”并非其正常使用语境（正常使用语境是在地球上的那个语境）。当然，随着张三$_{地球}$与 XYZ 之间的接触越来越多，“水”的使用语境就会向着 XYZ 转变。从这个视角看，窄式内容依然是认知系统将词汇与世界连通起来的一种内在机制，但认知系统实际连通的到底是什么则仍然依赖于实际境况。

窄式内容语境理论追问的是给定内容在特定环境或境况中如何理解，而窄式内容功能理论探询的是某给定内容在综合行为系统之中扮演何种角色或如何促成系统的运行。具体地说，功能理论关注术语与术语如何联系在一起，术语与系统中其他内在状态如何联系在一起，也关注术语与行为之间的联系以及系统内各状态之间的内在联系。比如，雅各布（Jacob 1990）认为，窄式内容关涉思想在思考和行为规划中所扮演的角色，而宽式内容关涉某思想的真值条件。因此，在双子地球思想实验中，同是说出“这杯水太烫了”这句话，张三$_{地球}$和张三$_{双子}$所表达的窄式内容相同但宽式内容不同。说出这句话之后两人接下来的行为或许是一致的（都不会立即喝掉这杯水），但对于他们各自来说这句话的真值条件并不相同，因为张三$_{地球}$所说的水是水，而张三$_{双子}$说出的水是水$_{双子}$。

那么，如何理解窄式内容的“窄性”呢？概括地说，定义内容的窄性主要有三种策略：① 借助内在性（如 Stalnaker 1990）；② 借助内在特性（如 Chalmers 2003）；③ 借助局部随附性（如 Kriegel 2008）。从字面上看，策略①似乎最为直观，因为窄式内容就是关于主体内在心理状态的内容。对此，有的学者（如 Jackson & Pettit 1993）探讨位于表皮之下的内容，有的学者（如 Stich 1983）谈论大脑状态，还有学者（如 Brown 1993）不设定任何边界单单考察整体内在状态。也就是说，如果能够找到任何一种可以分离内在系统与外在环境的方式，那么窄式内容的窄性就得到了解释。理解窄性的第二种策略是借助内在特性。采用这条策略的研究者（如 Francescotti 1999）要么探讨内在特性如何定义，要么探索内在特性的本体论地位。这样的做法有两个缺陷：其一，区分内在特性与外在特性这种观点本身曾备受质疑；其二，很多时候内在特性被简单理解为客体的非关系性特性，如此理解窄式内容容易引起误解。因为即使在一定意义上窄式内容不依赖于认知个体与外在环境之间的关系，但可能依赖认知系统内部存在的多种关系。第三种策略是利用随附概念来阐释窄性。若某心理状态是局部随附的，那么它就是窄式的。这种策略的优势在于它将窄式内容与认知系统联系起来，却没有将之与认知系统的实际状态等同起来。这种策略的弊端显而易见，随附概念本身饱受争议，如何理解随附性亦众说纷纭。

### 4.2.3 窄式内容的支持论据

为了论证内在论，内在论的倡导者试图表明心理内容在本质上是“窄式”的，即话语意义衍生于个体所处的心理状态。为了佐证承认窄式内容的必要性，查尔默斯总结了语言哲学史上关于内容的“六大疑惑”（Chalmers 2003）。

第一个疑惑源自帕特南的双子地球思想实验。帕特南设计这个思想实验的主要目的在于挑战广为接受的两个传统意义观点：

① 知晓某个术语的意义就是处于某种特定的心理状态之中。

②术语的意义决定其外延。

帕特南声称我们无法同时接受这两个观点，只能选其一。因为观点②乃语言哲学普遍认知，所以只能放弃观点①，双子地球思想实验也很好地反驳了观点①。而且，双子地球思想实验也肯定地解答了“自然类属词项是否具有宽式内容”这个问题。

既然此思想实验支持自然类属词项具有宽式内容，那么就相当于承认了意义不（仅）在大脑之中。既然承认了宽式内容的存在，也就相当于承认了窄式内容的存在，至少从术语及其理解上看，宽式内容与窄式内容成对出现。

第二个疑惑根植于弗雷格关涉“长庚星是长庚星”与“长庚星是启明星”两个思想之间认知差别的揭示。查尔默斯认为，这种认知区别表明个体心理内容存在至少概念上的差异。第三个疑惑关涉信念，由克里普克在他的著名论文《关于信念的一个疑惑》中提出。该疑惑大致可表述如下：法国人皮埃尔自小在巴黎长大且只懂法语。有一天，他从保姆那里听到了发音为“*Londres est jolie*（伦敦很美）”这样的一句话。后来，他去了伦敦并且定居在一个破旧丑陋的地区。随后，他学会了伦敦当地语言，并且说出“London is not pretty（伦敦一点都不美）”这样的话。然而，他并未意识到他在巴黎通过保姆所了解的那个城市就是他现在居住的城市。（Kripke 1980）这个例子会引发疑惑的是，即使给定一些假设，人们最终依然可能公然持有某些不一致的信念。简要地说，这个疑惑的重心就是为何一个理性的人可以合理地持有两个相互矛盾的信念（如，“伦敦很美”和“伦敦不美”）。内在论给出的解释是因为信念存在于大脑之中，而大脑可同时容纳多种不同的甚至是互相矛盾的信念。

在诠释命题态度时也存在类似的克里普克疑惑，查尔默斯将之命名为“表征模式问题”。假设小米的朋友小丽说：“小米相信孙悟空可以腾空飞行”，那么这句话很可能成真。孙悟空是由六小龄童饰演，因此“孙悟空可以腾空飞行”与“六小龄童可以腾空飞行”表达相同的命题。但是，“小米相信六小龄童可以腾空飞行”这句话并不成真（假设小米不知道孙悟空由六小龄童饰演）。为何会出现这种情形呢？这就是第四个疑惑。在查尔默斯看来，相信六小龄童可以飞行需要借助恰当的表征模式。表明内在论观点成立的第五个疑惑是信念的基本行为指向性问题。当我相信我正处于某种危险之中，那么我将采取相应措施加以规避。这种信念通常具有基本的自我指示性。若我相信某人 $x$ 正处于危险之中，（但我并不知道）我就是 $x$，面对这种情形我或许会采取另一种完全不同的行为方式予以应对。在这个意义上，信念的这种指示性只有在个体的自我认知得到实现时才能更好地发挥作用。

支持内在论的第六个疑惑是“偶发先验之困惑”。根据克里普克的论述，在诠释先验命题与必然命题的关系时，传统解释犯了一个错误。他指出，先验命题一定是必然命题这个观点并不正确。为了论证这个观点，克里普克引用了“标准米尺”这个例子（Kripke 1980）。根据标准米尺，一根棍棒要么是一米要么不是一米，但克里普克认为这种说法并不妥当。如果一根棍棒是 39.86 英寸长（假如我们有不同的英寸测量标准），那为何不能说它就是一米长？任何物件的长短完全是测量时间点时它所呈现的长度，可计为：“物件 $S$ 在时间 $t$ 长一米。”但是，这种定义并非是在定义“一米”的意义，而是指明一种参照系的确立。确切地说，当我们在某个时间点将某个特定长度的棍棒标记为一米，这种标记仅仅指示该棍棒的一种**偶然**特性。若在时间 $t$ 对棍棒 $S$ 加热或进行压缩，那么它就会变成长于或短于一米。因此，术语“一米”与术语“$S$ 在 $t$ 的长度”之间存在明显不同。也因此，某心理状态并不一定是实际存在的状态，这也从一个侧面反映了心理状态的内在性。

### 4.2.4 意向性与内在论

塞尔也阐述了“意义存在于大脑之中”的论点（Searle 1983）。在他看来，内在论与外在论之争的焦点实际上是“分析意义和指称的恰当方式究竟是什么”这个根本问题。塞尔将言语行为视为语言哲学研究的基本单位，通过言语行为人类语言才得以与现实相联系。那么，话语或客体是如何与思想相联系的？他给出的答案是通过主体之意向。因此，塞尔对内在论的辩护在某种程度上可转化为对主体意向的探究。但在方法论上，他对内在论的辩护以及对意向性的探究并非简单地平铺直叙，而是穿插在对外在论支撑论点的驳斥之中。

根据外在论的观点，在获取指称和意义时窄式内容起不到任何实质性的作用。在外在论的倡导者看来，他们这种立场至少拥有四条支撑论据。首先，涉词信念、涉物信念以及其他命题态度三者之间是存在差异的。涉词信念指的是主体与命题之间的关系，而涉物信念指的是主体与客体之间的关系。通过涉物信念，主体无须借助窄式内容即可与外在客体直接取得联系。其次，所有指示词（包括“你”“我”“他/它”“这个”“那个”等等）均具有客体指向性，即直接与外部世界相关联。再次，指称因果论主张，所指关系的识别有赖于若干外在的因果关系，这点也佐证了外在论的成立。最后，指称因果论反对意义心理论以及任何心理主义，这表明外在论反对将指称或意义的识别归因于心理要素。

然而，从不同的视角看，这四条用以佐证外在论的论据并非无懈可击。一般认为，涉物信念指示真实存在的客体，而涉词信念指示的是心理内容。但是，塞尔主张将涉词信念视为概念性的，将涉物信念视为语境性的，还主张引入“意向性”这个新元素来分析涉物信念和涉词信念的概念背景和语境背景。鉴于意向性与主体心理密切相关，属于内在范畴，因此外在论的第一条支持论据就不那么牢靠了。就指示词语而言，佩里（1979；1988）和卡普兰（1989）均接受直接指称论，但直接指称论并不足以确定语句所表达的命题。假设X相信“我是X”，Y也相信“我是X”，当听话人不知道X和Y究竟谁是真的X时，他就无法确定他们各自所表达的命题“我是X”是否成真。在这种情形下，命题不是说话者脑海中的意向内容，而是必须包含所指实际客体的一种内容。这显然与塞尔的意向论立场相悖。对于指示词本质以及意向性概念，塞尔认为当说出如“爱迪生发明了电灯泡”这样的话语时，会话中有一个隐含的指示，这个指示就是会话背景。正是会话背景的运作赋予了这句话如此这般的指示性阐释。这个背景指示可具体化为：相对于**我们**地球和**人类**历史，爱迪生发明了电灯泡。

为了支持内在论，塞尔还提出指示性表达由三种不同组件构成。第一个组件是自我指涉性。通常，主体意向会体现在即将发生的具体事件之中。可以说，正是主体抱有做某事的意向，才导致该事件的发生。因此，每一个意向性行动都表征了自身的因果影响力，因而是自我指涉性的（Kapitan 1995）。当我伸出右手招呼出租车时，我会将之视为是自己想要打车的意向发挥了作用。指示性表达的这种自我指涉性是命题的真值条件所要求的，无须任何第三方论断佐证。第二个组件是非指示性描述内容。人类语言中存在四种指示性表达，分别是时间、地点、话语指向和语篇关系。但这些指示性表达有时候可用于表达非指示性内容。非指示性内容由两部分构成，一是表达式所指示的实体，二是由特定表达形式所决定的意义。例如，“明天”既可以典型地用于表达紧接说话之日的后一天，有时也可用以指称“未来”（如：**明天**一定会更加美好！）。第三个组件是“话语语境意识”。某个话语的意向性内容藉由说话者和听话人所意识或认识到的意向性语境决定。譬如，说“那个窗户坏了”实际是在说“在当前对话中处于某个空间或时间关系之中的那扇窗户（如**厨房的**窗户**昨天**）坏了”。这些隐含的空间或时间关系是通过语境得以充实的，而说话者和听话人也都意识到这一点。

意向性具有相关性这一特征。说到“相信”通常是指相信某事，说到“渴望”通常是指渴望某物或渴望做某事，说到“害怕”通常是指害怕某物或害怕做某事，等等。因此，与信念类似，有些心理状态是与主体意向所指的客体链接在一起的。那么，是否存在与外部世界或有关客体没有任何因果联系的意向状态呢？答案是肯定的。疼痛、莫名的焦虑或担忧便没有对应的客体，因此我们不能说所有心理状态都相关于特定的意向性客体。即便是那些具有相关联客体的心理状态，随着客体的改变，同一个词语所指示的心理状态也会发生改变。比如说，相信鬼怪的存在与相信某人感冒了是两种不同的“相信”。从这个视角看，心理状态是有其内在特征的，没有哪种信念是独立地归属于某个特定客体的。

除了相关性，意向性还具有三个其他基本特征：① 心理模式和表征内容是意向状态的两个重要特性，前者指明了意向状态的心理学表征形式（如信念、渴望等），后者指明了意向性状态的具体内容（如相信什么、渴望做什么等）。因此，并不是意向状态指向客体，而是意向状态同其内容一起才能指向客体。② 心理状态不仅仅依赖于心理模式。若某人说“今天太冷了”，此信念的适应指向是从思想到世界，但是若他说“我朋友今天会来我家做客”，适应指向则变为从世界到思想。由此可知，意向性和心理状态既具有内容又指向客体，且两者相互协调。③“满足条件”也是意向性的基本特性。也就是说，若主体做成了他意欲做的事情，那么就意味着意向性得到了满足。因此，想要知道某人的意向性状态，必须获悉在什么条件下他的意图会得到实现。

### 4.2.5　福多尔论窄式内容

福多尔在早期也曾像塞尔那样赞成内在论。所不同的是，塞尔诉诸意向性，而早期福多尔则主张将窄式内容视为一种从概念到指称的函数。在其早期著作《思想的语言》（*The Language of Thought* 1975）中，福多尔诠释了窄式内容并阐述了“意义存在于大脑之中”这一核心思想。在之后的另一本论著《心智组件性》（*Modularity of Mind* 1983）中，他进一步创新了对个体心理的研究，将之视为由许多子系统共同构建而成的统一体。这些子系统都有各自的分工且各司其职，而它们的运作依赖于某些特定的组件。确切地说，存在五种感觉组件和一种语言组件。因语言组件与主体的概念系统交互密切，有时也称作推演组件。

在谈论心理内容时，福多尔区分原型和定型。定型即客体的模式化意象，而原型不等于意象。定型主要处理的是词汇和短语，而原型则是一种比词汇更加深层次的东西，我们可以通过构想某客体的概念原型来识别它。具体说来，若主体的视觉系统感知到某个客体，那么他便会构建一个组件，这个组件类似于一个小电脑，主体通过这个小电脑，可以识别客体的形状（但识别不了它的颜色或影像）。福多尔的这种想象可比拟为自动恒温器的运作方式，恒温器仅能识别温度的变化，却不需要知道“温度”这个概念到底是什么。帕特南所说的“语言分工”仅仅给出了关于窄式内容的可观察的那部分特性（即指称），没有给出那些肉眼看不到但能藉之识别客体的那部分信息。受到乔姆斯基的启发，福多尔认为只有内在语言才能算作科学研究的恰当对象，而普遍语法就是关于语言系统原初状态的理论。因此，福多尔试图通过建立语言心理实体与非语言实体之间的联系来展示何为窄式内容。

在《心理语义学》（1987）中，为了证实窄式内容，福多尔曾诉诸随附理论。他说：“当且仅当属于X类型的各状态不同于对应的Y类型的各状态时，状态类型X随附于状态类型Y。所以，当且仅当任何时候心理状态不同而大脑状态也会随之不同时，生物体的心理状态随附于他们的大脑状态。”（p.31）因此，为了识别心理内容，需要借助窄式内容来构建随附理论，那么关注宽式内容的外在论就是站不住脚的。值得注意的是，“随附理论”这个术语本身也会引发争议。确切地说，随附理论是一类理论的统称，它们可能关涉不同的客体、客体之间不同种类的关系以及不同强度的关系，因而每一种特定的随附理论都需要自己的解释和辩护。比如，一种泛式随附理论认为，若不改变被随附者的特性，随附者的特性不会发生改变。若没有外在的物理变化就没有内在的心理变化。这种观点明显支持外在论，因而这不是福多尔所追求的那种随附理论。

内在论者支持这样的观点：躯体完全复制的两个个体在心理上也无差异，不论他们各自所处的环境多么不同。当然，福多尔也不例外。他构建的心理推演理论可视为阐发此内在论论点的纲领性学说（Fodor 2001）。此外，福多尔还提出了“方法论唯我论”，试图在不借助关于外在世界本质之假设的前提下，描绘个体的心灵生活。在他看来，认知心理学实际研究的是符号的内在处理过程，就如同电脑处理信息一样。为了描述由心灵–大脑执行的这种推演过程的特性，只能将个体与环境剥离开，将心理表征和状态个体主义化或内在化。

从某种角度上看，福多尔的内容理论是塞尔意向论的一种变体。福多尔在论述心理推演理论时也援引了意向这一概念。假如两个孪生子具有不同的心理状态内容，且因此他们所具有的心理状态不同，所持有的意向性特性也会不同，那么（在其他因素不变的情况下），他们接下来所实施的行为将会不同。因此，福多尔对内在论的论证主要基于两个前提：① 他相信心理状态是典型地意向性的。② 他认为心理过程是典型地组件化的和推演性的。

语义内在论纵然在意义阐释上曾画下浓墨重彩的一笔，但依然遭到以帕特南、伯奇等为代表的外在论者的不断质疑。从帕特南设计的双子地球思想实验可知，即便是两个内在特征几乎完全一致的个体，由于所处环境的不同，对话语意义的表达与理解可能大不相同。也就是说，话语意义必然关涉外在环境。

## 4.3　外在论：意义是语言与世界的纽带

### 4.3.1　外在论的缘起

语义外在论的创立为心智哲学和语言哲学研究注入了一剂强有力的兴奋剂。外在论不仅颠覆了传统意义观，还革新了对心理状态之本质的探索之路。当然，外在论的成功之处远非仅限于此，今天关于外在论的讨论与其说是争论它的对错，还不如说是思索其影响力以及所带来的启发，如外在论与自我认知的兼容性、外在论的认识论阐释等等。纵然如此，外在论思想因何而产生这类问题仍有待进一步澄清。

外在论创立之前就已存在至少三种相关的意义论断。第一种论断是意义不依赖于外在的社会和物理因素（这也是内在论的核心观点）。首先不得不承认，在某种意义上，物理环境确实会影响我们所说的词汇意谓什么。比如说，在欧洲人到达澳大利亚之前，英语中不曾有哪个词与现在的“kangaroo（袋鼠）”意思相同。这是因为在此之前欧洲人根本没有见过袋鼠，也不知道世界上居然存在这样一种动物。但这并不能证明意义由物理环境决定。假如袋鼠在现实中并不存在，或者从来没有人真的见过袋鼠，我们就不能造出一个词来意谓“袋鼠”吗？答案显然应当是“能！”。“独角兽”“雪人”“孙悟空”等就是一些典型的例子。因此，袋鼠的实际存在尽管对“袋鼠”一词之所以意谓其意谓起到了一定的促进作用，但并不是“袋鼠”一词意谓袋鼠的必要条件。在这个层面上，意义不依赖于外在物理因素。第二种耳熟能详的意义论断是意义决定指称。语言中有些表达式的主要功能就在于指称事物或事态。术语“苹果”的意义决定了“苹果”一词指称苹果这种水果。从父母一边指着某个物体一边说出这个物体的名字来教儿童学习语言这个常见现象，也可知有时候词语的意义就是其指称。如果“苹果”和“梨”指称不同的东西，很可能是因为这两个词的意义不同。第三种关于意义的论断是句子内容决定其真值条件。换句话说，句子的真值由其词汇意义、句法规则意义以及世界运转情况共同决定。比如，若“北京是中国的首都”这句话中的任何一个词如“首都”不意谓首都，那么这句话就会成假。正是因为词汇意义确定指称、表达特定关系、表征特定事态，我们才能知晓某个句子在哪些条件下成真。

上述三种意义论断可总结为：① 意义依赖于个体，不依赖于外在环境；②意义决定指称；③ 句子内容决定其真值。然而，帕特南在其于 1975 年发表的极具影响力的论文《意义的意义》中指出，这三种意义论断中的第一种与后面两种不兼容。从某种意义上说，这标志着帕特南外在论的诞生，而他为外在论辩护的有力武器之一就是双子地球思想实验。帕特南设计双子地球思想实验的主要目的在于说明：两个主体即使内在特征完全一致，他们的思想状态仍然有可能因为所处外在环境的不同而不同。在双子地球上，$H_2O$ 和 XYZ 除了化学构成不一样，在其他方面都极其相似。假如地球人张三乘坐宇宙飞船第一次到达双子地球，见到 XYZ 时他极有可能将之认作为水，但是经过化学检测之后他就会发现他错了。因此，帕特南确立了第一个论点：XYZ 不是水。即便回到某个并不知晓水的化学分子式是 $H_2O$ 的年代（如 1632 年之前），帕特南也坚信 1632 年之前的词汇“水”与今天的词汇“水”具有相同的指称，因为自始至终水依然是水，它的本质都没有发生改变。“水是 $H_2O$”这个科学发现并没有改变“水”的意义和指称，只不过是让人们知道往常称之为“水”的东西的化学式是 $H_2O$。

假设双子地球上存在着一个张三的复制品张三$_{双子}$，那么“水”对于张三$_{地球}$来说专指 $H_2O$ 而对于张三$_{双子}$来说专指 XYZ。如果意义决定指称，那么指称不同也隐含着意义不同，因此对于张三$_{地球}$和张三$_{双子}$，“水”的意义是不同的。若如此，那么内在特性相同并不意味意义相同：意义依赖于主体的外在因素。这也是帕特南“意义不在大脑之中”这句著名口号的由来。此外，若张三$_{地球}$说出句子“水能解渴”，当且仅当 $H_2O$ 解渴时这个句子成真；但若张三$_{双子}$说出同样的句子，当且仅当 XYZ 解渴时这句话成真。因此，张三$_{地球}$的“水能解渴”与张三$_{双子}$的“水能解渴”真值条件不同。如果句子内容决定真值条件，那么相同的句子内容应当意味着相同的真值条件，不同的真值条件就蕴含着不同的句子内容。但是，句子“水能解渴”的内容对于张三$_{地球}$和张三$_{双子}$来说是不同的。这表明，主体内在特征相同并不意味着他们说出的同一语句的内容也相同，因为句子内容受主体外在因素影响。

这样，双子地球思想实验被认为成功论证了上述第一个论断（即“意义独立于外在环境”）与后面两个论断（即“意义决定指称”和“句子内容决定其真值条件”）均不相容。由此而论，意义并非只存在于主体的大脑之中，而且依赖于有关的外在因素。

### 4.3.2 外在论的经典类型

“外在论”这个标签常用于指称一类意义理论（而不是某个特定的意义理论），所以外在论的形式实际上是多样的。各种形式的外在论虽都承认外在环境对意义表征与理解的影响，但在具体关注点上仍存在差异。当然，想要在此穷尽所有类型的语义外在论显然不切实际，恐怕也无此必要。不过，好在绝大多数研究者在讨论语义外在论时几乎都不可避免地要提到下面这几位哲学家的名字：帕特南、伯奇、埃文斯（Gareth Evans）和麦克道尔（John McDowell）等。这主要是因为这几位学者的外在论观点极具代表性。我们在此也将聚焦他们倡导的外在论。

#### 4.3.2.1　帕特南式外在论

帕特南式外在论又可称为“双子地球外在论”（Farkas 2003）或“基础外在论”（Wikforss 2008）。顾名思义，前一个名称源于帕特南设计的著名的双子地球思想实验，而后一个名称意在突出帕特南式外在论的奠基地位。

传统意义理论是建立在以下两个广为接受的假设之上的：① 知道表达式 T 的意义就是处于某种特定的心理状态之中；② T 的意义（内涵）决定它的外延，内涵相同蕴含外延相同。帕特南将第一个假设解读为：说话者的心理状态决定表达式 T 的意义（1979）。将第二个假设解读为：若主体心理状态相同，则 T 的外延也相同（1970）。根据传统描述论的观点，表达式（如“苹果”）的意义是由一系列描述语决定的（如表皮红色、甜甜脆脆、是一种水果等）。这些描述语是苹果之所以称之为苹果的充要条件。如果两个主体会使用（几乎）相同的描述语来描述苹果，那么于他们而言“苹果”一词就具有相同的意义和外延。然而，对于这样一种传统定见，帕特南勇于提出了挑战。他认为我们不能同时接受这两个假设，必须舍弃其一。双子地球思想实验已经证明说话者的心理状态并不决定话语意义，因此我们应当舍弃第一个假设。张三$_{地球}$所用的词语“水”与张三$_{双子}$所用的词语“水”显然具有不同的意义（前者指的是 $H_2O$，而后者指的是 XYZ），尽管他们两人的内在特征完全一致。

大致地说，帕特南式外在论的核心观点是：

> 对于所有自然类属词 T，和它的所有意义 M，决定 T 表达 M 的所有因素之中包含外在物理环境因素。

也就是说，外在物理环境因素只是诸多能够决定 T 之意义的要素之一。从这个视角看，帕特南式外在论不是一种激进的语义外在论，它并没有强调意义完全由外在环境因素决定。纵然如此，帕特南式外在论仍然拒斥内在论，因为承认外在环境影响意义就相当于承认意义并不是完全由主体的内在特性决定。

那么，如何区分外在因素和内在因素？这个问题并不像表面上看起来那样容易回答。但有一点是确定的，就是不能简单地以人体表皮之“外”与表皮之“内”来对之进行区分。尽管说话者用于描述 T 的描述语有助于确定 T 的指称和外延，但这些描述语并不是充要的，因此它们不会决定 T 的意义。真正决定 T 意义的是 T 背后客体所具有的那些根本属性。在双子地球实验中，决定“水”之意义的根本因素是它的化学构成。若“水”是 $H_2O$，那么在任何可能世界里水都应当是 $H_2O$。在这一点上，人们也许会问道：双子地球上由 XYZ 构成的液态、透明、可解渴的物质不也称之为“水”吗？严格说来，双子地球上的这种物质虽然与水在诸多特征上都极其相似，但它确实不是水。人体由 70% 左右的水构成，外在论可以阐释“水”这一点表明它也可用于阐释主体表皮之“内”的客体，所以判断是外在因素还是内在因素与表皮之“内外”并无关系。即便如此，对于究竟如何区分外在因素和内在因素这个问题，双子地球思想实验依然提供了启示。我们可以从张三$_{\text{地球}}$与张三$_{\text{双子}}$之间的关系入手。简要地说，张三$_{\text{地球}}$和张三$_{\text{双子}}$所共享的东西似乎可归属为内在因素，任何他们没有共享的东西则可纳入外在因素之列。

从研究对象看，帕特南式外在论具有二元性，既关注语词的意义又关注主体的心理状态内容。这一点由以下事实表明，即尽管张三$_{\text{地球}}$和张三$_{\text{双子}}$的心理状态相同，但他们说出的“水”的意义却不同。也可以说，帕特南试图将研究意义的外在论与研究心理内容的内在论结合起来。根据帕特南的阐释，若词语“水”的意义是由外在因素决定的，那么这个词语所表达的对应概念也是由外在因素决定的。这个观点之所以成立，是因为心理内容具有真值条件，而决定真值条件的外在因素同样可用于决定心理内容。当然，帕特南的这种思想也遭到了某些哲学家的批判，其中之一便是伯奇。在伯奇看来，应当将“水”这个词的意义与它所表达的概念区分开来（Burge 1982, 1986a）。伯奇认为，对于张三$_{\text{地球}}$和张三$_{\text{双子}}$来说“水”的概念是不一样的，因此他们的心理状态也是不一样的，即张三$_{\text{地球}}$的心理状态是“水解渴”而张三$_{\text{双子}}$的是“水$_{\text{双子}}$解渴”。

追根寻源，帕特南式外在论根植于他的指称因果论。宽式内容则是外在论的核心概念之一。自然类属词项的意义则是由相关宽式内容决定的。但在确定指称时，只了解相关的描述语或者说话者的心理状态是不够的，还要求说话者掌握深层的相关社会-语言要素。帕特南因此提出“语言分工”的理念，并指出对于每一个具有完备语言使用能力的人来说，知晓“意义”是一种潜移默化、心照不宣的事情。也就是说，意义应当是公共的，为有关语言社团成员共享。在此，帕特南所强调的是，正常语言使用者所拥有的能恰当使用语言且正确理解他人话语的能力，是以他与社交圈内各色人物之间的交互作用为基础的。若某人想要参与到语言社团的某个讨论之中，起码应当具备基本的语言知识，即掌握讨论中所使用的词汇、短语、话语的基本意义或相关信息，这样才能保证他能够听懂讨论的内容并发表自己的观点。所以，在双子地球思想实验中，自然类属词项“水”的指称的确定依赖于与之相关的实例之间的因果联系。这个因果联系过程可通过三种路径实现：① 说话者可以直接依靠自身感知来确定某自然类属词项的指称；② 若其他人知晓该自然类属词项相关实例的正确因果关系，说话者可以通过同他们交流以获得所需信息；③ 说话者还可能接触到某些不存在或身边其他人也不了解的事物，在这种情况下只能通过描述来确定指称。

因此，帕特南式外在论与传统的语义内在论径相对立，强调外在（物理）环境因素对意义的影响与作用。如此，除了个体主义，还存在另一种自然主义视角来审视或思考人类如何立身于世以及如何与世界联系、互动。帕特南式外在论同时也证明，若概念与其指称或外在世界之间不存在任何因果关系，那么这些概念将变得毫无意义。因此，思想不只是大脑或其他身体系统运作的产物，还与主体所处的外在环境密切相关。

#### 4.3.2.2　伯奇式外在论

除了物理环境，社会环境也会影响意义。这种观点最具代表性的辩护者当数伯奇。与帕特南的论证策略相似，为了证明社会环境对意义的决定作用，伯奇也设计了一个“关节炎”思想实验（Burge 1979）。伯奇假设存在一个认为“关节炎”一词适用于所有类风湿炎症的人，而且这个人说了这样一句话：“我的大腿患有关节炎”。但是，这个人所在的社团中，“关节炎”一词采用的是标准的词典定义，即发生在生物体关节位置的类风湿炎症。因为这个人认可他所在语言社团的规约且愿意接受专业人士的意见，所以他所用的词语“关节炎”本身依然具有标准的外延且表达标准概念。也就是说，当他使用自己所赋意义上的“关节炎”时，他实际抱有的是一个错误的信念，因为根据标准定义，大腿部位不会患关节炎。或许，在某个反事实（即非现存的）社团里，“关节炎”一词的定义更加宽泛，既适用于关节类类风湿炎症又适用于韧带类或肌肉类炎症，那么此人所说语句“我的大腿有关节炎”便会成真。藉此可知，个体所在的社会环境在决定话语意义和主体心理内容时起着重要作用。

与帕特南式物理外在论类似，伯奇的社会外在论也属于“反个体主义”范畴。同样，社会外在论也是以下述观点为前提：说话者赋予某表达式的描述性信息不足以作为实际使用该表达式的充要条件。然而，与物理外在论不同，社会外在论认为，决定词语意义的不是有关词语指示的客体所具有的那些固有特性，而是那些（在语言社团中）掌握更全面、更权威信息的专家。换句话说，社会外在论所谓的“反个体主义”反对的不是“意义由说话者陈述的相关事实来决定”这个传统立场，而是“意义由普通的、非专家说话者陈述的相关事实来决定”这个狭义立场。这种立场上的差异性也直接导致了物理外在论与社会外在论在解决具体问题时的差异性。比如，帕特南宣称，即使在现代化学发展以前（即不知道水是由 $H_2O$ 组成之前），地球人所说的“水”与双子地球人所说的“水”意义也不相同。但从伯奇的视角看，在现代化学发展以前，若地球上的专家与双子地球上的专家描述水的话语完全一样，那么地球人所说的“水”与双子地球人所说的“水”则意义相同。

实际上，社会外在论不是伯奇的“专利”，帕特南其实也曾承认社会环境对意义的影响作用。为了论证这一点，帕特南还设计了另一个落叶乔木实验（Putnam 1988）。假设张三$_{地球}$知道榆树和山毛榉都是落叶乔木，但仅此而已，对于榆树和山毛榉的其他特性他一无所知。在张三$_{地球}$所在的语言社团中，有些人（即所谓的专家）知道这两种树的区别。张三$_{地球}$知道这些专家的存在，但他自己并不是专家。帕特南将这种现象称作“语言分工”（这个术语在前面小节业已提及）。张三$_{地球}$个人语言中的词语“榆树”有可能单单指称榆树而不是山毛榉。若他说“我家后院有棵榆树”，当且仅当他家后院里确实有棵榆树时，这句话成真。想象一下，假设双子地球人张三$_{双子}$的语言社团里也有“榆树”和“山毛榉”这两个词语，但碰巧二者意义互换了，“榆树”实际指称山毛榉，而“山毛榉”实际指称榆树。如此这般，尽管张三$_{地球}$和张三$_{双子}$内在特征完全一致，他们各自所说的词语“榆树”却指代不同的东西，其句子“我家后院有棵榆树”真值条件也不同。因此，主体所处的社会环境会对话语意义产生影响。

社会外在论的独特之处不（仅）在于它突破了对意义和心理内容的传统认知，而在于它对语言能力和概念能力的经典诠释提出了挑战。从根源上看，社会外在论依据的是“意义是在语言社团之内传递的”这一立场。个体对社团惯例的认可表明，某人在非标准地使用某个词语时，至多算作犯了一个语言或概念错误，但这个词语依然具有标准意义（Burge 1979，1986b）。或许存在一些极端误解的案例（如将“石头”误认为某种水果），这时就不能算作语言错误了，而需要说话者重新做出解释。但在现实生活中，这种极端的情况相对较少，那些非极端的、不足以引发重新解释的情况才是常态。这些非极端的常态案例在某种意义上就是伯奇社会外在论的建构基础。

社会外在论应当被理解为一种关涉社团惯例和个体语言能力之关系的理论。不同于物理外在论，社会外在论与“决定 T 意义的是集体如何使用 T 的相关事实”这个观点相兼容。因此，如果将“外在事实”理解为与某个词语指称的客体相关联的事实，那么社会外在论并非严格意义上的“外在论”。相比而言，伯奇使用的名称“反个体主义”似乎更加贴切。

#### 4.3.2.3 外在论语义学

帕特南式外在论与伯奇式外在论是较为基本的两种外在论形式。基于这两种外在论，研究者开始探索外在论应用于其他相关领域的可能性，从而形成了诸多外在论子类型。譬如，在认识论领域形成了认识论外在论，主张主体对“相信命题 $p$”的辩护并不（总）是内在于主体心智或意识。在认知领域形成了内容外在论和积极外在论。前者主张各式心理状态内容（如信念和愿望等）至少部分地依赖于主体的物理或社会环境。后者主张心理状态和认知过程会从主体的生物有机体延伸至人工制品或与主体互动的其他个体。鉴于本章探讨的主要是语言哲学领域中的内在论和外在论，本小节重点阐述的外在论子类型是外在论语义学，主要关注（特定）语词语义值的表征。

具体地说，外在论语义学包括两种类型。一种主张词语的语义值即其所指称的客体。根据密尔，单称词项（如专名）的唯一语义贡献就是它们的指称，因此若 T 是单称词项，那么 T 的语义值就是它所指称的外在客体（De Jong 2012）。虽然这是一种最小意义上的外在论观点，却适用于思想层面。某些类型的思想确实可以指称客体，持有一个想法就预设着存在某个对应的外在客体。第二种外在论语义学尝试兼容外在论与弗雷格的相关意义理论，主要由埃文斯和麦克道尔首先倡导，提出意义具有客体指向性。从内容上看，一方面这种外在论语义学与传统描述论立场相对，主张不能仅仅藉由一般描述语来理解意义，而是需要依赖外在相关客体。如果客体不存在，那么思想或意义就得不到表达。另一方面，这种客体指向性意义与弗雷格意义一脉相承，同样关涉主体态度。如果主体对待思想 $T_1$ 和思想 $T_2$ 的态度不同，如相信 $T_1$ 却不相信 $T_2$，那么 $T_1$ 和 $T_2$ 通常内容不同，即便两者都指向同一个客体（Evans 1982；McDowell 1986）。换言之，虽然单称词项或概念的意义不等于外在相关客体，但依赖于外在相关客体。因此，如果 T 是单称词项，那么 T 的语义值就是它的客体指向性意义。

外在论语义学的主要研究对象是单称词项，那么它是否适用于诠释自然类属词项？乍看起来，答案似乎是肯定的，因为存在自然类属指向性思想（McLaughlin & Tye 1998）。类似于单称词项，自然类属词项可以直接指称，且无法以描述语简单做出描述。外在论语义学强调单称词项意义指向客体，但自然类属词项意义所指向的是“类属”。可是问题在于，不同于具象客体（如苹果），“类属”十分抽象，一般很难在主体所处的外在环境中找到确切的（通常也是唯一的）对应物。有些学者（如 Ben-Yami 2001）提议将某个种类的具体实例看作自然类属词项的语义值。比如，若此时此刻我看见有只猫在我的院子里睡觉，那么这只特定的猫可以算作“猫”这个类型的语义值。然而，凭借什么可以将某个例型视为某自然类属词项的语义值呢？这个问题依旧悬而未决。或许可以将“猫”的语义值理解为作为整体的所有猫的集合，但如此理解似乎又有悖直觉，因为严格说来，作为类属词的“猫”与作为例型的“猫”意义并不相同。由此推断，外在论语义学并不适用于阐释自然类属词项。

外在论语义学面临的一大挑战是如何解释指称失败这个现象，在思想层面上这个挑战尤其严峻。有时，主体心中会出现幻觉，即主体以为他思考某个实体，但这个实体实际上并不存在。这种现象明显违背了主体的自我认知，因而是反笛卡儿主义的。那么，外在论语义学该如何应对这个难题？一种较为流行的解决方案是：如果客体缺失，那么某思想所表达的语义也会受到影响。某个词语是否表达客体指向性概念，这依赖于该词语是否可以成功指称，所以“独角兽”不表达客体指向性概念，因为它指称的客体并不存在。但若采用这种方案，外在论语义学者便又沦为了描述论者。也就是说，与其说主体具有某个思想幻觉，倒不如说他错误地以为他具有关于某个特定客体的单称思想。此外，这种解决方案是否可行仍有待论证。一个词语是表达描述性语义还是客体指向性语义很大程度上是由主体意向决定的，但依据这种解决方案，主体意向并未真正发挥作用。即便主体想要词语“独角兽”具有客体指向性意义，但在具体语境中它实际表达的也许是其描述性意义。

尽管外在论语义学与帕特南式和伯奇式外在论在关注点上有所差异，但它通常也被无差别地纳入“外在论”统称之下，主要原因在于外在论语义学承认意义或内容并不随附于说话主体的内在特征或内在事实。然而，不同于帕特南式和伯奇式外在论，外在论语义学强调意义的客体指向性，表明语义与外在客体之间的联系。假若外在客体缺失或被其复制品替换，那么指称这个客体的词语的语义值也会缺失或被替换，尽管说话者的内在特征并未发生任何改变。

### 4.3.3　在何种意义上环境外在于主体

针对在何种意义上环境外在于主体这个问题，哲学家们众说纷纭、观点不一。一种答案是，在空间意义上环境外在于主体。这种回答藉由主体表皮来定义内在与外在的边界，将主体的内在特性界定为：

**（空间准则）**特性F内在于主体S，当且仅当要么（1）实例化的F位于由S表皮定义的空间边界之内，要么（2）S对F的例示并不形而上地依赖于由S表皮定义的空间边界之外的任何环境特征。（Gertler 2012）

然而，空间准则与内在论 / 外在论之争的精神内核不符，这一点前文已有论述。类似的相关论证还有法卡斯设计的脑膜炎例子（Farkas 2003）。假定张三$_{地球}$和张三$_{双子}$在内在特征上完全一样，除了张三$_{地球}$患有脑膜炎而张三$_{双子}$患有一种与脑膜炎极其相似的疾病。这种疾病在双子地球上也被命名为“脑膜炎”，但它的致病病菌与脑膜炎的致病病菌（脑膜炎球菌）并不相同。法卡斯特地将这个例子涉及的时间设定为1750年，在这个时间科学家还没有发现脑膜炎球菌可致患脑膜炎。从内容上看，法卡斯这个例子与帕特南关于水的那个思想实验颇为相似。既然帕特南思想实验可以挑战传统内在论观点，法卡斯脑膜炎例子也应当有此效果。当张三$_{地球}$和张三$_{双子}$说出同一句话“脑膜炎很危险”时，这句话对他们来说内容是不同的。然而，空间准则并不支持如此这般的结论。根据空间法则，病菌的出现是内在于张三$_{地球}$和张三$_{双子}$的，因为病菌位于他们表皮之下。若“脑膜炎很危险”这句话对于张三$_{地球}$和张三$_{双子}$来说意义不同是因为导致脑膜炎的两种病菌不同，那么内在论观点不但没有得到驳斥，反而得到了辩护。这不但与内在论 / 外在论之争的焦点相悖，也与法卡斯设计脑膜炎实验的初衷不符。由此证明，外在环境并非是在空间意义上外在于主体的。

既然空间意义策略行不通，哲学家们开始另寻他路，主要形成了认识论准则和主体（或中性）准则。法卡斯认为将脑膜炎实验与帕特南实验等同起来的是一种认识论特性：在这两个实验中，主体都处于一种认识论盲区，他们没有认识到他们各自之间的差别，也没有认识到他们在思想内容上的差异。认识论法则映射了法卡斯的上述思想，将内在特性界定为：

**（认识论准则）**特性F内在于主体S，当且仅当S将F的实例化对事物如何呈现在S面前产生影响（以一种使得S能够优先感知自己例示化了F这一事实的方式）。（Gertler 2012）

认识论准则具有诸多优点。比如，它解释了为何外在论会面临诠释“自我知识可以优先感知”的特殊负担；它呼应了帕特南思想实验，也为脑膜炎案例提供了合理阐释。但认识论准则仍会引发争端。比如，根据认识论准则，内在特性是“对事物呈现方式产生影响”的那些特性，这属于内在论研究范畴，与现象外在论主张的“现象不同，事物的呈现方式不同”这样的观点在逻辑上不一致。

与空间准则和认识论准则不同，主体准则主张对“内在于主体”的诠释应当是相对中立的，至少是关涉本体的。富梅顿提出：“……最终我们会将内在状态简单理解为既是关涉自我的非关系特性又是自我处于某种关涉特定实体的非自然关系（如亲知）”（Fumerton 2003：262）。富梅顿的思想可简述如下：

（**主体准则**）特性F内在于主体S，当且仅当S对F的实例化不蕴含任何完全不同于S的具体实体的存在。

主体准则的优点在于（至少部分）揭示了内在论/外在论之争的内核。它将外在论理解为，主张假如主体拥有某些思想内容，就需要恰如其分地与自身之外的某种偶然存在物产生联系。比如,具有思想内容“水能解渴”需要主体与“水”产生联系。主体准则的缺点在于它无法为外在论提供有信息量的真值条件。根据空间准则，外在论成真，当且仅当对于两个表皮之内物理特征相同的主体，当他们具有同一思想 *p* 时，思想内容并不相同。相比之下，根据主体准则，外在论成真当且仅当除主体之外的其他存在物不同。然而，这个真值条件在某种程度上是无意义的，因为它没用提供任何有用信息。

### 4.3.4 外在论其他相关论题

从对帕特南式和伯奇式外在论的阐述可以看出，这两种外在论实际上都是相对弱式的理论。也就是说，意义对外在世界的依赖实则是一种弱式的依赖。具体而言，在决定意义的事实总和之中，外在因素只是其中的一部分。决定意义的那些事实并不一定总是包含外在物理或社会因素。正如Pagin（2006）所言，从意义决定因子到意义的函数无须是一对一的，也可以是多对一的，如此便会出现不同类型的决定因子可能指向同一个意义内容这种现象。而且，尽管外在论足以对抗内在论，但这并不意味着自然类属词意义的确定需要外在地关联自然种类实例。实例关联论需要的是一种更加强式的外在论，主要观点可表述如下：对于所有自然类属词T及其所有意义M，决定T意谓M的每一组事实都包括外在事实E（Wikforss 2008:166）。然而，双子地球实验本身并不支持这种强式观点。双子地球思想实验想要表达的是，主体只要处于恰当的环境之中，他正常地使用自然类属词所需要的描述性信息其实比传统观点所假定的要少。但就“水”这个实例而言，这只是表明了具有“水”这个概念是意谓水的充分条件，却不是其必要条件。究其原因，“水”也可以藉由其他事实来意谓水，比如“水是 $H_2O$”“正常情况下水在100℃会沸腾”“人体约70%都是水”等等。即便主体从未亲自接触过真正的水，知晓诸如上述事实也能准确分辨出水。

帕特南式和伯奇式外在论的应用范围主要局限于自然类属词。那么，何为自然类属（词）？这两种类型的外在论是否可用于诠释其他类型的词语或表达式？对于到底什么是自然类属（词）这个问题，一直以来争议颇多。最初，判断一个词是否是自然类属词依据的是说话者的语义意图，这是因为这些词往往需要单独的语义处理。这种做法的弊端在于，它不能解释为何某个给定的自然类属词有时会无法分辨出具有统一微观结构的潜在客体。一个经典的例子就是英文中的“jade”，这个词可用于指称两种完全不同的矿物质——翡翠和软玉。这个例子表明，某个词是否算作自然类属词似乎依赖于它是否能够成功鉴别出特定的自然种类。当然，对于自然类属（词）还有其他理解。譬如，施瓦兹认为很多自然类属词在传统意义上难以定义，这不只是因为它们具有模糊性、开放性或家族相似性，还因为适用于定义通名的方法有时候并不适用于自然类属词（Schwartz 1979）。科斯利基（Koslicki 2008）认为，“自然种类”虽不至于直接指称自然界中发现的客体类型，但至少在某种意义上不是随意的、混杂的或擅自的分类。而尤奎德兹（Urquidez 2020）将“自然种类”理解为一种本体论范畴，它将独立于语言的内涵赋予归入有关范畴的客体或物品。

那么，外在论的适用范畴是否可拓展至非自然类属词语呢？对于这个问题学界鲜有讨论，而伯奇却是为数不多的关注者之一。他在多部论著中对这个问题都有所提及。社会外在论提倡将概念视为规范，概念在本质上是抽象的。概念本身不是寄居于人脑之中，而是依赖于社会惯例或社会语言环境。社会外在论最初的关注焦点也是自然类属词，但随后伯奇发现它同样适用于非自然类属词（如“政府”“沙发”“关节炎”）。他将这些词归类于“经验适用词项”，指代那些日常依据经验就可以辨别的客体。这些词项的意义一般很难凭借个体的解释能力便可得以穷尽，即便对于所谓专家也如此。这些词基的意义往往需要借助例示加以表征，譬如，通过实际的关节炎症状来说明什么是关节炎。而且，语义内容与说话者之间之所以能够建立联系，其中一个重要媒介就是社会语言规约。比如，只有借助社会语言规约，我们才能知道关节炎是发生在关节上,而不是发生在大腿上。假若伯奇的论述证明是合理的，那么，外在论的适用范围至少可拓展至经验适用词项。当然，随着研究的不断深入，外在论的应用疆域或许会进一步扩大。

### 4.3.5 对外在论的驳斥

虽然外在论一经提出便涌现出众多追随者，但有些学者仍坚守传统阵地，积极为内在论辩护，其中的代表人物包括西格尔（Gabriel Segal）、博格西安（Paul Boghossian）、休梅克（Sydney Shoemaker）等人。他们对外在论的强烈批判在哲学界也产生了颇为深远的影响。本小节将重点探讨内在论者如何借助“空自然类属项”和“自我认知”这两柄利器来批驳外在论的。

#### 4.3.5.1 空自然类属项

根据外在论，自然类属词的意义与外在环境密切相关，但这样的论断从内在论者西格尔的视角看来是“毁灭性的”（Segal 2000：33）。自然语言中除了“水”“老虎”“石头”等自然类属词项，还存在大量的空类属词项。这些词项常用于指代非物质实体，无法在自然界中找到与之相对应的实在客体。典型的空类属词项包括“妖”“魔”“鬼”“夸克”“燃素”“以太”等。虽然这些词项指代的客体并不实际存在，但它们同样可用于表达概念或思想。以“鬼”为例，虽然世界上并不存在鬼，但我们脑海中可以出现关于鬼的想法，一些文学家也能够以“鬼”为主题创作文学作品。因此，是否承认空自然类属词项具有意义，这就成为外在论者面临的两难困境。若是承认自然类属词的意义部分地由外部环境决定，那么似乎没有意义可以归于空自然类属词项，这正好落入了内在论者设计的“陷阱”之中。若是承认空自然类属词项具有意义，那么外在论者面临的另一个难题便是如何赋予或合理诠释这些词项的意义。

在探究如何克服这个两难困境之前，需要先厘清一些基本概念。首先，空自然类属词项不等于空专名。在关于空词项语义的争论中，专名广受关注。关涉空自然类属词项的外在论与内在论之争，在结构上类似于空名的直接指称论与新弗雷格论（或描述论）之争。根据直接指称论，某个专名的语义至少部分地由其指称决定，但直接指称论无法为空专名派赋意义。而且，空自然类属词是一般性词项，而空专名是单称词项。对空自然类属词的讨论主要是在双子地球思想实验背景下进行的，这个背景本身就为空自然类属词可能的语义处理路径设定了限制。其次，对复杂空词项的意义处理可以规约为对简单空词项的意义处理。对于复杂空自然类属词，只要其构成成分是有意义的，整个词项就是有意义的。这意味着对空自然类属词项意义的探究归根结底还是会下行到简单空自然类属词项。也就是说，外在论与内在论关涉自然类属词意义的分歧实质上可归结为对“简单自然类属词如何获得意义”这个问题的不同回答。对于很多学者来说，“自然类属词项”所指的主要是简单自然种类名词。再者，自然类属词的基本功能主要有两个：① 指称种类；② 指称适用于所指称种类的范例。比如，“马”这个词既可指称马这个种属，也可指称作为实例的特定马匹。若某个自然类属词项是空的，那么它要么无法指称任何自然种类，要么不能适用于任何示例。

近年来，外在论与内在论关于空自然类属词的争论主要聚焦在所谓的“干燥地球场景”（Boghossian 1997；Segal 2000）。帕特南思想实验提出的根本论题是：如果在双子地球上水是 XYZ，那么术语“水”是否具有不同意谓。但是，相较于地球上“水”指称水，在干燥地球场景中“水”没有指称，因为干燥地球上根本就没有水这个自然种类的存在。那么，在干燥地球上“水”会意谓某个不同于它在地球上意谓的东西吗？概括地说，存在四种可能性：①在干燥地球上，“水”是有意义的自然类属词，且与它在地球上意谓相同；②在干燥地球上，“水”是有意义的自然类属词，但与它在地球上意谓不同；③在干燥地球上，“水”是无意义的；④在干燥地球上，“水”有意义，但它不是自然类属词。

内在论者支持第①种观点，即认为，若外在物质世界不参与确定自然类属词项的意义，那么“水”无论在地球、干燥地球或是其他任何星球上都意谓相同的客体。但这个观点显然不为外在论者所接受。外在论者可能会反驳道，问题在于，若“水”在这两个星球上意谓相同，那么这两个星球也是相同的，而地球与干燥地球的外在环境明显不同（干燥地球上根本没水）。据此，外在论者可能会转向②，赞成“水”在这两个星球上意谓不同的东西，因为外在环境的不同会导致意义的不同。承认②就相当于承认，即便在干燥地球上，“水”也是有意义的，且与地球上“水”的意义不同（即拒绝了③）。虽然在干燥地球上“水”不存在，但并不代表“水”这个词项是没有意义的，这点从本节开头“鬼”的例子也可以看出。那么，在干燥地球上，“水”是不是自然类属词呢？从定义上看，自然类属词的语义部分地由其所指称的自然种类（或其例示）来决定，而自然种类是具有恰当的物理、化学、生物统一体的实体。“水”在地球上是自然类属词是因为它的意义可藉由各式例示的水加以确定。地球上“水”的语义更像是一种标签。然而，在干燥地球上，不存在如此这般的自然种类来赋予“水”以意义，更何况是不同于地球“水”之意义的那种意义。因此，干燥地球上的“水”应当无法算作自然类属词。如此推论，外在论者试图转向的选项②也证明是错误的，而选项④似乎变得更加可信。

第④个选项看起来的确颇具吸引力，这一选项似乎满足了外在论者的诸多期待，不啻承认空自然类属词是有意义的，而且地球和干燥地球外在物理环境中的不同在意义层面也得到了体现（“水”在这两个星球上意谓不同）。然而，选项④却存在严重缺陷。这种路径对空自然类属词的语义处理类似于对混杂类自然类属词的处理方式（Besson 2010）。混杂类自然种类指那些包含多种自然种类的种类，如“玉”（可以包含软玉和翡翠）。这种处理方式假定空自然类属词与混杂类自然种类应当具有相同的描述性语义。混杂类自然类属词的语义通常由相对固定的描述模式加以确定，这些描述适用于混杂种类所包含的所有成员类型。但是，这种处理方式并不适用于干燥地球上的“水”。如果一个词的所指不止一个，这个词的意义可以通过反映所有所指共性的描述语加以表征。但如果一个词没有所指，照搬硬套这种做法就显得非常牵强附会。退一步讲，即便上述描述论的做法是可行的，选项④也会招致麻烦。一般看来，描述论与内在论之间的联系更加密切。因此，上述做法似乎体现出外在论向内在论的一种妥协，这在很多外在论者看来是无法接受的。这样，外在论者最后的退路④也被证明是行不通的。

综上所述，对于内在论者提出的空自然类属词项论题的发难，摆在外在论者面前的四条可能出路证明皆无法行得通，这归根结底还是因为外在论者（至少目前）尚未觅得能够赋予空自然类属词项以意义的载体。

#### 4.3.5.2 自我认知

内在论者批判外在论（EXT）的另一重要证据是自我认知（SK：self-knowledge）的优先性和特权性。自我认知就是“我们对自己心智所享有的那种特殊权威，[它]关涉我们思考的内容……而不是我们在思考这个事实”（Dretske 2003：132）。本节关注的核心论题是“外在论是否与自我认知学说相兼容？”具体地说，这个核心论题主要探讨以下两个论点是否兼容。

（EXT）思想内容部分地由外在环境所决定。

（SK）主体能够先验地知晓自己的思想内容。

EXT与SK之间是否确实径相对立呢？根据传统自我认知学说，我们无须借助于任何实证研究或调查手段，就能够知晓我们对自己所处情形有什么想法或看法。也就是说，自我认知需要满足：①主体具有某个思想；②这个思想具有特定的概念内容。除此之外，指称和外延概念在对自然类属词项的认识过程中也扮演着重要角色。“水”的指称是被称作为水的那种东西，而它的外延则是各种由分子 $H_2O$ 构成的物质的集合。对于外在论者来说，术语“水”的意义必然关涉其指称和外延，关涉这些实实在在存在于自然界中的物质实体。然而，干燥地球上没有水，术语“水”在这个星球上没有外延。在干燥地球上任何关乎水的思想严格说来都是缺乏概念内容的，因而上述的第二个条件便得不到满足。从这个角度看，外在论与自我认知不兼容。

支持外在论与自我认知观不兼容的另一论据是“缓慢转换实验”。这个思想实验可简述如下（Boghossian 1989）：假如地球人张三在他不知情的情况下在某个时间被转移到了双子地球上，到达双子地球之后，张三仍进行着他在地球上所进行的日常活动，一切都照旧。外在论者认为，尽管张三在双子地球上一开始所使用的术语“水”指示的是地球水，但是随着时间的推移，他的术语“水”最终会指代 XYZ（这种转变是耗时的、缓慢的，因此称作“缓慢转换”）。也就是说，最终张三会习惯于使用“水”来指代 XYZ，并且学会正确使用“水”来与双子地球人进行交流。若“水”的指称改变了，那么它的内涵或内容也会随之改变，而且这种变化是在张三毫无察觉的情况下发生的。因此，这个思想实验表明，张三无法先验地辨别出某个关乎“水”的命题所表达的是关乎地球水还是表达关乎双子地球水。张三的这种辨别缺失同时也表明了 SK（即主体能够先验地知晓自己的思想的内容）是不能成立的。从这个角度看，外在论与自我认知也是不兼容的。

根据归谬法，EXT 和 SK 也不可能同时成真。仍以“水”为例，假设 $E$ 是使某个概念表达关乎水的内容的外在环境条件，那么 EXT 和 SK 表明相关主体（如张三）可以自然而然地（或先验地）知晓：

（1）如果张三认为水是透明的，那么 $E$ 成立。

（2）张三认为水是透明的。[1]

在这里，说“$p$ 是先验的”，就相当于说在没有进行任何关乎外在世界的实证调研的情况下即可知晓 $p$（内省知识在此也算作先验知识）。若 EXT 成真，那么可以先验地知晓（1）；若 SK 成真，也可以先验地知晓（2）。若这种思路无误，若张三先验地知晓（1）和（2），根据假言推理，张三也可以先验地知晓：

（3）$E$ 成立。

然而，$E$ 是环境条件，在正常情况下只有通过实证调查才能知晓，而非先验地知道。换句话说，EXT 和 SK 同时成立将会导致一个关乎先验知识的荒谬结论。藉此也表明，外在论和自我认知不兼容。

---

1　归谬法论证的前提是主体所处的星球不能是干燥地球或类似星球。也就是说，主体所处的外在世界必须有水的存在，或者他的社团语言或文化中存在着“水”的概念。

在归谬法论证中，对于 EXT 是否可得出（1）这个问题仍颇具争议。归谬法是以帕特南双子地球思想实验为背景的，但是该思想实验本身并未假定水的存在是形成关乎水的思想的必要条件，也未假定与水互动是具有水思想的唯一途径。实际上，归谬法只是呈现了一个两难境地，对应于理解 EXT 的两种不同方式。一种解读是，EXT 表明具有水思想就是在逻辑或概念上隐含环境条件 *E* 的存在，**逻辑或概念上**的隐含是先验的，所以（1）是先验的。另一种解读是，EXT 表明具有水思想**形而上地**隐含环境条件 *E* 的存在。然而，形而上地隐含也并不总是先验的，如“水是透明的”隐含“$H_2O$ 是透明的”，但水是 $H_2O$ 这一发现显然不是先验的。因此，（1）的先验性并非是确定的，可能会随解读方式的不同而不同。然而，内在论者认为，对 EXT 的第二种解读会使外在论变得无关紧要。张三所具有的水思想同时也形而上地隐含了一系列其他外在条件，包括张三已经降生、张三具有基本的语言能力和思考能力等等（Rowlands 2003）。但这些外在条件并不直接相关于张三水思想的内容，EXT 的实质性内容也不应当是这些外在条件。

针对自我认知观对外在论提出的挑战，外在论者也并未径直偃旗息鼓，他们当中的有些理论家开始想方设法消解自我认知观与外在论之间的矛盾，寻求两者的兼容之道。但无论怎样，绝大部分外在论者不得不承认主体自我认知的特许性和权威性，同时也不得不承认自我认知对思想内容或话语语义内容的诠释产生重要影响。

## 4.4 雷卡纳蒂：内在论与外在论的统一

雷氏主张将内在论与外在论统一起来，强调意义是内在因素与外在因素共同作用的产物，二者缺一不可。他曾在多部论著中阐述过这一观点。那么，雷氏是如何试图将内在论与外在论统一起来的呢？

### 4.4.1 统一观发端

雷氏对语义内在论与语义外在论的阐述肇始于他对语言与思想之关系的探索。语言与思想的关系是语言哲学领域的经典论题之一，许多语言学家和哲学家都对此问题有所论见。比如，弗雷格为区分意义或话语的语义内容设立了两条准则。准则一是：若 S 成真而 S’ 成假，那么 S 和 S’ 具有不同内容。根据这条准则，指示性语句如“我饿了”的恒定语言意义并不等同于它的场合意义。究其原因，“我饿了”对于我来说成真，但当你说出这句话时，很可能对于你来说就成假。也就是说，这句话对于你和我而言，所表达的场合意义不同。弗雷格提出的准则二关涉话语的认知意义：若 S 和 S’ 的认知意义不同，那么两者的意义和内容也会不同。准则二最著名的例证当数“西塞罗秃顶”与“图力秃顶”这两句话。因为西塞罗和图力是同一个人，所以这两句话的语义内容相同。假若某人并不知晓西塞罗和图力指的是同一个人，那么他很可能赞成这两句话之中的一句话而否定另一句话。但新罗素主义坚持认为，即使存在认知不足，这两句话仍然表达同一内容。若此观点正确，就必须要对命题内容和思想做出区分。某人之所以会赞成 S 却否定 S’（虽然它们表达同一命题）是因为 S 和 S’ 各自关联的思想不同。也就是说，思想和命题内容实则是两个不同的东西。

除了思想－命题的区分之外，还存在另一对相似的区分：完整思想与真值条件内容的区分。认知意义在这一区分中也扮演着重要角色。以卡普兰的“裤子着火”事件为例。假如约翰在镜子里看到有个人的裤子着火了，但他没有意识到那个人就是他自己，那么此时“他（指此人看到的镜子里的那个人）的裤子着火了”与“我的裤子着火了”这两句话对于这个人来说表达的思想是不同的，尽管它们的真值条件内容相同。确切地说，这两种不同思想表征的是同一事态，但涉事主体对事态的理解方式不一样。在认知上，与主体随后行为直接相关是他**认为**的事态应当是什么样的，而不是事态实际恰巧是什么样的。如果此人认为镜子里的那个人裤子着火了，他可能会为那个人着急担忧，或许仅此而已。但如果此人意识到是自己的裤子着火了，他接下来的（本能）反应会完全不同，比如急得跺脚、手足无措、慌忙灭火自救等等。

于是，目前至少存在两组区分：①句子意义与命题；②命题与思想。其中思想又可进一步区分为真值条件内容与窄式内容。藉此，至少存在四种实体：①句子意义；②话语表达的命题；③思想的真值条件内容；④思想的窄式内容。那么，这四种实体之间存在何种关系呢？弄清楚了这种问题，在某种意义上就相当于弄清楚了“语言如何与思想相联系”这个问题。

佩里（Perry 1977）和卡普兰（Kaplan 1989）将语言意义与窄式内容等同起来，将命题内容与真值条件内容相等同，从而话语与思想便得以相连接（见图 1）。雷氏（1993，2004）将他们这种观点冠之以关于话语－思想的“简化观”。

| **话语** | | **思想** |
|---|---|---|
| 语言意义 | = | 窄式内容 |
| vs | | vs |
| 命题内容 | = | 真值条件内容 |

**图 1　佩里和卡普兰的话语－思想“简化观”**

思想层面上的窄式内容和真值条件内容之所以能够对应于指示性话语的语言意义及其所表达的命题，或许是因为它们之间有着明显的相似性。在卡普兰的双层意义理论中，句子意义或系统意义是从语境到命题内容的函数。因而，“我的裤子着火了”这句话的句子意义决定了，在说话者约翰说出这句话的时间 t，他的话语表达了命题“约翰的裤子在时间 t 着火了”。同样，思想上的窄式内容也可理解为是从语境到真值条件内容的函数（Perry 1977；Fodor 1987）。思想“我的裤子着火了”的窄式内容决定了，当约翰在时间 t 具有该窄式内容，当且仅当约翰的裤子在时间 t 确实着火了，他的思想成真。正如“约翰的裤子着火了”这个命题可以在不同的语境中通过说出不同的语句来表达，主体也可以在不同的语境中通过持有不同的窄式内容来表达“约翰的裤子着火了”这一思想。比如，对于裤子着火事件当事人约翰具有的窄式内容是“我的裤子着火了”，他的朋友马克具有的窄式内容可能是“他的裤子着火了”。因此，存在“宽式”和“窄式”两种区分模式，前者依赖于语境，后者则独立于语境，这两种模式既适用于区分意义又适用于区分思想。正是因为这两类区分之间存在相似性，将系统意义等同于窄式内容、将话语所表达的命题等同于真值条件内容便显得自然而然的了。

根据“简化观”，思想的窄式内容就是说话者说出相应句子时所表达的句子意义。换句话说，句子意义是主体“头脑里的意义”，可用于阐释话语的认知功能和行为指导性。然而，在雷氏看来，这种“简化观”是不能成立的。其理由在于，句子意义其实并不等同于窄式内容。句子意义之所以不同于窄式内容，这是因为构成直接指称性词语之意义的指称呈现方式不同于构成相应思想之窄式内容的指称呈现方式。具体说来，佩里和卡普兰混淆句子意义和窄式内容的根源在于他们试图用单一概念（卡普兰的“系统意义”，佩里的“角色意义”）囊括两种不同的内容。某个词语的系统意义或角色意义被定义为一种函数或规则，决定该词语在特定语境中的指称。比如，决定“我”的系统意义或角色意义的规则是：“我”指代说出“我”这个词的说话者。因此，可将“我”的系统意义或角色意义描述为一种特定的由语言规则决定的指称呈现方式，即指称的语言呈现方式。除了受语言规则制约这一特性外，语言呈现方式还具有恒定性，不会随语境变化而变化。

佩里和卡普兰强调，包含直接指称的话语所表达的单称命题不能作为态度客体，因为态度客体对指称呈现方式具有敏感性。系统意义对区分态度具有重要作用。尽管“西塞罗秃头”和“图力秃头”这两句话表达相同的单称命题，但某人可能相信西塞罗秃头却不相信图力秃头，这是因为同一个命题表达了不同的系统意义。与佩里和卡普兰的这种观点不同，雷氏认为区分态度所涉及的是另一种有别于语言呈现方式的新方式——心理呈现方式。将语言呈现方式与心理呈现方式区分开来就相当于摒弃了“系统意义等于窄式内容”这样的论断。仍以裤子着火事件为例，在约翰没有意识到他镜子里看到的那个裤子着火的人就是他自己之前，他具有的信念是“这个人的裤子着火了”。但当他意识到这个人就是他自己之后，他具有的信念就变成了“我的裤子着火了！”。这两个信念是完全不同的，会导致完全不同的后续行为。也就是说，是否意识到镜子里那个人就是他自己会对话语“我的裤子着火了”的意义理解产生影响。当约翰意识到那个人就是他自己时，“我”不仅仅指称说话者，还嵌入了说话者的自我认知。因此，有必要将话语的语言呈现方式与心理呈现方式区分开来。也正由于此，话语层面的句子意义并不等于思想层面的窄式内容。

相较于语言呈现方式，心理呈现方式的特点与之大相径庭。首先，心理呈现方式不具有例型自反性。说某呈现方式具有例型自反性，就是说某指示词或反身代词例型与其指称对象之间存在着某种稳定的关系，如“我”指示说话者、“今天”指示话语发生当日等等。这显然不是心理呈现方式的特性。其次，心理呈现方式具有语境敏感性。这一方面是因为心理呈现方式具有主观性，另一方面是由它在心理解释上的角色决定的。以“我”为例，这个词的语言呈现方式是恒定的，无论在何种语言中“我”都规约地指示说话者，但“我”的心理呈现方式，即“我”指称的那个人思考问题的方式不是恒定的，会随语境而变化。比如，当我说“我饿了”，我想的是我自己饿了，此时心理呈现方式是第一人称模式；但当你听到我说“我饿了”，你不会以第一人称的方式理解“我”，而是会将之转化为第三人称方式。这种转化关涉的就是心理呈现方式的主观性。雷氏提出心理呈现方式的出发点之一是用于阐释信念态度，即阐释为何某人有时候会相信“西塞罗秃头”却不相信“图力秃头”。为了发挥这个功能，心理呈现方式受到“弗雷格限制”的约束：

> 必然地，若 $m$ 是一种呈现方式，在此方式之下具有最低理性的某人 $x$ 相信某物 $y$ 就是 $F$，那么 $x$ 不可能同时在 $m$ 下也相信 $y$ 不是 $F$。换言之，若 $x$ 既相信 $y$ 是 $F$ 又相信 $y$ 不是 $F$，那么必然存在两种不同的呈现方式 $m$ 和 $m'$，使得 $x$ 在 $m$ 下相信 $y$ 是 $F$，且在 $m'$ 下不相信 $y$ 是 $F$。这就是所谓的弗雷格限制。任何呈现方式候选项必须满足此限制才有资格成为 [ 真正的 ] 呈现方式。（Schiffer 1978：180）

显然，弗雷格限制并不适用于语言呈现方式。

虽然宽式 / 窄式的区分既适用于话语也适用于思想，但像佩里和卡普兰那样将话语表征的句子意义与思想表征的窄式内容混为一谈的做法，显然是不可取的。话语（尤其是指示性话语）表征的句子意义关涉的是指称的语言呈现方式，而思想表征的窄式内容除了语言呈现方式以外，还关涉指称的心理呈现方式。因此，有必要对句子意义和窄式内容区分开来。

## 4.4.2　双成分理论

如果说对语言与思想之关系的探索是雷氏内在论 / 外在论统一观的出发点，那么，双成分理论就是他内在论 / 外在论相统一之思想的集中体现。统一观强调意义既依赖于内在因素，又依赖于外在环境或语境，两种因素相辅相成、缺一不可。

### 4.4.2.1　双成分理论概述

宽泛地说，任何将意义视为由两种成分构成的理论均可称为双成分理论。但是，雷氏提倡的双成分理论要狭义得多。雷氏区分个体主义双成分论与非个体主义双成分论，且主要关注后者。他提出双成分理论的主要目的在于回答两个问题：①心理内容内在于个体吗？②心理内容可以分析为两种成分吗？

雷氏区分话语与思想，并强调呈现方式在（话语或思想）意义获取过程中的重要作用。因此，完整的思想包含两种成分：思想的真值条件内容和思想的呈现方式。这就是双成分理论的核心之一。这种理论在包含直接指称性表达式的思想中尤为凸显，因为直接指称性表达的意义构成相对简单，直接由其指示的客体与指称对象的呈现方式组成。严格说来，雷氏的双成分理论主要针对的就是由包含直接指称性表达式的话语所传达的思想。

指示性语句的真值条件不仅依赖于句子的内在意义，还依赖于话语发生的环境所具有的客观特性。同理，思想的真值条件也不仅依赖于思想的内在内容，而且还依赖于思想片段的发生语境（Recanati 1997）。比如，对于思想“今天这里下雨了”中的“这里”，我和我在双子地球上的复制体可能想到的是不同的地方，尽管我们以完全同样的方式来理解“这里”。因此，在指称和真值条件层面上，由于所处环境的不同，我和复制体所具有的思想也不同：我的思想关乎我在地球上当时所处的地方，而我的复制体的思想关乎双子地球上他当时所在的地方。在某种程度上，这种观点与帕特南的观点异曲同工。帕特南认为，关乎自然类属词项的思想可分解为主观的内在成分与客观的真值条件成分。在一定意义上，主观的内在成分对应于内在论者所说的窄式内容，加上客观的能够影响真值条件的外在环境，便构成了外在论者强调的宽式内容。

接受双成分理论就相当于拒绝了以下两条准则：①意义的构成成分只可能是意义，不可能是客体；②思想作为单一实体既是认知内容（命题态度内容，用于解释行为），又是真值载体。显然，双成分理论与这两条准则不相容，这一点并不难理解。一方面，指示性语词之意义的构成成分涉及相对应的客体，因此意义的构成成分不只是意义。另一方面，赋予思想这个单一实体多重功能正是混淆句子意义和窄式内容的症结所在，这种做法并不可取。

#### 4.4.2.2　两种环境依赖性

按照传统做法，区分内在论与外在论的一个直接标准就是考量外在环境是否参与决定意义。内在论者提倡的“独立于环境”在实质上就等同于说意义内在于“大脑之中”，是个体主义的；而外在论者虽然声称意义依赖于外在环境，但这种声称颇为笼统。作为内在论 / 外在论统一观的倡导者，雷氏破除了对“环境依赖性”笼统的非个体主义理解，将之进一步具象化。

雷氏认为，表达式“依赖于环境”（包括与之相关的“独立于环境”“非个体主义”等）是歧义的（Recanati 1994b，1997，2012）。在一种意义上，说心理内容依赖于环境就是说某种特定内容的存在依赖于心理或大脑状态与外在世界特定客体类型之间某种系统的因果关系。比如，当且仅当现实世界中出现各种“水”的例型，大脑中才会总结出“水”之类型并形成“水”的概念。这个意义上的“环境依赖性”与指称因果关系论一脉相承。这种理解强调，某个心理状态**类型**的内容依赖于促使该类型之例型出现的外在因素。在另一种意义上，“环境依赖性”影响的是客体例型而非类型。说某思想例型的宽式内容是环境依赖性的，就是说它依赖于该例型的发生语境。

雷氏之所以要区分这两种不同的环境依赖性，其原因在于，当特定心理状态例型表达概念类型 T 的内容（如某思想例型关涉概念类型“水”）时，该心理状态并非必然受到特定客体类型（如客体类型“水”）的触发，尽管该客体类型的存在是概念类型 T 存在的前提。也因为这一点，由不同因素触发的不同状态例型可能均指向同一内容。换句话说，纵然外在因素发生变化，某些内容可能仍然保持恒定，这部分内容就是我们多次提及的窄式内容。而随场景或环境不断变化的那部分内容则是宽式内容。结合上述类型与例型的区分可知，与窄式内容相对应的是思想类型内容（所有例型共有的那部分内容），而与宽式内容相对应的则是特定语境中的特定思想例型的内容。这种区分也映射出了雷氏双成分理论的要旨，即意义理解应兼顾内外在因素、兼顾宽窄式内容。

对“环境依赖性”进行细分或许是雷氏的首创，但这种思想并非他所独有。伯奇（Burge 1986b）就曾设计过一项知觉错误思想实验，该思想实验也表明“环境依赖性”可作不止一种理解。假如现实世界存在这样一个人，他会将出现在面前的梨错误地感知为苹果。出于某种缘由，这个人看见梨时大脑激活的不是与梨相对应的感知类型 PTp，而是与苹果相对应的感知类型 PTa。这是一种感知错误。假设存在这样一个可能世界 w，w 中不存在苹果，但是感知类型 PTa 通常藉由感知梨来激活。若前面那种感知错误事件也发生在 w 中，那么该主体会看见同一个梨并激活同样的感知类型 PTa。然而，在这个过程中，即便该主体在 w 中的内在状态与在现实世界中的一致,他的思想内容也是不同的。在现实世界中该主体将梨错误地感知成了苹果，但在 w 中他没有犯这种错误，他感知到的梨仍然是梨。在 w 中只要他对梨进行识别，PTa 就会被激活，正如在现实世界中他对苹果进行识别，PTa 就会被激活一样。伯奇设计这个思想实验的目的在于表明，思想内容不可能是个体主义的：即便个体的内在神经或心理状态是固定的，若环境发生变化，思想内容可能也会随之变化。或许可以说，在这个思想实验中，现实世界中梨的实际存在是激活 PTa 的环境因素（第一种意义上的环境依赖性）。在 w 中出现梨仍会激活 PTa，但实验主体会具有与现实世界不同的思想，这种思想依赖于现实世界与 w 可能世界之间的外在区别（第二种意义上的环境依赖性）。

#### 4.4.2.3　两种窄式内容

雷氏将窄式内容区分为强式和弱式两种。伯奇的感知思想实验区分激活给定感知类型的正常环境和恰好触发特定感知例型的特殊环境。改变特殊环境时仍保持不变的内容是雷氏所称的弱窄式内容，改变正常环境时仍保持不变的内容乃是他所称的强窄式内容。不同于强窄式内容，弱窄式内容依赖于正常情况下内容承载状态与外在世界之间结成何种关系。一旦确定了这种惯常关系，弱窄式内容便也固定下来。既然存在两种窄式内容，那么双成分理论也应当分为两种。一种调用强窄式内容，一种调用弱窄式内容。雷氏所提倡的是一种调用弱窄式内容的双成分理论。

同样值得注意的是，对于“窄式”这个术语，有**相对**和**绝对**两种理解。在绝对意义上，窄式内容就是“唯我论内容”，完完全全独立于环境。为了避免过于激进，很少有哲学家会如此定义“窄式”。大部分学者所使用的“窄式内容”都是相对意义上的，但对于“窄式内容到底有多窄”这个问题，各个学者观点不一。雷氏将相对意义上的窄式内容定义为：“当且仅当存在某个维度 m，在 m 上某 [ 心理 ] 内容不依赖于环境”，那么这个心理内容就是相对窄式的（Recanati 1994 : 221）。某窄式内容在 m 维度上独立于环境并不影响它在其他维度上依赖于环境。因此，若某思想内容不依赖于思想片段产生的实际环境，仅仅依赖于一般的常规环境，那么这个思想内容也是相对窄式的。

“窄式”若是一个相对的概念，那么就涉及一个程度问题。我们第一个直觉的疑问很可能是“相对的窄究竟是何种程度上的窄”？这是一个很难回答的问题，雷氏也没有给出明确答复。只能笼统地说，“水是透明的”这个思想的窄式内容比它的宽式内容要窄是因为它更少地依赖于环境，即便它仍然相对地依赖于环境。纵然无法精确测量“更少”究竟少到什么程度，但雷氏给出了一种比相对窄式更窄的窄式内容，即帕特南在双子地球思想实验中采用的那种窄式内容，并将之称为“帕特南式超级窄式内容（即 PASCs，由 Putnam’s alleged supernarrow contents 缩略而成）。帕特南在双子地球思想实验中声称，张三$_{地球}$的概念“水”和张三$_{双子}$的概念“水”有某些共同之处，尽管这两个“水”指称不同的物质。这个共同的内容甚至不依赖于正常环境，因为地球和双子地球上的正常环境是不一样的。因此，帕特南所说的窄式内容比那种依赖于正常环境的窄式内容还要窄。从某种意义上看，雷氏似乎将 PASCs 看成是窄式内容的窄之底线，无论是相对窄式内容或宽式内容都不会如 PASCs 这般地窄。

在双子地球思想实验中，张三$_{地球}$和张三$_{双子}$的思想无论在表征内容还是表征方式上都有所不同。他们的思想在相对意义上具有不同的窄式内容，因为相对窄式内容依赖于正常环境，而地球和双子地球上的正常环境是不同的。然而，帕特南却声称，张三$_{地球}$的概念“水”和张三$_{双子}$的概念“水”在他所说的窄式内容层面上是等同的，这在逻辑上是说不通的。只能说，帕特南式窄式内容是雷氏式窄式内容的进一步窄化。若将帕特南的 PASCs 考虑在内，目前应当存在三种思想内容：PASCs、（相对）窄式内容和宽式内容。

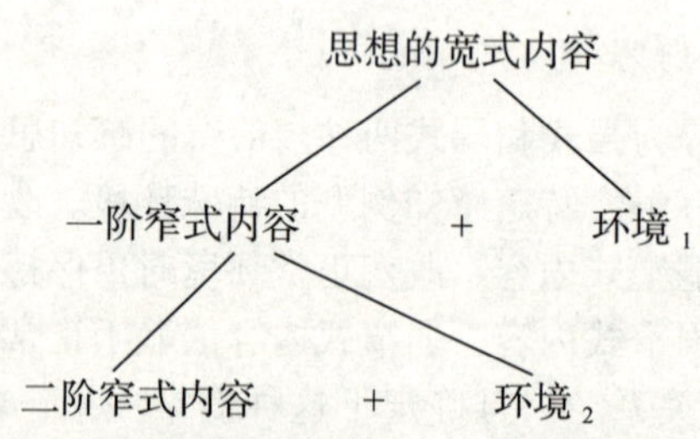


**图 2　雷氏对思想内容的分类（Recanati 1994: 222）**

在雷氏对思想内容的分类中（见图 2），一阶窄式内容相当于他自己定义的那种相对窄式内容，而二阶窄式内容相当于帕特南的 PASCs。其中，宽式内容依赖于实际环境，一阶窄式内容依赖于正常环境，而二阶窄式内容甚至不依赖于正常环境（似乎只依赖于客体，如地球水和双子地球水，所表现出的某些共有特性）。也就是说，这两个环境是不同的，因此本书作者将之标记为“环境$_1$”和“环境$_2$”以示区别（雷氏原图无此下标）。

那么，是否有必要区分一阶和二阶窄式内容呢？要回答这个问题首先得明确雷氏区分一阶和二阶窄式内容的目的是什么。雷氏将 PASCs 单列出来的主要目的或许有三个。第一，将 PASCs 与他自己定义的相对窄式内容区分开来。第二，将 PASCs 作为一个样例来说明窄式内容的“窄”存在程度上的差异，PASCs 是那种超级窄的窄式内容。第三，雷氏想要借助 PASCs 来说明帕特南式（温和）外在论与激进外在论者观点相矛盾。从激进外在论立场出发，“存在于大脑中的”PASCs 或可等同于唯我论内容，但这种理解不可取，因为“唯我论内容”这个术语本身就是语词矛盾的。若 PASCs 是内容，那么它们就不可能是唯我论的，因为它们必然依赖于环境；若它们不依赖于环境，那么只能将之视为内容载体而非真正的内容。无论如何理解 PASCs，激进外在论者都将陷入两难境地。如此，区分一阶和二阶窄式内容便十分必要。

### 4.4.3　双成分理论的支撑论据

支持双成分理论的证据至少有五个。其一便是具有同一客观真值条件的两个思想可能表达不一样的认知意义。比如，某人可能会赞同“我后天去北京”但不赞同“我周五去北京”，尽管后天就是周五。思想“我后天去北京”与思想“我周五去北京”具有相同的真值条件，但它们对于主体来说具有不同的认知意义，这是因为两者真值条件内容的呈现方式不同。雷氏认为在这种情形中，两个思想共享的内容就是所谓的窄式内容，即思想中主观的、内在的方面。窄式内容加上语境因素即可生成完整的思想（即宽式内容）。如果完整思想既包含主观内在成分又包含客观外在成分，这自然就为双成分理论做出了辩护。

支持双成分理论的第二个证据是所谓“笛卡儿直觉”。笛卡儿直觉的主要内容如下：不同的诱因可以对我们的感觉器官产生相同的作用，并且能够通过这些作用使我们获得相同的主观体验。从主体视角出发，当主体实实在在感知到面前有一个苹果并且认为它是绿色的，这同当主体凭空臆想出面前有一个同质的苹果并且认为它是绿色的，主体体验世界的这两种方式显然是不同的。在这两种情形下，主体都在感知某个特定的苹果。主体无论是实实在在地感知到了这个苹果还是幻想出了这么一个苹果，他所具有的思想皆是“我面前有一个绿色的苹果”。实在感知与凭空幻想感知，只是这个思想两种不同的呈现方式。

支持双成分理论的第三个论据来源于所谓“麦金发现”（McGinn 1983：65）。麦金在研究中注意到，当想到“我”“现在”“这里”这些词语时，首先跃入我们脑海的都是单一的、恒定的概念（即自我、此刻和近指的空间），而不是相对于语境变化的动态概念。也就是说，每一个第一人称思想都涉及同一个自我概念，这种恒定性与“我”这个词的恒定语言意义相呼应。“现在”和“这里”同样如此。单成分理论者坚持认为，不存在任何类似于窄式内容以及类似于不随指称变化的呈现方式这样的东西。这种观点显然与“麦金发现”相悖，因此，至少在这个维度上单成分理论证明是不可取的。

支持双成分理论的第四个论据关乎双子地球思想实验。张三$_{\text{地球}}$和张三$_{\text{双子}}$是双子地球思想实验的两个主体，可以说，张三$_{\text{地球}}$所想即为张三$_{\text{双子}}$所想。假如张三$_{\text{地球}}$在某个时间想到“我渴了”，那么张三$_{\text{双子}}$也会在同一时间想到“我渴了”。虽然他们的思想是相同的，但是其真值条件是不同的。当且仅当张三$_{\text{地球}}$在某个特定时间渴了，张三$_{\text{地球}}$的思想“我渴了”才成真；当且仅当张三$_{\text{双子}}$在这个特定时间渴了，张三$_{\text{双子}}$的思想“我渴了”方能成真。这种真值条件上的不同在心理学层面上其实无关紧要。对主体心理产生影响的那部分思想是用以解释主体行为的思想。但在口渴情景中，张三$_{\text{地球}}$和张三$_{\text{双子}}$的行为可能完全一致（如倒一杯水喝）。因此，需要做出区分的是思想的两个方面：一是两个主体共享的方面，即思想的窄式内容，用以解释两个主体的共同行为；另一个是思想的真值条件方面，这个方面可用于评估思想的真假，但无关乎行为解释。据此，思想可划分为窄式和宽式两种，这与双成分理论的内核正相符合。

支持双成分理论的第五个证据是它可以解释真值条件不相关性。若某呈现方式关乎指示性词语，那么，它就是真值条件相关性的（Vignolo 2013）。很多学者认为呈现方式与真值条件不相关，因为呈现方式的概念内容并不影响命题的真值条件。比如，假若李丽说“我是一名教师”，李丽是例型“我”的发出者这一事实并不影响李丽所说话语的真值条件。只要李丽确实是一名教师，那么于她而言“我是一名教师”在任何可能世界里都成真，无关乎她是否表达或以何种方式呈现出这个思想。双成分理论对思想的真值条件内容和思想的呈现方式做出区分，这恰如其分地解释了真值条件不相关性。当然，这里的“真值条件内容”严格说来与新弗雷格主义者使用的“真值条件内容”并不相同。对于新弗雷格主义者来说，思想的“真值条件内容”就是其“真值条件”。如此，完整思想（包含指称呈现方式）与思想的（单称）真值条件内容之间的区别就可以归约为思想与其（单称）真值条件之间的区别。那么，对于新弗雷格主义者而言，思想既具有真值条件又具有认知意义。这似乎又陷入了前文所述的佩里 & 卡普兰误区。因此，双成分理论的反对者所拒斥的并不是区分思想与真值条件内容，而是拒绝承认完整思想可以分解为真值条件内容和窄式内容这一主张。对于单成分理论者来说，仅存在一种内容，即思想本身。思想决定真值条件，但真值条件并不是思想的构成部分。

### 4.4.4 双成分理论与缓慢转换现象

本小节将以缓慢转换现象为例，进一步探讨雷氏双成分理论在阐释相关哲学论题中的实际应用。

#### 4.4.4.1　缓慢转换现象简述

关于缓慢转换现象，假设地球人张三在不自知的情况下被转移到了双子地球上，由于双子地球和地球的高度相似性，张三在双子地球上仍然过着类似于他在地球上的日常生活。在此背景下，外在论者认为，尽管在双子地球上生活的最初那段时间里，张三所说的“水”这个词所指称的仍然是地球水，但随着时间的推移，他所说的“水”最终会指代 XYZ。理论上看，这种转变应该是缓慢耗时的，因此称作缓慢转换现象。最终，张三会习惯于使用“水”来指代 XYZ，并且学会正确使用“水”这个术语与双子地球人进行交流。若表达式“水”的指称变了，那么它的内涵或内容也会随之改变，而且这种变化是在张三毫无察觉的情况下发生的。

与缓慢转换现象相关的核心论题是认识透明性这个问题。所谓认识透明性指的是：若主体 $S$ 知晓给定命题 $p$，那么 $S$ 就知道自己知晓这个命题 $p$（Cresto 2012）。若张三知晓“水能解渴”，那么他就知道他自己知道这个事实。与之相关的另一个重要概念是“心理档案”（详见第 7 章）。心理档案是一种能够贮存实体信息的认知结构（Recanati 2016）。在功能上，心理档案更像是一种认知容器。因此，正像容器与它里面盛装的东西不同那样，心理档案与心理档案内容不同。说某个思想调用了某个心理档案就相当于说在特定状态下特定心理档案被激活了。处于激活状态的心理档案允许相关主体获取其承载的内容信息，而且该心理档案的指称可以作为思想语义内容的构成成分。比如，当张三表达思想“水能解渴”时，“水”这个心理档案便得到激活，并且它的指称（物质水）是“水能解渴”这个思想的语义内容的一部分。

外在论者认为，心理档案的指称依赖于档案与实体之间的外在关系。承认外在论就相当于承认，当某个心理档案出现的语境发生改变时，与该档案存在相关联系的实体也会发生相应改变，那么档案的指称也会发生变化。就缓慢转换实验而言，当张三从地球转移到双子地球上时，心理档案“水”的出现语境便发生了变化，与此档案相关连的实体也发生了相应的变化（从 $H_2O$ 变成了 XYZ），因此“水”的指称也从$水_{地球}$变成了$水_{双子}$。但问题在于，如果引发指称变化的语境变化是在主体不知情的情况下发生的，那么认识透明性就会受到威胁：虽然调用的是内容完全一样的档案，但这个档案会在主体不知情的情况下发生转变而表达不同的意义。

#### 4.4.4.2　缓慢转换现象的双成分理论诠释

如何解释缓慢转换现象？大体说来，存在两种基本立场。非兼容论者认为，外在论与认识透明性是不兼容的。兼容论者则主张，外在论与认识透明性相容，雷氏也是兼容论的倡导者。

缓慢转换实验表明，即便不曾出现任何可察觉的内在变化，指称或信念内容也可能会随着时间的变化而变化。同一心理档案在时间 $t_1$ 指称一个实体，在时间 $t_2$ 则指称另一个实体。但是，施罗特（Schroeter 2007）认为，这种缓慢转换现象不会威胁到认识透明性，因为不应历时地理解认识透明性。没有认识透明性，理性或理性解释可能会变得荒谬，而这一切都是立足于共时视角而言的。然而，施罗特的类似

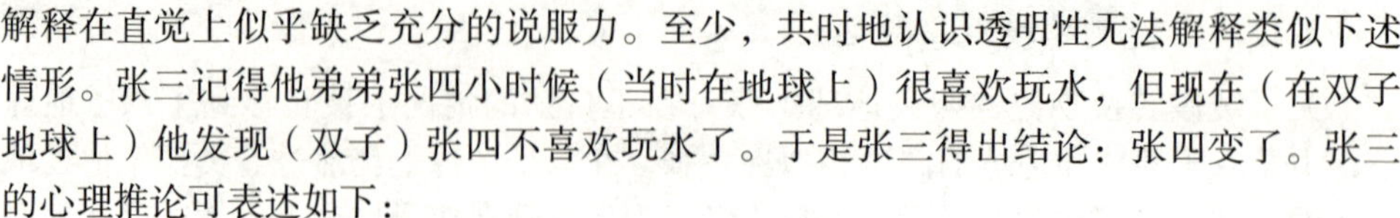

解释在直觉上似乎缺乏充分的说服力。至少，共时地认识透明性无法解释类似下述情形。张三记得他弟弟张四小时候（当时在地球上）很喜欢玩水，但现在（在双子地球上）他发现（双子）张四不喜欢玩水了。于是张三得出结论：张四变了。张三的心理推论可表述如下：

（1）张四曾经喜欢玩水。

（2）张四现在不喜欢玩水。

（3）张四变了。

博格西安认为上述假言推理的两个前提都是正确的，但这个推理本身因含糊其辞而变得不可信（Boghossian 1994）。说它含糊其词是因为推理者将两个不同的东西混为一谈了。因此，认识透明性看似失效，但实际并未失效，这是因为事物内在如何（单一心理档案“水”）与事物实际如何（两种不同实体：水$_{\text{地球}}$和水$_{\text{双子}}$）并不相符。与博格西安不同，伯奇认为这个假言推理的第二个前提成假，因为（2）从未真正发生过，不喜欢玩水$_{\text{双子}}$的是张四$_{\text{双子}}$，而张四$_{\text{地球}}$可能依然喜欢玩水$_{\text{地球}}$（Burge 1998）。前提（1）依据的是张三关于地球上的相关记忆，且它是整个假言推理链的起点，因而在逻辑上很容易将（1）中“水”的指称应用于整个推理链上其他的“水”。这种做法并不可取，因为前提（2）中的“水”并不是张三关于地球记忆中的“水”，而是双子地球上的“水”，但张三错误地将两者等同了起来（尽管他从未意识到这两种水是不同的）。

那么，雷氏的双成分理论如何解释上述假言推理？双成分理论区分两种语境依赖性和两种窄式内容，与此类似，在缓慢转换实验中我们可以进一步区分两组语境。在帕特南思想实验中，从地球转移到双子地球不会自动引发心理档案指称的变化，这种变化起始于科学家对双子地球水采样检测之后发现它不是 $H_2O$ 而是 XYZ。这意味着一开始抵达双子地球时，他们关于水的心理档案依然指称水$_{\text{地球}}$，即便他们当时已经处于双子地球上。因此，在发现水是 XYZ 之前，关于水的心理档案是确定的，这种确定性由心理档案的习得环境（即地球）而不是它的调用环境（即双子地球）决定的。因此，需要区分的第一组语境是心理档案的习得语境与其调用语境。需要区分的第二组语境是涉事主体张三在双子地球上的当前语境与他关于地球记忆的过去语境。在当前语境中，张三发现张四不爱玩水，但在过去语境中张四是喜欢玩水的，尽管此张四非彼张四、此水非彼水矣。

若区分习得语境－调用语境与当前语境－过去语境，张三在假言推理中多次调用的关于“张四”或“水”的心理档案就不再是一个关乎单个实体的心理档案。这个心理档案关涉的是两个实体，一个在地球上（记忆中的），一个在双子地球上（当前语境中的）。因此，缓慢转换现象这个被视为驳斥认识透明性的反例实际上并非真正的反例。前提（1）中出现的“张四”与“水”和前提（2）中的“张四”与“水”其实并不共指，但这不意味着主体犯错了，也不意味着认识透明性的失效（如果它们共指，主体会知晓）。指称的唯一性和单一性是心理档案的内嵌特质，如果客体不存在或不止一个，那么心理档案不指称（Recanati 2013：132）。如此，在（1）–（3）的假言推理中，作为心理档案“张三”和“水”**不能指称**。然而，在缓慢转换实验中，主体甚至都不知道它们是否可以指称，只是错误地假定他的心理档案在语境中指称单个客体。由此可知，与博格西安和伯奇的观点均不同，在双成分理论视角下，关涉缓慢转换的假言推理无论是其前提还是结论既不成真也不成假。相应地，认识透明性失效也就无从谈起。换言之，从双成分分析视角看，雷氏也是支持语义外在论与认识透明性兼容观的。

## 4.4.5　对双成分理论的驳斥

雷氏构建双成分理论的主要动因或可概括为两点。其一，双成分理论有助于消解某些心理和行为难题，包括语言与心理、语言与行为、心理与行为是如何建立联系的等等。其二，双成分理论融合了外在论和内在论的优点，使之具有更强的解释力。双成分理论认可外在论命题的公共性和共享性，同时也承认内在意义在桥接命题与主体认知上的重要作用。纵然雷氏曾在多部论著中积极为双成分理论辩护，该理论依然遭到了某些（语言）哲学家的驳斥。此处将着重探讨埃文斯（Evans 1982）和麦克多威尔（McDowell 1986）以及弗拉波利（Frapolli 2007）针对双成分理论提出的质疑。

### 4.4.5.1　双成分理论与可及性原则

弗拉波利曾经指出，雷氏关于命题内容的语境论观点会威胁他的双成分理论（Frapolli 2007）。确切地说，与双成分理论相冲突的是在雷氏整个语境论体系中占据奠基地位的可及性原则。

可及性原则是雷氏对抗最小论的有力武器，也是他建构真值条件语用学的试金之石。可及性原则指出说话者能够意识到他所表达的命题以及所言说的内容是什么。借助可及性原则，言者与“所言”之间得以建立联系。然而，雷氏关于可及性原则的表述或定义并非一定不易，而是呈现由弱至强的动态变化性。他在（Recanati 1993：248）中，将可及性原则表述为：“在判定话语意义中由语用 [ 因素 ] 决定的那部分是否属于所言，即在确定所言时，我们应当始终设法保留我们在这件事情上的前理论直觉。”这个版本的可及性原则看起来似乎只是一个初步的指导原则或者说是一种方法论建议。数年之后，他在（Recanati 2001：80）中，将可及性原则描述为：“……必须遵照那些完全理解话语的人——尤其是在正常会话场景中的说话者和听话人——所共享的直觉来分析所言。”到了《字面意义论》（Recanati 2004：20），雷氏关于可及性的表述更加简洁：“会话参与者必须在直觉上能够理解所言（除非他们不能算作‘正常参与者’）。”在后两个版本中，可及性原则不再是一种指导性建议而更像是一种经验性假设。

可及性原则是雷氏语境论中的一个重要原则，而语境论一般探究话语语境对命题意义的影响程度。双成分理论作为一种语义统一论，（至少部分地）支持外在论，而外在论更关注的是概念和意义的本质特性。可及性原则与双成分理论的碰撞主要表现为它与雷氏提倡的一种外在论形式相冲突。这种外在论主张，说话者有时候在无须知晓他所说的话语究竟表达什么意思的情况下仍然可以实际说出这句话（Recanati 2000）。比如，我可以实际说出“奇点定理能够证明黑洞在什么条件下是必定存在的”，尽管我并不知道奇点定理究竟是什么。然而，承认可及性原则就相当于拒绝了“说话者或许不会意识到自己某些心理状态的内容”这样的外在论观点。如果说话者不知道他们所接受的表征命题内容是什么，那么这些表征的“所言”在何种意义上对于他们来说是可及的呢？

双成分理论认为可以在弱式意义上理解环境依赖性（如区分常规环境和实际环境）和窄式内容，如此它便同外在论兼容。根据双成分理论，语义内容在本源上是依赖于环境的，但一旦与外在环境的常规关系得以固定，语义内容将始终保持恒定。比如，某人一旦学会了“水”是那种流淌于江河湖海的透明液体，那么“水”与物质水的对应关系就此确定了，无论何时遇见何种例型的水，他都会使用“水”这个词语来指称这种透明的液体。结果，当此人在自己不知情的情况下被转移到双子地球上，并将这个星球上类似于水的那种透明液体称之为“水”时，就出现了错误表征。也就是说，自然类属词项的意义依赖于常规环境而非实际环境。在这个意义上，自然类属词项和指示词不同，自然类属词的意义是相对固定的。如若这样，那么自始至终根本不存在可以兼容内在论和外在论的双成分理论。只有指示词的意义才依赖于实际环境，其他语词的意义都依赖于常规环境。而且，弗拉波利相信概念始终是关系性的，而概念内容总是依赖于世界是如何运转的。从这个角度看，她所推崇的是一种稍显激进的单成分语义理论。

#### 4.4.5.2 双成分理论与窄式内容

对雷氏双成分理论进行批判的另外两位知名学者是加雷斯·埃文斯和约翰·麦克道尔。他们认为双成分理论中的重要概念“窄式内容”本身就是不合逻辑的。这种不合逻辑性可以做两种解读。其一，根本不存在任何类似于窄式内容（埃文斯称之为“M-思想”）这样的东西，因为窄式内容理应是图式性的，但严格说来内容不能是图式性的。其二，不存在任何类似于窄式内容这样的东西是因为窄式内容应当内在于承载它的心理状态，但严格说来内容不能是内在性的。

思想的窄式内容是独立于环境的那部分内容，是思想中客观恒定的成分。如同指示性语句的字面意义一样，思想片段的窄式内容并不是完整的表征，而是一个需要经过语境充实才能成为完整表征的图式。图式这一术语最早由心理学家皮亚杰提出，并将之定义为一种能够连接世界各个方面（包括人物、地点、客体、事件、事态等等）的基本知识单位。图式不仅可以帮助人们更好地组织关于世界的知识、简化人们与世界的交互过程，还可以帮助人们更快地掌握新的信息。

然而，埃文斯认为图式并不是表征，也不能成为思想内容。埃文斯（1982 : 202）

还举了一个例子来说明图式不能表征。以下面这样一个包含指示性表达式的思想"我太惨了，这里太热了，蜡烛到处飞溅……"为例。在这个案例中，"这里"指代的是思想发生语境中那个蜡烛到处飞溅且温度很高的地方。但是，假若这句话不是思想而是一个图式，那么"这里"将不再具有任何指示功能。激进内在论者或唯我论者将窄式内容视为可识别的思想，这要求它至少是一种可表征的状态。可表征状态的本质特性在于它们可判定为真假，而图式不可判定为真假，而以图式表征的心理状态也同样无法判定为真假。严格说来,窄式内容只能藉由图式性表述才能识别或表达，因此窄式内容不可判定为真假，因而也不是表征性状态。

埃文斯的思想图式论之所以对双成分理论构成威胁，原因在于窄式内容是双成分理论不可或缺的重要概念，而他的质疑正是针对窄式内容这个核心概念的。埃文斯假定，只有完整表征（即可判定为真假的那种表征）才可称之为心理内容。在他看来，既然窄式内容是图式而不是完整表征，那根本就不能算作真正的内容。然而，深入分析双成分理论不难发现，埃文斯的图式论驳斥或许不足为惧。双成分理论从未指明只有完整的表征才可称为心理内容，它所秉持的始终都是存在两种心理内容（即完整思想本身和完整思想所包含的内在或窄式内容）的二元论。也就是说，埃文斯所针对的窄式内容只是双成分理论的一个方面,而他没有考虑其中"完整思想本身"这个方面。因此，从某种意义上说，埃文斯对双成分理论的质疑或批判带有片面性。

做出"窄式内容"概念本身不合逻辑的第二种解读关乎外在论。在定义上，窄式内容虽独立于外在环境，外在环境与窄式内容的相关性仅表现为外在世界会对主体产生感官冲击（McDowell 1986）。然而，促使主体内在状态成为内容的正是此状态与外在世界中的某客体或事态之间的联系。如果这种联系被截断或抽离，那么剩下的部分就不能再称为内容，它至多算作内容载体。在这个意义上，窄式内容不是内容，它们至多是心理或思想语句。仅当这些语句得到解读，即当它们与外在客体或外在事态建立联系时，才会获得内容。这种联系是思想内容的必要构成成分，若这种联系不存在，内容（无论多窄）便也不能存在。

这种批判主要建立在两个前提之上：①对"窄"的定义。说某思想内容是"窄的"当且仅当它内在于主体且独立于外在世界。②对"外在论"的定义。内容在本质上便与外在客体存在联系，因此不存在那种独立于外在环境的"内容"。对于第一个前提一般很少存在争议，因为它是窄式内容的定义，不承认这个前提在某种程度上就相当于倾覆了整个内在论和外在论体系。但第二个前提是存在争议的。雷氏虽然承认内容与外在世界之间存在必然联系，但仅当涉及完整思想时双成分理论才兼容外在论。完整的思想内容包括两个方面，即窄式内容，及其与外在客体之间的关系。若这种关系不存在，那么思想表征只能算作是假定性表征。在一定意义上，窄式内容与外在客体之间的关系在双成分理论中就是所谓的思想"呈现方式"。由于承认外在环境在内容构成上所扮演的角色，因此双成分理论也是一种外在论。藉此，也就消解了对双成分理论的第二种质疑。

## 4.5 结语

传统内在论主张心理内容或意义存在于大脑之中，由主体的内在特征决定；而传统外在论强调意义是语言与世界的纽带，认为心理内容或意义依赖于外在物理或社会环境。由于内在论与外在论之间天然的对立立场，内在论者与外在论者之间持久交锋。雷氏双成分理论的创立或可平息内在论与外在论之间的对垒。双成分理论主张完整的思想包含真值条件和呈现方式两个成分，二者缺一不可。此外，双成分理论将“环境依赖性”区分为客体类型依赖性和客体例型依赖性，前者表明特定心理内容的存在依赖于心理状态与外在特定客体类型之间的因果关系，后者说明特定心理内容的存在依赖于对应的外在特定客体例型的发生语境。双成分理论还将窄式内容区分为一阶窄式内容和二阶窄式内容，前者依赖于常规环境，而后者依赖于相关客体所表现出的共有特性。当然，双成分理论也不可避免地遭到有些哲学家的驳斥与挑战。对于其中的有些质疑，雷氏业已在不同场合做出了反驳。无论怎样，客观地看，为了将语义内在论与外在论之真知灼见兼收并蓄，同时克服这两种理论各自存在的片面性，需要以某种方式将两种理论有效地统一起来，使之相互补充、相得益彰。

# 第5章 引语研究疆域的拓展

## 5.1 引言

曾几何时，引语是一个颇受忽略的论题。引语似乎是一个再简单不过的（副）语言现象。直觉地看，引语无非是两边带上引号的语言单位，并无任何新奇独特之处值得研究。实际上，引号在语言中存在的历史并不长。就英语而言，在其出现文字的头一千年左右的时间里，并没有见到引号的踪影。直至 18 世纪，小说的兴起催生了一种需求，作者经常需要明确标示直接引语的始末，由此促进了引号的发展（Johnson 2017：281）。之后，引语的作用愈加重要。尤其是在知识产权意识不断增强的今天，引语的恰当标示更被视为恪守学术规范、具有良好学术修养的体现。相反，不能规范地使用引号、违反引语的常规，可能给违规者造成各种严重后果，轻则影响考试成绩，重则职业生涯受损。既然引语如此重要，我们理应对之有一个透彻的客观认识，对什么是引语也应当有一个清晰的界定。但事实却远非如此。引语现象异常复杂，学界对引语概念的阐释依然言人人殊。

当然，对众多语言哲学家而言，他们研究引语并不啻着眼于引语本身，而希冀藉由引语研究为诸如所言、模糊性、组合性、指示性、语境敏感性、元语言话语、语义学 / 语用学分界、语言与世界的联系等论题挖掘洞见。诸如此类的论题正是构成了卡珀朗与莱波雷（Cappelen and Lepore 2007）论述引语实践对于语言哲学乃至一般哲学之重要性的核心话题。近年来的研究实践业已表明，随着引语研究的深化与拓展，这一系列论题的探索也获得了显著的推进。

诚然如此，早期的引语哲学研究并未涉及如此广泛的论题，而主要专注于引语的指称问题。这个时期对引语指称问题做出有影响之阐发的哲学家包括塔斯基、奎因、计奇和戴维森等。只是到了 20 世纪末、21 世纪初，引语现象才激起了愈来愈多语言哲学家的研究兴趣，促使不同理论背景的研究者从更加广阔的视角、采取更加多维的分析方法，着手于引语现象的描述、引语性质的揭示和引语哲学理论的建构。研究者纷纷提出不同的引语观，不仅语义观与语用观径相对垒，而且语用观内部也不乏预设观、规约含义观和会话含义观等派系。这些不同的引语观营造了引语理论的百花园，而在这个百花园中，雷氏基于真值条件语用学的引语理论堪称为一朵瑰丽的奇葩。雷氏引语学说属于典型的语用引语观，而且作为一种发展中的理论，尚存在有待完善之处，但借助于语用充实与语境转变等过程，这一引语学说较之其他引语语用理论，显然更加系统且具有更强的解释力。因此，本章将在概览（英语）主要引语类型的基础上，概要地考察阐释这些引语类型的理论学说，着力把脉引语研究中的语用转向，最后以阐述并推崇引语分析中的 TCP 路径而告结束。

## 5.2 引语现象扫描

一般认为，所谓引语指的是前后标有引号的一个语言表达式。然而，稍微深入地考究一下就会发现，引语的界定绝非如此简单。首先，引号只在书面语中存在，口语中不见其踪影。有人也许会说，口语中可以通过重读、伴随语言特征标示引语，但这些手段的功能在规范性、系统性上实难与书面语中的引号同日而语。其次，不仅引号并非标记引语的唯一手段（英语中还可以通过缩行、斜体、字号变换等形式），而且引号本身的形式与用法也远不是整齐划一的，如英语中分单引号与双引号（其他语言还有其他形式），而引号的用法更是多种多样。

因此，语言直觉虽然能够帮助我们确定许多典型引语实例，但每当遇到非典型用法时，仅靠有无引号标记做出直觉判断，也许就难以奏效了。有鉴于此，下面对引语现象的归类尽管多见于引语研究文献，但无论从划界来看，还是就称谓而言，都无法全然免遭质疑。但是，这样的质疑与其说否认引语现行描述分类的效度，莫如说旁证了引语现象的异常复杂性。无论怎样，希望通过下文对几种主要引语类型的扫描，能够对近年来的引语研究发挥窥一斑而知全豹之功效。当然，文献中对种种引语的称谓不尽相同，有一定影响的别称将在下面的讨论中予以介绍。例如，雷氏引语理论对引语类型的划分自成一体，即区分“闭合式引语”与“开放式引语”。他的引语分类虽然也遭到有些学者的质疑，但起码看似依循了一定的分类标准或原则。而其他很多分类似乎并不存在统一的标准，有些仿佛倚重引语的构成，有些则凸显引语的功能。

### 5.2.1 纯引语

纯引语又称元语言引语，被认为是哲学中最重要的一类引语，是早期引语哲学研究中专注的焦点。这类引语的实例包括：

（1）“Canberra”含有 8 个字母。

（2）"Kick the bucket"是一个习语。

（3）"Cruel kindness"是矛盾修辞法的一个例子。

此类例子表明，纯引语的主要特性在于，引号中的表达式不是"使用"，而只是"提及"。按照大多数引语理论的通常假设，纯引语在句法上作名词短语，语义上作为单称词项。但这些名词短语和单称词项并不指表世界上的普通指称对象，而指称世界极其特殊的一部分，即引号中表达式本身的性质。也就是说，纯引语是名副其实地"语言转向自身"。因此，例（1）中的"Canberra"并不指称澳大利亚首都，而是指称这个表达式本身的一种性质；例（2）中的"kick the bucket"不意指死亡事件，而是说这个表达式在英语中属于一个习语的性质。正由于此，就像在类似语境中无法以"未婚男子"替代"单身汉"那样，在这个例子中，我们也无法用die替换引号中的kick the bucket。究其原因，这是因为引语环境构成了所谓的模糊语境，在这样的模糊语境中，可替代性原则失效了。例（3）中的纯引语也是指称某种语言性质（以"残酷的仁慈"例示矛盾修辞法），而非世界上的普通指称对象的。那么，在语义上，引号中的表达式与所在的整个句子是什么关系呢？通行的看法是，所引表达式对整个句子的真值条件不做贡献，这种性质亦即纯引语的所谓"语义惰性"。当然，是不是所有纯引语都表现出语义惰性却是一个尚无定论的问题。

### 5.2.2 直接引语

直接引语被认为是尤为典型的引语形式，而且看似能够最为直截了当地加以辨识。从形式上讲，像纯引语那样，直接引语前后也以引号明确标示。但在直接引语中，引号标明某人说出（或想到）的话语。而纯引语中所引表达式未必是某人说出的词语。此外，如上所述，纯引语从根本上可以看作名词或名词短语，而直接引语则不然。与纯引语的另外一点显著差异是，直接引语通常以"说"（"想"）一类动词引出。正如下面两例所示：

（4）皮埃尔在电话上说："我那该死的车在太平洋高速上抛锚了。"

（5）阿姆斯特朗想："人生真是难得几回搏啊！"

当然，这两个例子可谓是标准的直接引语实例，但也远不能代表实际语料中直接引语的全部。譬如，直接引语并非始终紧随在"说"这类动词之后，有时可以出现在这类动词之前，而且导出直接引语的动词可能还是不及物的：

（6）"Why?", he moaned.（"为什么？"，他呜咽道。[这是Saka（2013：939）的一个例子。显然，英汉表达在这一点上有所不同。译文中如果不增补"道"恐怕就不符合汉语的习惯。]）

直接引语的上述特征似乎令人感到这类引语简单直观，缺乏引人注目的奇特之处。但若对语言使用者引语实践进行更加深入的观察就会发现，这在一定程度上只是表面现象。仅就上面引入直接引语时对之做出的描述（引号中引述的是某人说出或想到的话语，即所谓的“原话语假设”）就不完全反映直接引语的现实。近年来，针对“原话语假设”的质疑此起彼伏。事实上，直接引语忠实于原话语的程度往往不是百分之百的。仅举三种情况为例：其一，由于人们的记忆能力和复述能力的局限，有时无法全然再现原初的话语。这种一定程度上的“不忠实”并非有意为之。其二，尤其是在新闻报道中，往往需要纠正原说话者表达上错误、删除某些不登大雅之堂的污言秽语，代之以公众可以接受的表达式。这种有意的“不忠实”不仅是允许的，而且有时是必须的。其三，在引用不同语言的话语时，引语中出现的往往是译文而非原文，例如：

（7）尼采说：“上帝死了！”

（8）卡珀朗说：“实验哲学是个大错误。”

就例（7）而言，尼采显然从来没有用中文说过引号中的这句话，他说的是德文“Gott ist todt!”同样，卡珀朗（Cappelen 2012）在《无直觉之哲学》一书中以英文“Experimental philosophy : a big mistake”作为一节的标题，也从来没有以中文说过这句话。类似这种在直接引语中使用更多目标读者易于接受的译文无疑是学界通行的做法。引用译文虽然表面上违背了“原话语假设”，却能更好地实现引语意图，达到顺畅交际的目的。据此而论，“原话语假设”所蕴含的对原初话语的忠实性或许应当体现在引语最大限度地再现原话语信息之上。直接引语中对原话语的更改应当受制于这一原则，并且控制在最低限度。

再者，就直接引语的语义性质而言，与纯引语相似，直接引语中的话语也只是提及，而所引话语在整个句子中是否在语义上是惰性的，却仍然是一个莫衷一是的问题。按理说，假若主张直接引语引号中的表达式只是提及，而非使用，那么，引语就不能影响整个句子的真值条件。但是，直觉地看，就所引内容而言，许多直接引语同纯引语差异迥然，而有关争论所基于的实例也各不相同，难以一概而论。

### 5.2.3 混合引语

顾名思义，所谓混合引语就是直接引语与间接引语的混合，通常为间接引语中包含一个直接引用的成分。混合引语的名称首先是由卡珀朗与莱波雷（Cappelen and Lepore 1997）引入的。自此之后，混合引语日益频繁地出现在引语研究的文献中，渐成引语研究的热点。混合引语之所以引起众多语言哲学家的关注，主要是其特殊性质使然。而揭示这一性质又颇具挑战性，迄今尚未在学界达成共识。尤其是语义引语论与语用引语论两大阵营形成对垒、相持不下，就混合引语的本质属性与基本特征等做出各具特色的不同阐释。具体地说，以（9）为例，我们可以像卡珀朗与莱波雷（Cappelen and Lepore 2005：53）那样，把混合引语的语义阐释描述为坚持下述三点主张，而语用阐释则否认其中的一项或更多项：

（9）格林斯潘先生说他同意劳工部长赖克“关于很多事情”的看法。他说，事实证明，他们在这个问题上达成了一致意见“对于我们两人来说都很意外”。（Recanati 2001: 679）

（i）例（9）的语义真值条件要求格林斯潘使用了引号中的词语（因此，第二对引号中的“我们”并不指称包含（9）的说话者在内的一群人，而是指格林斯潘和赖克）。换言之，假如格林斯潘没有使用“关于很多事情”和“对于我们两人来说都很意外”这些表达式，说出（9）语义的表达的命题就不能成真；

（ii）例（9）的语义真值条件之所以要求格林斯潘使用了引号中的词语，其原因在于（9）中包含“关于很多事情”和“对于我们两人来说都很意外”，亦即这两个表达式是（9）的语义真值条件的一部分，这些真值条件产生于组合结构，而标有引号的这两个表达式的存在以及出现的位置直接影响（9）的语义组合；

（iii）据上一点推论，第（i）点具体描述的要求既不依赖于说话者说出（9）时可能抱有的意向而产生，也不依赖于说话时可能处于的语境而出现。

这三点主张集中体现了语义最小论的立场：复杂表达式的真值条件意义取决于其构成成分的意义及其组合规则；除了除歧与指称确定之外，包括说话者意向在内的语用因素并不介入语义意义的生成。以雷氏为代表的真值条件语用学家则明确反对语义最小论旨归，强调语用因素在直觉性真值条件意义的生成中发挥着不可否认的作用。

然而，也有少部分学者并不试图厘清混合引语的语义性质抑或语用性质，而是反其道而行之，否认混合引语具有足够的区别性特征能够使之自成一类。有的研究者更是振聋发聩地声称，混合引语不是真正的引语形式，可以去除引号而不使其意义受损。针对部分实例，这样的观点也许不无道理，但混合引语纷繁复杂，去除引号而不使意义损失的立论是否过于激进和绝对，尚需进一步论证。

先看几例比较典型的混合引语：

（10）奎因说引语“具有某种异常特征”。

（11）杰拉尔德说他将“考虑竞选总统”。（De Brabanter 2017: 230）

（12）那位土豪说他把“贼大一笔钱捐给了一家山村小学”。

以上三例中，头两例去掉引号似乎对语义没有什么影响，而例（12）中去了引号则无法确保能够传递该土豪在他自己说出的话中使用了“贼大”一词，因为在去掉引号的间接引语中，引用者并不必定一字不差地重复原话语。这一点恰恰体现了混合引语的个性特征，即既“提及”又“使用”，一方面指称引用的表达式，另一方面又对所在句子的真值条件意义做出正常的贡献。这也就是为何加西亚－卡平特罗（Garcia-Carpintero 2005, 2011）等哲学家更加倾向于将之称作“双责引语”的原因了。

在现代语言交际中，混合引语往往受到青睐，使用频率颇高。那么，人们基于何种考虑而偏爱混合引语的呢？就这个问题，亦即为什么较之直接引语和间接引语，混合引语得到更加频繁的使用，卡珀朗与莱波雷（Cappelen and Lepore 2007：15）在其号称学界第一部系统研究引语的专著中，做出了比较深入的探究，概括了四个方面的原因，颇为令人信服，现概述如下：① 原话语过长，无法全部直接引用，但引述者又想要确保某些关键词语的准确性；② 原话语中有些部分的措辞格外隽永精彩，引述者恐难以觅得等值的表达式且获得同样的表达效果；③ 引用者采用混合引语是为了使自己同引号中的话“保持距离”或摆脱干系，因为原来的说话者使用这些词语潜在地可能冒犯受话者。引用者想通过引号标示这些词语是被引述者使用的原话，而非他自己的用词；④ 混合引用的表达式可能不合语法或存在其他错误，说话者以引号标示，也许是试图表明这些错误不是他的责任；或者他发现这些词语有趣或异常。当然，也许有人会指出，在使用混合引语的这四个动因中，除了①，其他各条并非混合引语的区别性特征，很难说直接引语的使用就不会有类似考虑。但这样的质疑本身也许有失偏颇，混合引语作为直接引语与间接引语的结合，具有直接引语的特征是无可厚非的。

### 5.2.4 提示性引语

直至21世纪初，提示性引语方才开始受到愈来愈多研究者的关注。不过，这些研究者也并非全然着力发掘提示性引语的本质特征，以提供其自成一类而存在的理据。相反，有些研究恰恰是为了证明提示性引语根本无法同其他引语类型区别开来。譬如，卡珀朗与莱波雷明确反对将提示性引语视为一种引语类型。他们在专论引语的著作的第2章，主要介绍了纯引语、直接引语、间接引语和混合引语四种。提示性引语仅仅出现在该章的附录中。两位作者的解释是，他们希望尽可能全面地探讨引语与元语言表征论题，所以最初计划单设一章论述“所谓”提示性引语，但结果发现，关于这一现象他们并没有多少有趣的话好说。当然，他们在附录结尾也承认，这并不意味着对提示性引语实践的论述毫无趣味。他们只是主张，提示性引语不应当在普遍引语理论中占有一席之地。

卡珀朗与莱波雷之所以将提示性引语拒于普遍引语理论大门之外，其深层原因根植于其语言哲学旨归。作为语义最小论的主要倡导者，他们倾向于从语义学的视角阐释引语现象。在他们看来，提示性引语并不属于语义现象，只是一种言语行为策略，因而不将提示性引语单独划作一个引语类型也就不难理解了。当然，提示性引语究竟是语义现象，还是一个语用现象，目前没有定论。或许同其他引语现象一样，若采取一种语义、语用界面的视角审视提示性引语，会对其本质特征获得更加客观全面的了解。反之，正如后面关于种种引语理论的评述所示，囿于单个维度的阐释往往只会产生盲人摸象的效果。这也许就是为何迄今提出的关于提示性引语的预设论、规约含义论和会话含义论等都证明存在各自的局限性。这些理论虽然能够解释所列举的典型案例，但当应用于更加广泛的实例时就显得牵强附会了。

目前来看，就提示性引语的阐释而言，采取一种语义、语用界面视角、兼顾语义表征与语用因素两个维度不失为体现这一努力的切实举措。因此，我们既要考虑提示性引语的表现形式与语义内容，更要关注其语用功能以及制约其语用功能发挥的语境因素。首先，就表现形式而言，提示性引语似乎与混合引语没有太大差异，两者都是通过将某些词语前后加上引号构成。不过，提示性引语在美国英语与英国英语中形式上有一点不同，美国英语中一般使用单引号，而英国英语则多用双引号。而就其功能而言，提示性引语旨在提醒读者所引用的词语在作者眼里存在某种异常、令人生疑或者由于其他特殊性而值得格外关注，尤其是说话者藉此同所引用的表达式“保持距离”，表明该表达式源于他人之口。例如：

（13）对艺术一窍不通的莉娜嫌恶地说“这件艺术品”/“这坨粪”难以理解。（改编自 Brendel et al 2011：5）

（14）她把我带到几家“时尚的”好莱坞酒店，把那些重要的制片商和代理人指给我看。（De Brabanter 2010：107）

（15）民族的贪婪以统治“劣等”种族的授权伪装自己。（Predelli 2003：3）

第（13）例在参考文献中本来是作为两个例子提供的，分别包含斜线前后的表达式。就包含“这件艺术品”来说，在不同的语境中说话者或许表达了不同的含义；而将之替换成“这坨粪”，“保持距离”的引语意图也就溢于言表了。再看例（14）中的提示性引语“时尚的”。其原文为“**in**”，作形容词表示“流行的”“时髦的”仍被有些人看作是非正式用法。在不同的语境中，说话者既可能为了突显这个表达式不是自己的用语，而是引用某些时尚人士的说法，也可能觉得这些酒店如他人所说，十足地“in”。至于（15）中的“劣等”作为提示性引语，显然是为了提醒读者，说出整个这句话的人并不赞同将那些种族称作劣等种族。将之以提示性引语的形式呈现，说话者就能与这个表达式拉开距离。除了使说话者与所引用的表达式保持距离之外，正如上文业已指出的那样，提示性引语还经常发挥着其他语用功能，诸如表示说话者并不认同所引表达式；传达讥讽、反语、委婉等含蓄意义；标示（个人）语言的转变，等等，在此不再逐一举例赘述。可是，无法回避的一个问题是，面对提示性引语诸多潜在语用功能，针对具体实例，如何甄别其现实化功能，即在理解话语语义内容的同时，领会引语表达式传达的“附义”？关键恐怕仍然在于有效利用语境信息、正确把握说话者的“引语意图”。事实上，语境不仅是鉴别提示性引语不同语用功能的依据，同样也是区分提示性引语和混合引语以及下面接着介绍的强调性引语的根据。例如：

（16）a. 特鲁吉尔真“够哥儿们”。（朋友们都这么夸他。）

b. 特鲁吉尔真“够哥儿们”。（他跟最要好的朋友的老婆也有一腿。）

c. 特鲁吉尔真“够哥儿们”。（他能为朋友两肋插刀。）

从语言形式上看，（16）a、b、c 并无二致，脱离语境，实难判断说话者实际意欲表达的意义。藉由后面括号中增添的语境信息，区分了引语的不同类型，说话者意义也就易于把握了。因此，直面语言交际现象本身的引语研究，似不能无视将提示性引语同其他类型加以区分的必要性与可行性。而引语意图或目的则往往证明是甄别不同引语类型的试金石。

### 5.2.5 强调性引语

引语研究中的语用转向，也许最为明显地体现在开始有更多的研究者关注并承认强调性引语这一点上。按照规定主义的传统看法，强调性引语是一种非标准，甚至是不正确的用法。相反，描述主义者却认为，引号的强调性用法绝非鲜见。人们为了强调某个词或者某个短语，在缺少其他有效的强调手段时，有时就会将这个词或短语置于强调性引号之中。网上搜索发现，尽管看法不一，英文强调性引语的实例并不是个别现象。当然，这种引语被认为多由中老年使用，年轻人用得相对较少。此外，很多例子源于商品标识或广告，这也许就是为何强调性引语又称为“蔬菜水果零售商的引语”。譬如，在摆放的待售食品前标上“新鲜”“有机”等。反对这样使用引号的规定主义者担心，顾客假若将之当作提示性引语，而提示性引语的一个语用功能是标示反语，那么，就会把这些商品理解为具有与所引表达式相反的性质了。然而，考虑到使用这些引语的现实语境，那样的理解显然有悖于使用者的引语意图。

现在，强调性引语早已不再属于“蔬菜水果零售商”的专利。像例（17）的用法屡见不鲜：

（17）（今日报纸标题）艾丽丝的“新”理论！（Gutzmann and Stei 2011：162）

这个例子中使用引语是为了强调艾丽丝理论的新颖。同样，例（18）中说话者使用引语也是旨在强调那件艺术品制作精巧、别具一格：

（18）这件艺术品“精巧别致”！（由那位艺术家的崇拜者所写）（Brendel 2011：6）

至于例（17）中的“新”和（18）中的“精巧别致”如何能够获得强调的效果，引语语义论者由于往往并不承认强调性引语的合法性，因而鲜有明确阐释。就语用论者可能做出的几种解释而言，经过第 4、5 节的论证希望能够表明，比较令人信服的或许是一种语用充实观，即强调性引语的引号触发了产生强调效应的语用充实。不过，目前看来，对强调性引语的研究只是刚刚起步，这类引语现象的性质与特点很大程度上依然是一个谜。难怪 Saka（2013：938）宁愿将下面（19）这组类似（17）、（18）的例子叫作“神秘引语”而不称之为强调性引语了：

（19）……捍卫你的“合法权利”；“禁止”停车；进来“免费”得一个甜甜圈。

然而，无论冠以什么名目，这类引语确实客观存在，并且十分流行。需要研究者继续努力探索，以最终解开强调性引语之谜。

## 5.3 引语理论概观

引语现象纷繁复杂，催生出的引语理论林林总总。究竟存在多少种引语理论，不同的研究者说法也不尽相同。有的研究者概括出的引语理论多达十种。[1] 不过，这也难以穷尽引语研究文献中出现的所有理论。借助于一种标准分类，侧重考量其重要性与影响力，下面主要探讨五种经典引语理论：名称论、描述语论、指示词语论、同一论与去引号论。

### 5.3.1 名称论

名称论又称专名论，是一种传统的语义引语论，将引语视作所引表达式的非结构化专名。一般认为，这个理论是由塔斯基、奎因和卡尔纳普等关注逻辑语言性质的早期哲学家提出的。尤其是其中的塔斯基，经常被看作专名论的代表。这主要归因于戴维森在他号称20世纪最具影响的引语研究论文《引语》中对塔斯基的鼎新批判。由于戴维森引语理论的影响，之后的引语学说对专名论普遍持以否定的态度，将之判定为失败的理论。在许多不明就里的门外汉看来，将引语看作专名更是几近荒唐。那么，引语与专名有何共性？这些哲学家究竟基于哪些理据提出专名论的呢？这一引语论果真一无是处吗？专名论为何成为引语研究中的众矢之的？为了回答此类问题，首先应当从考察塔斯基和奎因等的有关论述入手，然后再来考察专名论的利弊得失。

就塔斯基来看，比较典型地体现其专名论思想的是他在《形式化语言中的真之概念》中所做的一段论述：

> 引号名称可以像语言中的单个词那样处理，从而可以像句法上简单的表达式那样处理。这些名称的单个成分——引号与引号中的表达式——与单个词中的字母以及连续出现的字母之组合起着同样的作用。因此，这些单个成分不可能拥有任何独立的意义。这样，每个引号名称是一个有定表达式（包括在引号中的表达式）恒定的个体名称；事实上，这是与一个人的专名具有同样性质的名称。例如，名称“p”指表字母表中的一个字母。（Tarski 1933：159–160）

从这段话中可以看到，塔斯基一方面主张引语在语义结构上的简单性，类似于人名那样不能进一步分解；另一方面，他还秉持了专名只有指称而无涵义的传统观念，

[1] 这十种引语理论分别为：专名论、拼写论、功能论、最小论、指示词语论、言语行为论、除歧论、同一论、幽灵论、副语言论（Saka 2013：945）。

强调在这一点上（纯）引语与专名的共有特性，仅有指称（引号中的表达式），但也缺乏涵义。无独有偶，奎因同样被认为主张引语表达式是非结构化单称词项。他在《数理逻辑》一书中写道：

> 从逻辑分析的观点看，每个完整的引语必须看作单个的词或符号，而其成分只不过算作字母上的短线或音节。
>
> 例如，掩埋在
>
> “Cicero”有 6 个字母。
>
> 这句话第一个词中的人名在逻辑上与掩埋在最后一个词 [ 即“letters”（字母）] 中的动词“let”一样同这句话无关。（Quine 1940：26；转引自 Cappelen and Lepore 2007：99）。

正如上文业已指出的那样，专名论的倡导者专注于阐释纯引语。他们研究纯引语的目的在于帮助创建一种精准确切的科学语言，避免在逻辑和数学著述中出现自然语言的模棱两可、含混不清。此外，将纯引语分析为像专名那样的非结构化单称词项，能够有效地解释（纯）引语的三个主要特征（Cappelen and Lepore 2012）：其一，引语语境的模糊性：在引语中，共指性或同义性表达式不能相互替换。因此，尽管“华盛顿”与“美国第一任总统”的指称对象相同，但在下面这个句子中，却不能以“美国第一任总统”替代“华盛顿”：

（20）“华盛顿”由三个字组成。

其二，不可限量性：既然引语被看作一个非结构化名称，就无法对之限量。因此，上面的例（20）无疑是一个正确的句子，而下面的（21）这个包含存在限量的表达就未必能够成立：

（21）（∃*x*）（‘*x*’）由三个字组成。

其三，引语的能产性：只要符合语言常规，可以引入无限多的专名。同样，按照专名论，我们能够构成无限多的引语。实际上，人所共知，能产性是语言本身的一个区别性特征，语言使用者可以根据有限的规则构建无限合乎语法的句子。

专名论着眼于引语与专名的共性，并试图通过这些共性对（纯）引语现象做出阐释。如上所示，这样的阐释并非全然无的放矢。既然这样，戴维森及其后继者依据什么而普遍地将专名论判定为一种失败的理论呢？有的研究者基于戴维森（1979：81–83）的阐述，将专名论的失败归结为不能对以下三点做出合理的解释：如何生成无限多的引语；引语与其语义值之间的特殊关系；“使用”与“提及”的双重性。但是，将第三点作为质疑专名论的依据似乎失之牵强。正如上面业已指出的那样，专名论作为一种语义引语论，主要针对纯引语，而不涉及所谓的混合引语，所以，不能解释引语表达式同时兼具“使用”和“提及”的特征也就无可指责了。因此，这里着重考虑前面两点。首先，按照戴维森等哲学家的看法，引语并不是专名那样的非结构化单称词项。否则，引语范畴就会像以字母“a”起始与结尾的专名（“Atlanta”“Alabama”“Alta”“Athena”等的）范畴那样没有意谓（同上）。普遍认为，专名与其指称对象之间的关系具有任意性，但引语同所引表达式的关系并非绝对任意的。因此，汉语称为“波士顿”的城市在英语中叫作“Boston”。不能说，“Boston”比“波士顿”的称谓更正确。但是，引语“波士顿”引用“波士顿”却不是任意性的。如若真是任意的，我们就能够说：“‘波士顿’引用‘伦敦’”了。可是，按照专名论的观点，除了拼写的偶有性质，所引用的表达式与引语之间就不存在任何关系。这看来显然是有悖直觉的。其次，的确，我们可以像引入新的专名那样，引入无限多的新引语。但是，假如按照专名论所主张的，引语也像专名那样是缺乏任何语义结构的单称词项，就不会存在任何规则制约引语的生成；在首次遇到从未见到过的新引语时，也没有任何规则可以帮助我们对之做出理解。这显然不符合人们的引语实践。

## 5.3.2 描述语论

专名论将引语看作缺乏语义结构之单称词项，从而把“人终有一死”这样的引语视为单个的长词，其成分没有独立的意谓。计奇等哲学家明确表示这种看法是错误的。在计奇看来，被引用的一串表达式始终是一串被引用的表达式；复杂表达式上的引号应当解读为应用于该表达式每个句法上不同的成分；我们如果因为不能甄别所引表达式的这些句法成分而不能对之做出这样的理解，那就同样不能理解这个引语（Geach 1957：82）。为此，计奇主张以描述语[1]论（description theory）取代专名论。其立场从下面这段话可见一斑：

> 对于我们的目的，这个结果——复杂表达式必须看作藉由其成分描述该表达式——是至关重要的；假如在他们说“让我们将其彻底摧毁”中的引语是逻辑上不可分的单个的词，而不是一个复杂描述语，那么，下述观点从一开始就失效了：直接引语是一个描述系统，首先用于实际的书面语或口语，其次用于思想。（同上，83）。

计奇所说的“这个结果”指的是基于描述语论对“人终有一死”这种复杂引语的读解，亦即通过他引入的“&”符号将组成复杂引语的各个成分名称联结起来而获得的理解。

倡导描述语论的哲学家并非计奇一人，描述语论也不是一种纯一的理论，而具有几种形式，比如，戴维森的指示语论也被认为是一种有定描述语论的变体（Cappelen

[1] 英文的 description(s) 在国内的（语言）哲学论著中多译为“摹状词”，另一种译法是“描述语”。本文倾向于后一种译法，基于两点考虑：首先，description(s) 未必是单个的词；其次，对应的动词 describe 译成“描述”显然要比“摹状”普遍而且贴切。

and Lepore 2007：98）。此外，一般认为，除计奇外，塔斯基和奎因也都曾提出各自的描述语论。他们倡导的描述语形式共有某些明显的特性，一个主要差异在于计奇把词看作逻辑语言中的基本单位，而塔斯基和奎因则将字母视为语言的基本单位。指出了这一点，下面只需对描述语论做一简要概述，这是因为描述语论在基础层面上仍然将引语视作名称，或许可以看作是一种变相的名称论，因而专名论遇到的问题，描述语论同样不能幸免。描述语论虽然由于将语言中数量有限的原始符号的名称看作原始项，只需要处理数量有限的基本名称，从而较之专名论占有优势，但专名论无法解释的其他问题（包括无限多的引语是如何生成的以及引语与其语义值的特殊关系是什么），描述语论同样束手无策。

### 5.3.3 指示词语论

指示词语论（demonstrative theory，亦称并列结构论）是戴维森在其《引语》（1979）一文中阐发的。该论文被认为是20世纪关于引语研究最具原创性和影响力的文献，而指示词语论也是最具争议的引语理论。

如前所述，在戴维森看来，专名论、描述语论等传统引语理论由于存在无法克服的困难而归于失败。因此，他在批判传统引语观的基础上，提出了有效的引语理论应当满足的基本条件。除了像语言任何方面的理论必须同语句成真的普遍理论融合之外，合格的引语理论还必须（同上，89）：① 为引语手段提供具有显著特征的语义角色；② 提供理解与表达无数引语的一条规则；③ 对在何种意义上引语描绘所指称的对象做出解释。在戴维森看来，将引语看作专名或描述语都不能建立一种符合这些基本条件的引语理论。为此，他另辟蹊径系统创立了指示词语理论。[1]

指示词语论对引语的阐释独树一帜，它将引号看作起着诸如“这（些）”“那（些）”等指示词语的作用，而将引号中的内容排除在包含引语的整个句子的语义内容之外，将之仅看作出现在话语语境中受到指称的对象。乍看起来，这样的主张似乎同我们的语言直觉格格不入。因此，为了更好地了解指示词语论的精神实质与个性特征，必须诉诸戴维森的原著。这一理论是戴维森在《引语》一文的后部做出阐述的：

> 我的理论或许可以称作引语指示词语论。根据这个理论，引号中的文字根本不指称任何东西，也不是任何做出指称的表达式的一部分。相反，是引号做出所有的指称；引号通过指出某种具有形状的东西帮助指称形状。根据指示词语论，除了偶发情况，那么，既非作为整体的引语（引号加上所引材料）也非所引材料本身是单称项。单称项是引号，引号或许可以理解为“其例型在此的表达式”。或者，为了揭示也许可以认为真正包含描绘的方式：“其形状在此得到描绘的表达式”。（同上，90）

[1] 指示词语理论对应于英文的 demonstrative theory of quotation。从下文的介绍可以看到，这里的 demonstrative 指的是指示词语。应当将这个引语理论同将在探讨雷氏引语理论时介绍的 demonstration theory 区分开来。后者中的 demonstration 意为“例示”、“演示”或“显示”。

接着，戴维森提供了指示词语论的理据，并且通过实例具体阐述了这一引语理论的要义及其对引语别具一格的独特阐释：

> 引语是指向文字（或话语）的手段，可以（并且经常）用于指向在时间或空间上处于做出引用的句子之外的文字或话语。因此，我如果接着你的一句话说“深表赞同”，就指称一个表达式，但我是通过指示这些词语在话语中的体现指称该表达式的。引号可以这样地加以改变，从而将所引材料从其不起语义作用的句子中移除。因此，与其写成
>
> “艾丽斯昏厥了”是一个句子
>
> 我们也许可以写作：
>
> 艾丽斯昏厥了。这是其例型的表达式是一个句子。
>
> （同上，91）

指示词语论自创立之后，学界褒贬不一、毁誉参半。而近年来，由于卡珀朗与莱波雷这两位指示词语论最坚定的支持者的倒戈，声称彻底放弃这一引语论，转而倡导基于语义最小论的引语说，尽管仍有哲学家（如 Predelli 2008；Garcia-Carpintero 2017）试图对指示词语论加以改造并继续坚持，但总的说来，这一理论已日渐式微。

就其主要贡献而言，首先，指示词语论能够为“模糊性”和“（引语生成）无限性”提供解释。前文指出，所谓“模糊性”指的是这样一种语境特性，在这种语境中，同义词语或共指性表达式无法相互替代。因此，下面（22）中的“Phosphorus”和（23）中的“Hesperus”虽然都指称金星，但却不能互换：

（22）“Phosphorus”（启明星）含有10个字母。

（23）“Hesperus”（长庚星）也称暮星。

按照指示词语论，这两个句子指示不同的对象客体，具有不同的真值条件，这正像（24）与（25）由于其中的指示词语“这（个）”指表不同的客体，所以真值条件不同一样：

（24）**这个**是我买的。

（25）**这个**是你买的。

其次，指示词语论将引号看作指称项，引号具有无限使用的潜能，藉此可以指示的实体就是无限的。这也就对引语生成的无限性提供了解释。再次，指示词语论将所引材料看作在语义上处于引用句之外，从而也就排除了对引语内容限量的可能性。最后，正如前面对引语类型进行概述时所表明的那样，在像例（10）这样的混合引语中，既包含提及又包含使用。指示词语论将（10）意译为（26），从而对这种混合引语做出了独特的解释：

（26）使用这些作为其例型的词语，奎因说，引语具有某种异常特征。

按照指示词语论，（10）之所以可以理解为（26），这是因为用于一个目的的例型同时为了另一个目的加以指示。“任何例型可用作引语之箭的靶子；因此尤其是，引用句毕竟可能碰巧包含带有引语目的所需之形状的例型。于是，例型负有双责，一方面在句子机器中作为有意义的轮齿，另一方面作为以有用形式出现、在语义上不确定的客体”（Davidson 1979：91–92；Cappelen and Lepore 2012）。这或许也就是为何加西亚－卡平特罗等宁可将混合引语称作双责引语的原因了。

指示词语论尽管对引语阐释提供了一个独特视角，并且在诸如上述这些方面为解释引语现象做出了贡献，也为新型指示词语论的创立奠定了基础，但是，指示词语论无疑也存在自身的局限性，并因此而受到各方的质疑与挑战。择其要者，指示词语论受到的质疑主要体现在以下几个方面（Saka 2006：455–469）：第一点质疑针对其“所引材料在语义上不属于引用句的一部分”的主张。以戴维森为代表的指示词语论者声称，引用某个词语，对之加以评述，就好像指着某个物体对该物体做出评述一样，既然所指着的物体不是句子的一部分，那么，引用的词语也不应当看作所在句子的一部分。然而，果真如此，假若将引号中的词语去除，剩下的表达式仍然应该是合乎语法的句子，而在通常语境下，移除引号中的材料之后所获得的并不是一个合乎语法的句子，这正如下例所示：

（27）“　”由 10 个字母构成。

其二，按照指示词语论，引号是指示词语或包含指示词语。但是，系统研究表明，引号与指示词语存在重要差异。指示词语的作用不只是指示，而能起指示作用的（如伴随语言动作）又不都是指示词语。（英语中的）指示词语不仅包括代词，并且包括副词。指示词语既可以指示单个对象，又可以指示数个对象，所指示的可以是物体、方式、性质等各种对象。指示词语的这些性质与功能都是作为语言表达式所具有的性质与功能。相形之下，引号则缺乏这些性质与功能；引号更多地看作一种标点符号。假如引号确实等于指示词语的话，下面的（28）与（29）就会表达等值的命题。但事实上，（29）的 a 由于受到 b 的否定，所以是相互矛盾的，而（28）本身并不自相矛盾：

（28）“谎言重复一千遍就成真话”是假的。

（29）a. 谎言重复一千遍就成真话。b. 那是假的。

其三，指示词语论强调的关键要素之一是引号。因此，这种引语论对所谓无引号引语的阐释显然束手无策。不带引号的引语尤其是在文学作品中大量存在。当然，至于下面的（30）是否像（31）和（32）那样合乎语法，语义引语论者与语用引语论者的观点相左，前者的回答是否定的，认为不带引号就不成其为引语；而后者则做出了肯定的回答，主张引号不是判断是否为引语的唯一标准，不仅书面语中可以通过字体、字号等手段标示引语，而且依据引号判断是否为引语还有唯书面语为重之嫌。

（30）Dogs 含有四个字母。
（31）Dogs 长有四条腿。
（32）“Dogs” 含有四个字母。

最后，指示词语论对于提示性引语和所谓开放式引语现象的阐释也证明无能为力。有关这一点我们留待探讨雷氏的引语理论时再予探究。

### 5.3.4　去引号论

去引号论源自关于“真”概念的研究。根据维基百科的解释，所谓的去引号原则是一条哲学原理，即认为理性的说话者仅当相信 p 时，才接受“p”。p 上带的这对引号标示断言 p 看作一个句子，而非命题。据此，针对引语的去引号论也就得到如下这条规则：

对于任何表达式 e，“e” 指称（代表、指表）e。

这就是所谓的“去引号图式”。基于这个图式，下面三个句子都是成立的：

（33）“‘亚里士多德’” 指称（代表、指表）‘亚里士多德’。
（34）““‘亚里士多德’”” 指称（代表、指表）“‘亚里士多德’”。
（35）“““‘亚里士多德’””” 指称（代表、指表）““‘亚里士多德’””。

在去引号论的倡导者看来，上述图式只不过揭示了一种自明之理。的确，从某种角度看，去引号论的阐释似乎更加接近于我们的引语直觉。这一引语论并不需要将引语看作一种专名或描述语，也不需要通过假定某种指示词语这种有悖直觉的方式解释引语机制。因此，简单、直观、明晰是去引号论的显著特征和主要亮点。当然，去引号论着眼于引语的指称性质，而除了纯引语之外的其他引语类型是否皆具指称性，却是一个颇具争议的问题。若对这个问题做出否定的回答，这一引语论的局限性也就彰明较著了。即使将注意力集中于引语的指称性质，也还有三个问题需要回答：引语中做出指称的是什么？指称的对象是什么？指称关系是由什么决定的？这里就来简要地考察一下去引号论对这三个问题做出的解答。实际上，去引号论给出的答案业已体现在上述所谓的“去引号图式”中，亦即由“内在性原则”揭示：

（内在性）表达式的引语指称所引用的表达式。（同上，370；Garcia-Carpintero 2017：176）

内在性原则是去引号论的基石。根据这一原则，做出指称的是整个引语，亦即整个引语作为指称性表达式；指称对象是出现在引号中的词语；指称性表达式与指称对象之间的关系藉由引语中去掉引号的成分与所引材料的同一性确立。这样，去引号论不仅颇为合理地阐释了引语与所引材料之间的直觉性关系，而且还能较为令人信服地解释引语的模糊性和能产性特征。例如，虽然“长庚星”与“启明星”指称对象相同，但属于不同的表达式，自然在引语语境下不能相互替换。根据规则，发话者可以产出无限多的新引语，受话者则能够理解之前从未遇到过的引语。这个语言事实的解释对于去引号论也不成其为问题。正像人们可以根据有限的语言规则构成无限的表达式那样，既然引语是一种类型的表达式，引语的能产生性自然也就是语言能产性的题中应有之意。

当然，去引号论尽管具有包括上述这些特点，其解释力也为众多支持者赞许，但也尚未达到一种完备引语论的境地。倡导者多以阐释纯引语及其指称性作为主攻目标，所以这一理论对于其他种种引语的适用性并未得到论证，反对者对之深表怀疑。究其原因，许多非纯引语并不（只）起指称作用，而是作为使用（与提及同时）出现的。除了这个局限性之外，去引号论对于组合性的解释力同样受到质疑。引语是否对所在句子的语义做出贡献？如果做出贡献，这种语义贡献的性质又是什么？诸如此类的问题，目前从去引号论中并不能找到明确的答案。更有甚者，当前，去引号论者内部还在就“表达式”的概念与性质、被引表达式是结构化的复杂体还是非结构化的单称词项等问题展开争论，而反对者也以此作为去引号论本身存在不融贯性的把柄对其加以抨击。

### 5.3.5 同一论

在指示词语论的反对者中，一些哲学家主张以同一论取而代之，其中以科里·华盛顿《引语同一论》（1992）中的观点最具代表性。华盛顿在这篇文章中提出，为了准确地分析引语的语义特征，就必须回答三个基本问题（同上，584）：其一，使用什么表达式、这些表达式发挥什么作用？其二，所提及的是什么类型的客体？其三，做出提及之表达式的语义值是如何确定的？在华盛顿看来，指示词语论等引语学说没有很好地回答这些问题，从而以失败而告终。尤其是指示词语论声称引号是做出指称的手段、所引材料在语义上独立于引语出现其中的整个句子，这同引语的语义事实以及引语使用者的语义直觉相悖。相反，华盛顿以语言表达式可能以不同的方式使用这一思想为基础，提出了引语同一论的观点；主张在引语中，表达式用于提及本身，而且“表达式提及本身”这种联系是受规则支配的。不过，令人略感缺憾的是，华盛顿关于同一论的具体阐述实乃语焉不详，主要体现在下面这段文章之中：

> 引语作为整体分析成引号和所引用的表达式。引号标示所引用的表达式的引语用法，所引用的表达式本身用于提及一个对象。所有表达式，甚至那些通常并不用作提及的表达式，在引语中都成为提及性表达式……引语的最普通用法是提及语言类型。……我认为，所引用的表达式藉由同一性与其语义值相联系：所引用的表达式提及本身。（同上，587）

因此，按照同一论，引号并不指称，不具有任何语义值，而主要只起标点符号的作用，作为引语的标记，标示所引用的词语的指称对象发生了变化，亦即指称自身，而不指称通常的指称对象。这样，同一论能够很好地阐释纯引语中典型的提及现象。正如在引介纯引语时所例示的那样，有关引语中的表达式均指称语言客体，即指称这些词语本身。将所引词语看作指称这些词语本身，还能够使这些直觉上成真的句子成真（Abbott 2005：13）。同样，既然引语无外乎看作表达式的一种不同用法，所以在适当的语境中同一个表达式就完全可能既使用又提及，从而这也就对混杂引语现象做出了阐释。除了具有显著的解释力，同一论还因其简洁性而受到推崇。同一论无须像前面介绍的三种引语理论那样，分别需要假定相应的名称、隐含的描述语或者不连续的指示词语，从而更具灵活性，更有可能成为阐释引语现象的一种统一的理论（De Brabanter 2017：230–231）。

乍看起来，同一论的确不无魅力。然而，无论在理论上还是在实践上，这一引语学说同样存在诸多问题。首先，在实践上，同一论尽管被认为具有上述解释力，但是，对于有些引语现象却一筹莫展。譬如，人们的引语实践表明，引号中不仅能引用本族语词句，而且可以引用外语表达式、非文字符号 [ 例（36）]，甚或引用非语词形式 [ 例（37）]。

（36）“€”是欧元符号吗？

（37）尼古拉相信他的父亲是一个“philtosopher”。（Recanati 2000：668）

在相关的语境中，尼古拉是一个 5 岁的儿童，他使用这个非词显然是想说 philosopher，听话者理解他的意图，因而也能够明白这句话的说话者意义。但是，philtosopher 在英语中根本不存在，不可能在人们日常交际中使用。既然没有所谓的日常用法，这个引语也就无从成为表达式的一个不同用法。华盛顿式的同一论难以对这个现象做出令人信服的阐释。此外，假若像同一论所断言的那样，引号主要起着标点符号的作用，而在语义上是空洞的，那么引号的出现就对语义不做任何贡献。据此而论，引号的复现（即引号上套引号）或者省略都不会对语义产生影响。但这不仅与我们的语言直觉相悖，并且也与引语使用的实际不相吻合。

## 5.4　引语研究的语用转向

传统引语研究大多将引语看作一种语义现象，囿于引语指称的探索。随着语言哲学中语用转向的出现，更多的研究者开始直面语言交际中的引语现象本身，着眼于引语的实际使用以及制约引语使用的相关因素。结果，不仅引语研究的范围得到了前所未有的拓展，而且阐释引语现象的理论视角也空前地多样化。随着多种引语语用论的创立，引语语义观与语用观交锋愈加激烈，引语语用论阵营内部的争鸣亦如火如荼。

所谓引语的语用研究，显然不再仅仅专注于引语作为（副）语言符号的特征及其指称的特性，而是着眼于引语的语境依赖性、使用者意向在引语理解中的作用以及引语对非真值条件意义的贡献等一系列引语语用论题。当然，正如并不存在纯一的引语语义理论那样，也找不到一种一统天下的引语语用学说。[1] 下面就择要讨论引语语用论中具有一定代表性的观点。

### 5.4.1 基于传统语用概念的引语论

随着引语研究视域的扩展，愈来愈多的研究者关注引语使用与理解中高度的语境依赖性，从而他们也就更多地从引语实践的满足条件以及引语表达式在有关话语中所传达的种种语用信息的角度探究引语。基于传统语用概念的引语论主要包括：①适切观。斯坦顿（Stainton 1999）在阐释混合引语现象时，提出通过区分成真性与适切性以表征引语使用与解释的特性。也就是说，引语的使用须满足相应的适切条件，而与属于语义学研究范畴的成真条件不同，适切条件的表征显然是语用学必须承担的任务。②预设观。由戈伊茨与梅尔（Geurts and Maier 2005：109）提出，认为引语普遍地依赖于语境，其语境依赖的方式多种多样，其中的一些方式具有预设的性质，应当藉由预设概念做出阐析。③规约含义观。普赖德利（2003）在分析提示性引语时，主张将引号理解为传达了一种规约性含义，并且通过区分“信息”与“附义”揭示包含引语的语句所表达的两个不同命题。以上这三种引语语用观不无启发性，但显然也都存在各自的局限性。例如，适切条件与成真条件的区分能够阐释引语现象的部分特性。但是，适切性同语境依赖性一样，虽然其重要性不言自明，但就具体引语实例的阐释而言，似有失之空泛之嫌。另外，引语同预设的行为特性显然也存在诸多差异。譬如，内嵌句的预设能否上升为整个复杂句的预设很大程度上取决于主句谓词的性质，而这种所谓的“投射问题”对引语的影响极为不同。最后，就规约含义论而言，虽然强调凸显了引号作为（副）语言现象的规约性特点，但却忽视了引号与导致规约含义的语言表达式（如“但是”“甚至”“因此”）之间的巨大差异，因为这些语言表达式产生规约含义是相对确定的，而（提示性）引号所传达的信息却可能随具体实例及其语境而变。鉴于此，下面主要以古茨曼与斯泰（Gutzmann and Stei 2011）的研究为例，着重探讨第④种语用引语观——会话含义引语论，这种引语观获得了包括雷氏在内的众多学者不同程度的采用。

由格赖斯创立的会话含义理论业已成为语用学界耳熟能详的学说。尽管自问世以来，该理论不断遭到质疑与挑战，而且随着新格赖斯、后格赖斯理论的出现，许多经典格赖斯理论概念（如与“所含”相对的“所言”）历经嬗变，有的极端语义论者甚至试图彻底否定含义理论（如 Lepore and Stone 2015），但是，更多的理论家，尤其是语用学家，依然不懈坚持会话含义理论之真谛，努力促进含义理论的发展，以增强其解释力与适用面。

[1] 雷氏是公认的引语语用论的代表人物之一。其引语理论将在下一节专题讨论。

按照经典格赖斯意义理论，会话含义是根据会话合作原则及其四准则经过合理推导得出的非真值条件语用交际意义。这种合理的语用推理除了具有语用推导内容普遍具有的语境依赖性和非真值条件性之外，还体现出若干区别性特征，包括可推演性、可强化性、不可分离性、可取消性。所谓可推演性即可根据合作原则以及量、质、方式、相关四准则推导出会话含义。可强化性指的是会话含义可以通过有关手段得到增强。会话含义作为语用信息依赖于意义而非表达形式，因此，采用同义表达式替换，有关的会话含义依然存在而不会消失。最后，会话含义可以明确加以取消或通过语境转变予以取消。

会话含义理论怎么能够用于阐释引语现象呢？古茨曼与斯泰（同上：161）极力主张，会话含义是分析引号所做贡献最恰当的层面；较之其他引语层面，会话含义层面的分析能够涵盖更加广泛的引语类型。诸如预设引语观和规约含义引语观这样的语用引语观所适用的引语类型有限，其解释力明显较弱。可是，如何表明会话含义引语论具有更强的解释力？古茨曼与斯泰首先系统探究了引号对包含引语之话语整个意义所贡献的意义类型。通过排除法，他们否定了这种意义属于字面意义、规约含义或预设，提出它最有可能是会话含义。引语表达式符合会话含义的基本特征。不过他们承认，会话含义引语观在应用于纯引语和直接引语时，也受到了某些质疑，因为这两种引语据称会对命题的真值条件与有关句子的合乎语法性产生影响。所以，要全面坚持会话含义引语论立场，还须对这些质疑予以回应，这也正是他们在其论文后半部分试图做的。下面就来看一下引号的意义贡献是如何体现会话含义主要特征的。

首先，就会话含义的可推演性而言，通过比较（38）中（a）、（b）两个句子就可见一斑：

（38）a. The driver stopped the car.（司机停下了车。）
　　　b. The driver caused the car to stop.（司机使车停了下来。）

前一句话是非标记性的，符合合作原则中的方式准则（即“说话要言简意赅”），通常没有特殊的含义。相比之下，b 句使用了标记性表达式，结构更加复杂，违背了方式准则。在相关的语境中，往往传达了“司机没有以常规的方式将车停下”这个含义。无论遵守还是违背有关准则，会话含义都是基于合作原则及其四准则做出的合理的语用推理。可推演性指的正是会话含义的这个特征。那么，引语同样体现出这个特征吗？按照古茨曼与斯泰的分析，答案无疑是肯定的。尤其就所谓提示性引语或者强调性引语来看，由引号标示的表达式相对于无引号标记的表达式，在特定语境中产生的一层意义显然具有可推演性。例如，试比较例（39）中的 a 和 b 这两句都带有“野生”这个引语的表达式的话语：

（39）a.“野生”（带鱼）。
　　　b. 那家参茸店出售“野生”人参。

例（39）a是贴在一家超市售鱼冷冻柜标签上的食品名称。在这个特定语境，购物者就会基于店主使用引语的交际意图，推导出他是为了强调所出售的带鱼是非人工养殖的这层含义。相反，b中的“野生”在有关语境中，可以理解为是店主（或他人）声称的，而b的说话者很可能相信，该店出售的人参都是参农种植而非真正是野生的。

其次，可强化性意谓会话含义若藉由某些手段加以强化，不会出现冗余或矛盾。这种特征被认为同样也由引语体现，引语之有关含义的强化是引号作用的结果。由于引号的效应，说话者旨在获得的理解就变得更加明确。例如：

（40）赫思曼说维特根斯坦的书“十分晦涩难懂”。确实，他的《逻辑哲学论》据说罗素都没有完全读懂。

在这个例子中，前一句中引语表达的维特根斯坦著作的艰深费解，在后一句中进一步得到强调；既然像罗素这样的哲学巨匠都没有完全理解，其理解难度可想而知。

再次，会话含义的不可分离性特征原本意指会话含义不会由于使用同义表达式替换而消失的特性。针对引语而言，不可分离性指的是，包含引号的语句所传达的内容并不会因为去掉引号而消失。显然，这是涉及如何定义引语以及如何认识引号作用的根本问题。如前所述，传统引语语义论专注于书面语中的引语研究，将引号作为引语的典型标志。随着引语研究范围的扩大，人们认识到不仅书面语中可以凭借引号之外的其他手段（如字体、字号等方式）标示引语，而且口头交际中根本不存在引号一说；虽然口语中可以借助于手势、语音语调传递类似信息，但是，这些手段是否完全对应于书面语中的引号却是一个众说纷纭的问题。目前来看，也许相对可以确信的是，正如前面讨论引语类型时所表明的那样，不同类型的引语对引号的依赖程度不尽相同。换言之，去除引号对不同种类引语所传达内容的影响程度不同。

最后，同不可分离性特征的情形类似，就引语是否具有可取消性，不同学者，尤其是坚定的语用论者同传统的语义论者之间，看法迥异。古茨曼与斯泰对有关质疑也试图做出回应。但回应的实际效果如何，由持不同引语观的研究者评判，恐怕仍然不可能获得一致的结论。究其原因，首先，近年来语言哲学和语用学界对可取消性概念本身及其适用性莫衷一是。一些学者主张，可取消性概念应当同“收回前言”“不实际出现”等概念区分开来，而有些学者则主张，只要是言者意指的意义就是无法取消的；也有理论家将可取消性概念的适用范围不断扩大，认为不仅会话含义可以取消，而且显义也可以取消，更有研究者提出可取消性检验业已成为一个“空转轮”，本身甚或可以取消掉。然而，将可取消性检验的应用范围扩大或者否认可取消性检验的效度，都是与格赖斯提出这一检验标准的初衷相悖的。由于新（后）格赖斯理论家对“所言”与“所含”概念进行了种种改造，他们所说的“所言”（显义）或含义往往不同于经典格赖斯冠以相同名称的概念。这样，再来追问可取消性检验的有效性或者能否用以区分所言与所含显然是难以奏效的。

针对引语情形而论，至于“引号标示所引内容是被引用者的话语”这个含义能否取消，这个问题引语学界尚在争鸣之中。不言而喻，引语种类繁多，特征各异，很难一概而论。这个问题实际上派生于引语是否必定是引用某人的话语这个问题。由于许多学者对这个问题的回答是否定的，他们自然就会对“引号标示被引用者的话语”的观点持否定态度，从而坚持引号的这种标示功能是可以取消的。当然，在许多语义引语论者看来，这样的阐释与语言使用者的直觉格格不入，所以应当予以拒斥。但是，正如有的理论家所指出的那样（Reimer 2005：177），人们的直觉是会出错的。有些科学理论在创立之初都是与人们的直觉相悖的，但后来却证明是正确的。所以，有悖直觉就其本身看来不足以驳倒某个理论。就会话含义引语论来看，客观地看，若干引语类型确实体现会话含义的主要特征，这一引语理论具有一定的解释力。但是，在持不同引语观的研究者看来，会话含义的特征在某些引语（如纯引语和直接引语）身上反映得也许就不那么明显了。事实上，分歧远不仅限于此，就连引语或者引号的使用是否影响所在语句的真值条件这个问题，语义引语论者与语用引语论者同样也是各执一端、看法相左。从根本上说，两者的分歧源于对真值条件内容的性质与内涵以及语用因素在语义内容组合中的作用等的认识上的不同。这一点在讨论雷氏真值条件语用学视角下的引语观时，将得到进一步的阐明。在此之前，先探讨一下德 – 布拉班特（De Brabanter）倡导的激进语用论。

## 5.4.2　德 – 布拉班特的激进语用观

德 – 布拉班特一直活跃在引语研究第一线，并且始终在为坚持引语语用论而战。经过十几年来的发展，其立场业已成为激进语用观的代表。在其博士论文中，德 – 布拉班特（2003：220）明确提出，雷氏的语用引语论是所有引语学说中对引语实践做出最为充分阐释的理论。然而，几年之后，他在评述雷氏的《开放式引语再探》时，却认为后者对引语语义论者做出了不该做出的让步，因而对雷氏语用观的不彻底性颇有微词。他坚决主张，鉴于引语本质上的非语言性和图像性，尽管语义阐释较之语用阐释更加明确，但语用阐释在实践中的覆盖面则显然更占优势（2013b：129）。他提醒引语理论家谨防走上引语“语义化”之路。

德 – 布拉班特的引语激进语用观思想更加充分地体现在其最近一篇论文之中。在该论文（2017a）中，他振聋发聩地声称引语不是语义现象。这显然只能是极端语用论者所为。德 – 布拉班特之所以否定引语作为语义现象，是因为他声称引语主要不是语言现象，因为语言产物的本质特征是其符号性与规约性，而引语实质上是象似性交际行为（即“呈现”行为）。德 – 布拉班特主张，为了阐释这种交际行为，任何正确的引语理论实质上都必须是语用理论，而语义阐释只起辅助作用。因此，他提倡一种所谓引语“描绘”论。在他看来，这一理论充分揭示了引语的象似性本质，是正宗的语用引语论。

引语描绘论的思想基于皮尔士的符号三分说，即认为符号可以区分为象似符号、指示符号、代码符号。在德 – 布拉班特看来，交际模式的三分法大致对应于皮尔士的符号三分说，也就说，三种交际对应于这三种符号类型的使用。具体地说，象似符号藉由呈现客体拥有的性质而与客体相似；代码符号通过规约同客体相联系；而指示符号则与客体具有存在性或物理性联系（De Brabanter 2017）。根据这种认识，德 – 布拉班特进而将是否作为象似行为或是否包括象似行为作为成分，确定为衡量是否属于引语类型的标准。按照这个标准，正如表一所示，引语研究文献中常见的混合引语和所谓（自由）间接话语都被排除在引语范畴之外：

**表一：六种引语现象及其主要特征**

| | **是否属于象似行为** | **是否与其他交际模式混合** | **是否为复杂信号** | **是否包括象似行为作为成分** | **是否属于引语类型** |
|---|---|---|---|---|---|
| 纯引语 | 是 | 否 | 否 | （本身）是 | **是** |
| （封闭式）直接话语 | 是 | 否 | 否 | （本身）是 | **是** |
| （开放式）直接话语 | 是 | 否 | 否 | （本身）是 | **是** |
| 混合式引语 | 否（不只是） | 是 | 否 | 是 | **否** |
| 自由间接话语 | 否（不只是） | 是 | 是 | 是 | **否** |
| 间接话语 | 否 | 否 | 否 | 否 | **否** |

（参见 De Brabanter 2017：243）

虽然这样地定义或划分引语类型能够在一定程度上规避描绘论无法合理阐释的引语现象，但德 – 布拉班特声称的语用论较之语义论涵盖面宽的优势亦将大打折扣。引语语义论者同样可以以其人之道还治其人之身，质疑其引语理论的适用面。按照他的界定，只剩下纯引语与直接引语属于引语类型。将其他引语现象排除在外，显然不等于对其做出了令人信服的阐释。故此，不难预料，这种划定引语范围的标准与结果不仅会受到引语语义论者的反对，而且也不会得到许多引语语用论者的支持。

因此，同将代码符号性视为引语基本特性的语义论相反，德 – 布拉班特聚焦于引语的象似符号性质。所以，分歧看来主要在于哪种符号性质是引语的本质特征。窃以为引语既然总体上可以看作一种（副）语言表达式，必然同客体具有某种规约性的联系；同时，引语又是非常特殊的表达式，其象似符号性彰明较著。所以，引语是这两种符号性兼备的实体。当然，由不同类型的引语所体现出的这两种符号性在强弱程度上也许不尽相同。

那么，德 – 布拉班特突显引语象似性特征的激进语用论的解释力究竟如何呢？譬如，这一理论能够解释引语的真值条件效应吗？按照传统观点的分界，真值条件、字面意义、独立于语境的语义内容均属于语义学阐释的范畴，而语用学疆域则涵盖非真值条件、非字面意义、语境依赖性意义。德－布拉班特强调，描绘引语论同样能够对真值条件效应做出阐释。这个阐释并非藉由语义机制做出，而是通过句法调用、语用充实、语境转变等语用过程实现的。这些语用过程雷氏在其真值条件语用学论著中已有比较系统的阐述，我们将在下一节进一步探讨。这里需要考虑的一个问题是，语用过程固然重要，但这些过程又是凭借什么发挥作用的呢？显然，语用过程的运作必须依靠具体的语言载体，即需要借助于引语表达式以及引语出现其中的更大的话语单位。脱离了引语表达式及其言内语境，这些过程则恰似皮之不存，毛将焉附？此外，如第一节所示，引语类型纷繁复杂、丰富多样。是否所有这些引语类型都具有同样的象似性、缺乏（代码）符号性，这显然也是一个言人人殊的问题。无论对这个问题做出何种回答，忽视乃至否定引语的（代码）符号性绝然无益于引语现象的全面合理的阐释。

## 5.5 引语阐释的 TCP 路径

雷氏堪称语用引语论者之翘楚，他基于真值条件语用学（TCP）视角创立的引语理论颇具特色，在当今引语理论界产生了重要影响，尤其是由他原创的一些引语概念业已成为引语现象阐释的基本观念，不仅为语用引语理论家广泛采用，而且甚或成为一些语义引语论者攻击语用引语观的靶子。因此，这一节将集中探讨雷氏 TCP 视角下的语用引语观。

如第 3 章所述，真值条件语用学秉持了日常语言学派的传统，坚持日常语言学派所倡导的语境论原则，主张唯有在言语行为的语境中，句子才能获得确定的内容。据此，TCP 拒斥格赖斯及其追随者所信奉的最小论原则，即认为语境的功能仅限于消除歧义、为指示语和指称性表达式确定所指对象，也就是说，语用因素对语义内容的影响应当控制在最小程度，而所言与句子意义之间只存在最小程度的差异。

那么，雷氏是如何基于 TCP 理论对引语现象做出语用阐释的呢？实际上，同许多引语论者类似，雷氏关注引语研究并非完全源于对引语现象本身的特殊兴趣，更多的是为了验证自己理论解释力并为之寻找更多的佐证。所以，将 TCP 理论应用于引语阐释既为引语研究增添了视角，也为 TCP 本身的充实与发展提供了新的资源。

下面重点讨论雷氏依循 TCP 路径之引语阐释中的若干基本概念与主要区分。

### 5.5.1 开放式引语与闭合式引语

将“开放式”引语与“闭合式”引语区分开来，被看作雷氏的主要创举之一（De Brabanter 2003：214）。所谓闭合式引语指的是由下面（41）例示的引语类型（改编自 Recanati 2010 第 7 章例 8）：

（41）约翰不停地哭喊，叫道“没人喜欢我”。

在这个例句中，引语起着单称词项的作用，将“约翰不停地哭喊，叫道______”这个句子补充完整。换言之，闭合式引语的区别性特征是在由引语补全的句子中发挥着单称词项的语法功能。缺乏这个特征的所有引语雷氏均归入开放式引语。下面的（42）就是他所举的开放式引语的例子（原为例（7））：

（42）别再那样说了，约翰！“没人喜欢我”“我很痛苦”……难道你不觉得你有点夸大其辞吗？

这个例子显然与（41）不同。其中的引语“没人喜欢我”“我很痛苦”无疑是引自约翰的话语，但却并不具备单称词项的语法功能，其作用主要也不是为了将有关句子补全，因为删去这两个引语，并不影响前后两个句子语法上的完整性。因此，就不能将（41）和（42）这样不同的引语混为一谈。

传统引语研究并未区分开放式引语与闭合式引语；尤其是传统语义引语论专注于引语的指称阐释，亦即囿于闭合式引语研究。但实际上在所有引语类型中，闭合式引语只占很小的一部分。所以，这种引语研究的局限性不言而喻。针对传统引语理论的局限性，雷氏试图创建一种覆盖面更宽、解释力更强的语用引语学说。所以说，区分闭合式引语与开放式引语并不是他的终极目标。他区分这两种引语的目的之一是为了揭示引语的功能远非局限于指称这个事实，以便彻底破除“所有引语都指称”的神话（Akiba 2005：165）。下面这段引自雷氏的话清楚地表明了这一点：

引语是语言指示。“引号”在写作中规约性地标示，所引用的材料为例示[1]目的加以呈现，而没有以通常的方式使用。但是，呈现的材料和例示的类型（更不用说指示对象）都未被指称，除非引语碰巧是“闭合式的”，即除非引语在为其填充空白的句子中获得单称词项的语法功能。情况若是这样，转换成单称词项的引语就获得指称值。由于在这些情况下指示话语获得了指称值，大多数理论家就匆忙得出结论，认为引语普遍地指称其刻画对象。但事实并非如此。只有闭合式引语才指称，开放式引语仅仅刻画。（Recanati 2010：231）

当然，为了构建统一的语用引语理论，雷氏不啻强调开放式引语与闭合式引语的差异，而且还揭示了两者的共性。譬如，他通过分析认为，以下三个层次的意义在开放式和闭合式引语中都存在（同上，245–246）：① 作为表达式类型的语用标示语的意义，是支配其使用的规约；② 表达式类型的意义在语境中得到应用；③ 例型的应用意义在语境中得到充实。雷氏将引号看作语用标示，而语用标示语的意义必须在语境中加以处理、得到应用与充实。因此，这三个层次的意义皆与语境密切相关。

[1] 雷氏虽然也使用了 demonstrate 和 demonstrative，但其意义与戴维森等人在使用这些词时所表达的意思不同。雷氏主要用以表达“例示（性的）”“演示（性的）”之意（参见 Recanati 2001：640）。因此，demonstrate 在此译作“例示”。

难怪卡珀朗与莱波雷（Cappelen and Lepore 2007：88）声称，在众多语用引语论者中，雷氏引入引语的语境敏感性最多。但这恰恰是 TCP 视角下引语阐释的题中应有之义。事实上，TCP 的要义不仅体现在引语阐释中包含更多的语境依赖性，而且体现在开放式与闭合式引语的区分以及对混合引语的阐析之中。从前面引语类型的讨论中也可以看到，混合引语影响真值条件。藉由对这一现象的论证，雷氏着力表明，语用侵入干预语义组合过程，充实或修改话语真值条件内容，进而驳斥存在关于字面内容的单一概念这个传统语义学 / 语用学分界假设。

## 5.5.2　累积性与非累积性混合引语

在探讨引语对话语内容的影响时，雷氏还做出另外一个重要区分，即将混合引语区分为累积性与非累积性引语。所谓累积性引语指的是所引材料的意义在包含引语的整个句子中得到保存，也即带有引号的话语内容蕴含去掉引号的话语内容。前面列举的例（10）就是累积性引语的一个典型的例子，如果（10）成真，下面的（43）同样成真：

（43）奎因说引语具有某种异常特征。

直觉地看，例（10）与（43）的差异在于，引号作为语用标示在话语的正常内容之外增添了某种内容，雷氏将所增添的内容看作一种语用充实。

与类似例（10）这种累积性引语相反，非累积性引语指的是带有引号的话语内容不蕴含去掉引号的话语内容，因为包含引语的话语不啻受到充实，其内容实际上受到不同程度的转变。以下面这个思想实验为例（Recanati 2010；De Brabanter 2013a：121）。假设会话双方知道杰姆士把哲学家麦克弗森误认作奎因了。那么，当他们看到麦克弗森朝他们走去时，其中一个人可能以嘲讽的口吻说出（44），并且料想另一个人能够明白他意指麦克弗森正朝他们走去，并且意在嘲弄杰姆士。这句话的内容显然不蕴含（45）的内容：

（44）“奎因”想跟我们说话。

（45）奎因想跟我们说话。

之所以说（44）的内容不蕴含（45），这是因为前者所断言的内容被认为并非关于奎因，而是关于麦克弗森的。相反，正常情况下（45）的断言内容必定关涉奎因。

诚然如此，累积性与非累积性引语的区分看来主要还是针对书面语而言的，因为区分的前提是引语由引号所标示。前面已经提到，假如着眼点转向口语，无法凭借引号这一标示手段，那时，这种区分还能够维系吗？这个问题似尚未得到引语研究者的关注。

### 5.5.3 c- 内容与 i- 内容

根据 TCP 的引语观，作为语用标志对引述内容进行例示或呈现的引号并非对话语内容全然没有影响。由于雷氏细化了内容层面的区分，所以就不能泛泛地判断引号对话语内容有无影响，而须考察所影响的是哪个内容层面。就引语的阐析而言，雷氏主张起码应当区分两个内容层面，即所谓的“c- 内容”与“i- 内容”。“c- 内容”（其中 c 代表 compositional [ 组合性的 ]）指的是句子严格的组合性内容，即由句子的逻辑式在语境中所决定的所言。相形之下，i- 内容（其中 i 代表 intuitive [ 直觉性的 ]）则指句子在语境中直觉地言说的内容，这个内容是自由充实过程的产物，一般都受到各种语用侵入相当系统的影响（Recanati 2001；Benbaji 2005：30–31）。试比较下面（46）中的两句话：

（46）a. 拉尔夫说他将“考虑竞选下任州长”。
　　　b. 拉尔夫说他将考虑竞选下任州长。

按照 TCP 路径的阐释，这两句话之间的唯一差异以某种方式蕴含在 a 的语言意义之中，即与 b 不同，a 隐含的意思是“考虑竞选下任州长”中的词语是例示性地使用的。正像使用“但是”规约性地带有“对比”的含义那样，a 的隐含意义是一种规约性含义。藉由这个规约性含义，a 在语境中的所言就由（47）自由地加以充实：

（47）拉尔夫使用了“考虑竞选下任州长”这些词语。

换句话说，“拉尔夫说出了引号中的词语”不是语义蕴含，而只是语用含义。

这两个层面内容的区分是 TCP 话语内容阐释路径的体现，引起不少学者的共鸣。譬如，加西亚 – 卡平特罗（Garcia-Carpintero 2005：104）就认为这一分析同其“双责引语”的阐述如出一辙。再如，雷默（Reimer 2005：173）也强调雷氏的双层面内容说富有魅力，这一学说保留而非解释掉以下直觉，即，所引词语不只同适切性相关，而且确实同真值条件相关——与说出混合引语句的 i- 内容决定的真值条件相关。由于 i- 内容是前理论地判定为真假的东西，所以，说出混合引语句的话语要求施事使用了引述的词语这个直觉就容易得到阐释。当然，一些坚持单层意义观的研究者明确反对双层意义论，雷氏的双层分析同样不为他们所接受。例如，戈伊茨与梅尔在提倡一种引语预设观时，就径直拒斥双层意义论，力挺单层意义观。但是，他们在论述语境中的引语时却提出，引语的语义效应是将某个表达式的普通意义转变到一个新的意义，这个新意义包含提及（Geurts and Maier 2005：120）。问题在于，从原义到转变后的意义不是依然可以从某种角度说涉及两个意义层面吗？或许正像句子意义与说话者意义有时也许差距显见、有时可能相互重叠那样，c- 内容与 i- 内容之间的关系同样十分复杂，但却不能由于两者有时可能出现重叠而否认区分这两层内容的合理性。

## 5.5.4 引语理解中的语用过程

作为典型的语境论学说，TCP 接受语用因素对话语直觉性真值条件内容的普遍介入。语用因素则通过语用过程介入话语直觉性真值条件内容。因此，既然雷氏将其引语学说建基于 TCP 理论，他对引语的阐释必然会应用 TCP 理论中阐述的有关语用过程。TCP 阐释的语用过程颇多，在此仅简要例示语用充实和语境转变这两种过程在引语理解中的作用。

### 5.5.4.1 自由语用充实

上面在讨论 c- 内容与 i- 内容的区别时已经提到自由充实的概念。在倡导语用引语观的许多学者看来，所谓的 i- 内容往往较之 c- 内容更加丰富，这一结果便是自由充实过程产生的。换言之，所谓的语用充实一般指在实际语言交流活动中，语言使用者借助于语境信息做出合理的语用推导，进而为话语真值条件内容增加了不由逻辑式直接表达的意义。以下面这句简单的话语为例：

（48）玛丽掏出钥匙，打开门。

根据格赖斯会话合作原则的方式准则（即说话要言简意赅），（48）的说话者无须累赘地说“用（掏出的那把）钥匙打开门”，听话者就能理解说话者是用掏出的钥匙开的门。这就是语用充实的效应。再如，听到“天在下雨”这句话，若不根据语境线索充实下雨的地点（说话的地点抑或会话事件中某个凸显的地点），就无法判定这句话所表达的命题之真假。自由充实在引语的理解中的作用同样举足轻重。仍以上面的（46）a 为例，理解这个混合引语所包含的自由充实过程大体有如下述（Recanati 2010；Benbaji 2005：31）：听话者基于自己的语言能力掌握引号的使用条件，从而也就懂得引号中的内容是例示性地使用。所以，为了理解这句话的所言，就必须弄清所引述的词语为何这样使用，亦即要弄清引语目的。通常，听话者会推测例示引用的词语是为了模仿拉尔夫并且传达拉尔夫使用了所引用的词语这层含义。雷氏强调，这层含义的推导是引语理解中最具语用特性的层面。

### 5.5.4.2 语境转变

这里所说的语境主要是一种直觉概念，着重指引语使用与理解的境况。就引语本身而言，许多情形下可能涉及两种语境：[1] ① 使用引语的语境（即引语语境）；② 说出所引话语的原初语境（原语语境）。在引用某句话或引述某些词语时，引号中的话语必须针对引语语境加以理解，而不能相对于说出所引话语的原初语境做出解释。回忆一下前文在论述混合引语时所举的例（9），这个例子的第二个引语“对于我们两人来说都很意外”中的“我们”的正确理解是指“格林斯潘和劳工部长赖克”，

[1] 这里之所以说“许多情形下”，是因为并非所有引语均预设原初说话者及其原初说话的语境，前面提及过的所谓“蔬菜水果零售商引语”或强调性引语就例示了这种情况。

而不是指例（9）的说话者和另外某个人。再看一个源于《纽约时报》的例子（Jaszczolt and Huang 2017：365）。这是一位教授所说的话。他收到学生的很多邮件，写得很随意，有些甚至很不得体。他对此感到不满：

（49）学生在电子邮件中采用的口吻相当令人震惊："我需要知道这个，你需要马上告诉我"，放肆程度有时几近命令。

这句话包含的引语中的"我"显然不是指教授自己，而是指写邮件给教授的学生。相反，其中的"你"则指引用这句话的教授。类似的例子表明，正确理解其中包含的引语离不开原语语境到引语语境的转变。

以上关于雷氏 TCP 引语论的简要讨论表明，这一引语理论虽然遭到以最小论为代表的语义引语论的强烈反对，但几乎无人能够否认该理论特色鲜明，所包含的诸多洞见对引语现象的认识颇富启迪。当然，由于 TCP 本身是一种发展中的语言哲学理论，基于 TCP 的引语论无疑同样处于不断完善的过程之中。至于它能否成为对引语现象普遍适用并且做出统一阐释的引语理论，人们尚需在未来的实践中做出进一步的检验。

## 5.6 结语

经过研究者的长期探索，尤其是引语研究发生语用转向以来，学界对引语之类型、性质、功能等方面的认识达到了前所未有的程度。诚然如此，由于引语现象的复杂特征，围绕引语阐释中的诸多论题，研究者依然莫衷一是。特别是语义最小论与语境论之间鏖战犹酣，相持不下，势必对引语研究产生影响。因此，就目前来看，我们在本章引言中提出的问题，有些显然依旧无法觅得一致的回答。例如，关于引号是否为引语的必要构件这个问题，语义论者的回答是肯定的，而语用论者则斥之为"引号崇拜"，是书面语言优先论在作祟。再如，引语是否为歧义性的这个问题，不同学者同样会做出不同的回答。从语用引语论的视角看，同将其他许多语言现象判定为歧义的做法类似，把引语视为歧义的实际上也是一种懒惰哲学的表现。为了克服引语研究中的懒惰习气，就必须对语言使用中的引语实践做出深入细致的系统考察。在这个过程中，既要关注引语的语义维度，又要注重引语的语用因素，亦即要有效地坚持引语研究中的语义学 / 语用学界面视角，以便为创建一种适用面更宽、解释力更强的引语理论奠定更加坚实的基础。

第6章

# 指称构念的多维释解

## 6.1 概述

语言作为人类交际的主要手段，经常用于描述事态、陈述事实以及实施其他各种言语行为。很多言语行为的有效实施须臾离不开成功地做出指称。尤其当人们要谈论具体的人或事时，指称的作用更加彰明较著。从更加宽广的视角看，指称堪称语言联结世界的纽带。因此，除了极少数指称取消论者之外，任何关注语言性质及其功能与意义的哲学家无不十分关注指称研究。尤其是西方哲学“语言转向”以降，指称更成为语言哲学的核心论题之一。经过多年来孜孜不倦的长期探索，语言哲学家在指称概念的研究中业已取得了令人瞩目的显著成果，有关论著可谓汗牛充栋。这样，指称概念还有必要在此设专章阐述吗？答案不言自明。除了以上简述的研究指称的重要性外，进一步阐释指称构念的必要性还在于，与语言哲学中许多其他论题相似，指称貌似简单直观，易于表征，可实际并非如此。相反，正如巴赫指出的那样，指称问题的解决看来并不比治愈普通感冒容易（Bach 1987 : 1）。事实上，指称阐释不啻是语言哲学中一个公认的难题，而且同样也是一个常谈常新的课题，不仅很多传统问题依然悬而未决，随着研究的不断深化，新的问题又相继出现。目前，语言哲学及相关学科围绕指称论题的研究方兴未艾。

这里所阐述的指称构念，并非一种宽泛意义上的指称概念。按照广义上的指称观念，包括动词和形容词或其短语在内的表达式均有指称，指称对象为某种性质或关系。本文则集中探讨名词（短语）[1] 作为指称性表达式所做出的指称。当然，即使限于名词（短语），其指称机制与性质的阐释也并非轻而易举。譬如，我们说“名词（短语）作为指称性表达式”，那么，接踵而至的问题是，究竟是这些表达式本身指称，还是说话者使用这些表达式做出指称？其次，哪些名词（短语）能够用作指称性表

1　当代语言学中所说的名词短语包括代词。所以，本文也同样照此办理。

达式？指称性表达式的意义是什么？能够对所在句子所表达的命题做出什么样的语义贡献？是否存在一种指称机制为不同子类的指称性表达式所共有？指称的决定因素是什么？指称在多大程度上受制于包括说话者心理意向在内的主观因素？对于诸如此类问题做出的不同回答聚合起来，也就构成了形形色色的指称观。

指称作为语言哲学研究的重要课题，不可能不引起在当今语言哲学界有着重要影响的理论家雷氏的关注。他就指称研究出版了专著，发表了多篇论文，对指称理论的当代发展做出了显著贡献。因此，我们将结合指称构念有关论题的探讨，特别是就专名指示论的观点、严格指称性的表征、指称对象呈现方式与指称语境依赖性的阐释、关于指表 / 指称与语义指称 / 说话者指称的区分等勾勒雷氏独具特色的指称论思想。

## 6.2 指称性表达式及其指称

指称性表达式指的是具有指称功能或可用于指称的词语。总的说来，大凡承认指称概念的学者，几乎没有人否认指称性表达式能够用以指称，而至于表达式本身能否指称，研究者则往往莫衷一是。仅就对这个问题做出肯定回答的研究者而言，他们对于哪些词语具有指称功能依然言人人殊。其中多数人认为，专名、指示语和指示代词能够做出指称。分歧最大的在于描述语究竟能否指称。一部分人认为，不管是有定描述语还是无定描述语均能够指称，但更多的人却只承认有定描述语是指称性的，否认无定描述语具有指称性质。或许更加合理的看法是，就其指称性特征来看，上述各类表达式似乎形成了一个连续统，专名和指示语因其严格的指称性而位于连续统之一端，一些描述语或通名则处于该连续统的另一端。换言之，一端是指称性表达式的范型，对其指称性特征几无争议；另一端则是非典型的指称性表达式，与用作谓词的表达式特性相近，确定其指称用法需要更大程度地依赖于语境。对于这一类表达式是否为指称性的，研究者在看法上的分歧也大得多。在这样的背景下，本文下面首先集中考察专名及其指称，并通过专名指称的讨论将若干具有代表性的指称理论呈现出来。之后，本节将概略地论述若干非专名表达式（包括指示性词语、有定描述语与自然类属词）的指称问题。[1]

### 6.2.1 专名与指称

专名及其指称历来是语言哲学家重点关注的论题。那么，什么是专名？专名具

[1] 在具体考察这些表达式之前，有一点需要加以说明。由于我们所讨论的指称理论主要源于以英语为对象语言的研究，所以划分有关范畴的依据与标准未必都能适用于汉语。比如，仅从首字母是否大写，一般就能将英语的专名与通名区分开来。再如，所谓的有定描述语与无定描述语的区别就在于，有定描述语前面带有定冠词，而无定描述语则采用不定冠词。汉语中根本不存在冠词一说。所以，在讨论有关概念时，做一些变通处理就在所难免。

有什么样的指称机制？这类问题并不像乍看上去那样容易回答。首先，专有名称虽然是名词性的，却不等同于名词。有些人则把专有名称认同为专有名词。因此，如果在百度中输入“专有名称”进行搜索，结果类似“李白”“长城”“联合国”这样的专有名称都作为“专有名词”的示例出现。严格地说，我们这里所说的专名是专有名称的缩略，与通名相对，不等于专有名词。专有名称属于一种类型的名词短语，而专有名词则被看作名词范畴词汇层面的单位。从形式上看，专名既可能是一个单词（如“约翰”“里德”“剑桥”），也可能包含一个词组（如“珠穆朗玛峰”“泰晤士河”“大不列颠及北爱尔兰联合王国”）。再就其功能而言，专名一般指称个体的人或事物，经常作为命题中的主目或论元，由谓词赋予其以某种性质或关系等。

#### 6.2.1.1 经典密尔论

直觉地看，专名酷似代表事物的标签，专名的意义则可以认为是专名的指称对象。据此，“海王星”指称太阳系八大行星中距离太阳最远的那颗行星，这颗行星即为“海王星”的意义。同理，“华盛顿”和“美国第一任总统”的指称对象均为华盛顿其人，因而两者是同义表达式。将专名视为标签、把指称对象看作专名的意义，这就是指称理论中的经典密尔论。[1]经典密尔论看似同我们关于专名与其指称对象之关系的直觉契合。然而，这样的指称理论却面临着一些难以逾越的障碍。首先，经典密尔论无法解释共指性专名尽管指称对象相同，意义却不尽相同的现象。仍以上面列举的“华盛顿”和“美国第一任总统”这两个表达式为例。在许多哲学家看来，在各个可能世界里，下面由（1）表达的命题必然成真，相反，（2）的成真性却未必是必然的：

（1）“华盛顿”是“华盛顿”。

（2）“华盛顿”是“美国第一任总统”。

在某个可能世界中，“华盛顿”或许可能根本不存在，或者即使存在也终身只做过牛仔，而从未担任过美国总统。假如觉得这样的假设貌似过于穿凿附会，直觉上不易接受，那么，基于下面这对为学界耳熟能详的实例做出的阐释就不应该显得那么牵强了：

（3）“启明星”是“启明星”。

（4）“启明星”是“长庚星”。

作为分析性命题，（3）必然成真。相形之下，（4）则表达了一个综合性命题。这个命题蕴含天文学研究获得的一个重大发现。这个事实并不为古巴比伦人知晓，缺乏这个天文学知识的现代人同样无法判定该命题的成真性。所以，相信启明星是金星的人未必就相信长庚星是金星。这就表明，将名称作为客体的标签、将名称的

---

1 经典密尔论源于约翰·斯图亚特·密尔（John Stuart Mill）关于专名的理论。按照密尔的观点，专名的功能不是传达一般信息，而是“使个体能够成为话语的主题”，名称“附于客体本身，并不依赖于……客体的任何属性”（Mill 1972：20；in Bach 2004：21）。

指称对象视作名称之意义的经典密尔论无法阐释命题同一性以及包含共指性名称之命题内容上的差异。

其次，经典密尔论也无法对包含空名的话语所表达的命题做出合理的阐释。所谓空名，通常指其指称对象并不存在的专名，如“唐僧”“飞马”“宙斯”。假如按照经典密尔论的主张，名称为命题内容所做的贡献是其指称对象；那么，既然类似上述这样的空名不存在指称对象，包含类似上述空名之话语所表达的命题也就没有真值可言。假如进一步把名称的意义等同于其指称对象，包含空名的命题也就会空无意义。但是，这样的判断显然也是同语言使用者之直觉相悖的。先看下面这个例子：

（5）祝融星是由奥本·勒维耶发现的。

事实证明，祝融星并不存在。奥本·勒维耶根本不可能发现不存在的客体。因此，这个命题虽然成假，但无疑是有意义的。在这方面，更富有启迪意义的也许是那些所谓的否定性存在句。以（6）为例：

（6）金山不存在。

世界上并不存在“金山”的所指对象，因而这是一个空名。直觉地看，这句话所表达的命题成真，因为所断言的是“金山”的指称对象不存在，与事实一致。但是，假若按照经典密尔论做出分析，我们这样的直觉就无法得到表征。究其原因，既然“金山”是空名，指称对象不存在，那么也就不存在这句话所说具有不存在之性质的客体，从而也就难以理解这个句子言说了任何内容。假如这句话没有言说任何内容，那又怎么可能判定所表达的命题成真呢？显然，经典密尔论不能令人满意地回答这个问题。实际上，更加普遍地说，否定性存在句不仅为密尔论的信奉者造成了困难，而且对坚持弗雷格意义说与戴维森语义论的众多哲学家都可能成为一个难题。这些哲学家大多一方面坚持所谓的组合原则，即句子的真值由句子成分的语义特征组合而成；另一方面，他们还可能接受名称的相关语义特征是名称的指称对象的观点（Caplan 2010：186）。如前所述，既然空名缺乏指称，这就貌似意味着包含空名的否定性句子就没有真值可言，但直觉却告诉我们这样的否定句看来成真。

#### 6.2.1.2　罗素、弗雷格描述论

针对经典密尔论遇到的上述难题，哲学家们从各自的立场提出了破解这些难题的对策。其中，罗素的描述论产生了超凡的影响力。在考察罗素的描述语理论之前，应当首先指出的是，罗素的专名概念主要指逻辑专名，这种专名仅限于其对象可以直接亲知的名称。在罗素看来，我们能够直接亲知的单个客体其数量十分有限，也许只包括我们自己或者我们的感觉材料。对于其他事物，我们则无法直接亲知，需要藉由描述知道，亦即需要通过客体所具有的、为我们亲知的性质知道。据此，只有“这”“那”等能算得上“（逻辑）专名”，而像“亚里士多德”“火星”这样的普

通专名则不属于（逻辑）专名。普通专名是“缩略的或伪装的有定描述语”（Russell 1905；1918）。在语义上，普通专名同相应的描述语等值。譬如，“亚里士多德”这个名字与“柏拉图的门生”“亚历山大大帝的老师”“第一部《形而上学》的作者”等描述语在语义上相同。但描述语经常被理解为限定量词短语。所以，逻辑专名是直接指称性的，而普遍专名按照逻辑的描述语理论就未必是直接指称性的。

从罗素关于逻辑专名与普通专名的区分及其与指称的关系可以看出，他并不接受弗雷格的做法，即在表达式与其指称对象之间假定一个中介项——涵义。究其原因，他们两人尽管都针对普通专名持有某种描述论，但研究指称的路径却差异显豁。正如前面所强调的那样，罗素坚持基于（严格）亲知的指称论，即主张：仅当Y是说话者亲知的实体、说话者说出“X”意在鉴别这个实体时，“X”才指称Y（Sullivan 2010：639）。相反，弗雷格（1892）则强调涵义这个中介项在建立表达式与其指称对象之间的联系时所发挥的作用。在弗雷格看来，表达式的意义不只是其指称对象。每个有意义的语言表达式同决定其指称对象的涵义相关联。涵义具体规定作为表达式指称对象的条件，只有满足了这样的条件，才能成为表达式的指称对象。弗雷格在其著名的《论涵义与指称》一文中列举的典型例子涉及启明星与长庚星这两个共指性专名。这两个表达式尽管指称对象相同，但涵义却不同：清晨看到的称作启明星或晨星，傍晚看到的则叫做长庚星或暮星。这也就说明了为何本文前面分别包含这两个专名的（3）和（4）表达了不同的命题内容。按照弗雷格的这一阐释，指称可以说是一种三位一体的关系，涉及语言表达式、表达式的涵义以及表达式的指称对象这三个要素。

专名描述论虽然看似能够在一定程度上克服经典密尔论在指称阐释中遭遇的困境，但将专名看作缩略的或伪装的有定描述语或以（一组）描述语对名称的性质做出表征，同样证明并非全然无懈可击。概括起来，描述论主要存在三个方面的问题（同上：640；Bach 2015：773），即所谓“模态问题”、“认识问题”与“语义问题”。现分别简述如下。首先，按照描述论，“亚里士多德”的涵义是“柏拉图的门生”、“戈尔丁”是“《蝇王》的作者”的缩略语。但是，比较一下（7）和（8）这两句话：

（7）戈尔丁1983年获得了诺贝尔文学奖。

（8）《蝇王》的作者1983年获得了诺贝尔文学奖。

尽管在我们的现实世界中，这两句话的真值一致，但是，在其他可能世界中两者未必具有相同的真值条件。譬如，在某个可能世界中，戈尔丁根本就不是一位杰出的小说家和诗人，而是一个目不识丁的农夫，根本不可能创作出《蝇王》这样的名著。如果那样，这两句话可能一个成真，另一个成假。类似这种情况或许存在于任何专名和与之对应的描述语之间。其次，假如“亚里士多德”的意谓是类似于“亚历山大大帝的老师”的某个（些）描述，那么，对于任何能够理解（9）的人来说，这个命题是不言自明的：

(9)亚里士多德是亚历山大大帝的老师。

然而，这个推论并不正确，因为对于很多能够理解这句话的人来说，其命题内容并非平凡地为真。这一点可以推而广之，并不局限于这一例子涉及的个案。这个事实被认为再次表明，名称在语义上并不等值于任何特定的描述语。最后，使用名称做出指称并不以充分掌握有关描述为前提，说话者或许没有完全掌握相应的描述，或者甚至将有关描述语弄混淆了，但仍然能够在有些语境中使用名称指称名称的所有者。在这一方面，包含专名爱因斯坦的例子也许颇具说服力。某个说话者可能仅仅知道爱因斯坦是一位物理学天才，而对他具有的其他特质一无所知，但仍然能够设法用一句包含“爱因斯坦”的话指称他。另外某个说话者可能只拥有关于“爱因斯坦”的错误信息，他关联于爱因斯坦的唯一描述语是“原子弹的发明者”。然而他在话语中说出“爱因斯坦”这个专名时，仍然指称爱因斯坦，而不是指称利奥·西拉特(Jeshion 2010：6)。不同的说话者经常可能将不同的描述语与某个名称相关联，但却不能就此而推定这个名称对于不同的说话者具有不同的意谓。此外，不同个体同名的现象在许多语言社团中都普遍存在。那样，同一个名称用于不同个体时，相关于名称的描述语往往就会不同。在这种情况下，描述论必然滑向歧义说，即认为同一个名称用于不同个体时，意义不同。但是，歧义论不仅与语言使用者的直觉判断相悖，而且也无法为许多语言哲学家所接受。在这些哲学家看来，动辄将这样的语言(使用)现象判定为歧义似有懒惰哲学之嫌。

#### 6.2.1.3 因果历史论

针对描述论受到的质疑与挑战，几位哲学家从社会历史维度创立了因果历史指称论，其中唐奈伦(1970)和克里普克(1972，1980)的因果历史论主要的阐释对象是专名,而帕特南(1975)则主要旨在以因果历史论就自然类属词的指称做出阐述。

基于类似前面关于专名描述论的质疑，可以认为，名称能够用于指称个体，并不一定是因为名称的拥有者唯一地具有相关描述语所刻画的性质。事实上，描述语描绘的同一种性质可能为不同名称所具有；相反，说话者与某个名称相关联的描述性质可能并非拥有该名称之个体的性质，而是其他某个类似个体的性质，但说话者可能依然用之成功地做出了指称。有鉴于此，因果历史论者着眼于语言社团中名称使用历史中的因果链，强调专名等语言表达式使用中的规约性。一旦通过所谓的命名活动，建立了名称同指称对象之间的联系，名称的指称用法在语言社团中逐步流传开来，后来的使用者依从最初命名时的指称用法。这样，名称指称就形成了某种历史因果链条，一环一环延伸扩展，但理论上却可以追溯至命名活动之源点。

为了驳斥描述论、倡导因果历史论，克里普克在《命名与必然性》中列举了著名物理学家费因曼的名字及其指称的例子，说明名称是如何通过命名活动，再藉由某种“指称链”一环一环地在语言社团中传播开来的。某位处于这根链条远端的说话者也许并不了解关于费因曼的多少信息，仅仅听说他是杰出的物理学家，也许根本不知道费因曼创立了关于粒子的成对生成和湮灭的理论，但仍然可以使用这个名字指称费因曼这位物理学家。由此看来，因果历史论更加强调指称这种言语行为的规约性以及说话者作为语言社团信息传递链之一环在成功指称中的作用。名称在社会团体中一环一环地传播。说话者作为语言社团中的一员，可以通过信息传递链回溯到名字的拥有者。

因果历史论并没有直接回答什么是指称的问题，而更多的是阐释语言表达式与其指称对象之间的联系是如何建立的。正如戴维特等人（1999）所阐析的那样，这样的指称理论可以认为包含两个组成部分，这两个部分分别说明语言表达式如何建立同指称对象的联系（即“确定”指称关系）以及语言社团广大成员随后如何能够使用表达式指称有关对象（即所谓指称“借用”环节）。同描述论相比，因果历史论被认为具有显见的优越性。它在一定程度上克服了描述论基于指称对象具有某些描述性特质确定专名的指称所陷入的困境，更加倚重社会、历史因素在确定指称中的作用，深刻揭示了“因果－历史传递链”作为社团成员传播名称和维系原初指称意向之媒介的独特功效，开启了指称现象阐释的新视角，丰富了指称研究的理论表征。

诚然如此，从上面的概述中也不难看到，专名指称的因果历史论也尚未达到完美无瑕的境地。相反，这种理论的弱点同样彰明较著。首先，从某种角度来看，因果历史论只是一种理论框架，很多细节有待充实，不少问题尚未阐述。深入地加以考察，正像名称可以与许多描述性质相关联那样，名称同指称对象的因果联系也是多种多样的。正像斯托尔内卡（Stalnaker 1997：543；Sullivan 2010：640）指出的那样，语言表达式与客体的因果联系普遍存在，在使用任何名称时，可能因果性地隐含着众多个体。克里普克等人的因果历史论并未阐明对于指称确定或表征具体需要哪些因果联系或者需要多少这样的联系方能充分确立名称与客体的指称关系。

其次，在一些哲学家看来更为严重的问题是，因果历史论不能就指称变化做出令人信服的阐释。在这一点上，埃文斯在其经典论文《名称的因果论》（Evans 1973；Dickie 2011：48）以实例做出了颇为有力的论证。自埃文斯的论文发表以来，他所举的关于马达加斯加的例子便在论述指称变化、驳斥因果历史论中广为引用。“马达加斯加”这个名字最初用于指称非洲大陆的一部分。马可·波罗听到阿拉伯水手使用这个名字。他意在将之用以指称这些水手所指称的对象，但却指称了位于非洲大陆东南海面上的马达加斯加岛。可是，根据因果历史论，一条信息传递链把马达加斯加的最初使用者马可·波罗与我们联结起来，从而我们使用这个名字所指称的对象应当同最初的使用者相同，即指称非洲大陆的一部分。据此，假如我们说：“马达加斯加是仅次于格陵兰、新几内亚和加里曼丹岛的世界第四大岛屿”，就不能表达一个成真的命题。显然，这样的推论是与普通说话者的直觉相悖的。事实上，我们这句话中的马达加斯加的确用于指称该岛屿。

最后，值得一提的是，作为一种指称外在论，因果论专注于语言使用者同语言表达式因果联系的历史与语言社团环境的作用，一味否认语言使用者心理状态在指称确定与表征中的作用，显然不能为主张指称完全由语言使用者心理因素决定的指称内在论者所认同。当然，正如在本书有关语义内在论与语义外在论那一章所阐明的那样，我们并不完全赞同在内在论与外在论之间做出非此即彼的抉择，而主张像雷氏那样，汲取内在论与外在论的有益洞见，将两种理论带来的启迪兼收并蓄，既着眼于语言使用者大脑中的内在因素，又关注语言使用涉及的社会、历史、环境等诸多外在要素，以便对指称构念做出更加全面合理的阐释。

#### 6.2.1.4 雷氏指示论

作为其语言哲学研究的重要方面，雷氏的指称理论内涵丰富、涉及面广，而且自 20 世纪 80 年代后期以来不断发展，从当初的直接指称论到近年基于心理档案理论对指称构念的阐述，不仅汲取了前人的真知灼见，而且更是阐发了许多颇具特色、富于启迪的洞见。我们在这一章将结合有关论题扼要地讨论雷氏围绕指称构念所做的重要阐释，而他基于心理档案理论对指称概念做出的论述将留待专题探讨心理档案的那一章进行考察。这里，我们将集中探究雷氏基于指示语模式对专名指称做出的阐释。

雷氏对专名指称的阐释体现了语境论的视角与取向。首先，雷氏（1993，1994）断言，指称本质上依赖于语境；脱离了语境，指称也就无从谈起。不仅指示词语的指称如此，而且专名等其他表达式的指称同样需要依赖语境加以确定或阐释。正是基于此认识，雷氏明确提出专名可以看作一种类型的指示语的观点，并且倡导所谓“指示观”的专名指称理论。关于指示语将在下一小节更加详细地加以讨论，在此只需将之看作以“我”“这里”“现在”为典型的表达式即可。仅从这三个例子就可看到，这些表达式的具体所指必须依据语境确定。譬如，“我这里现在还很热”这句话由王帅 2019 年 9 月 13 日正午从上海往内蒙古打电话时说出，“我”即指王帅，“这里”的指称对象是上海。当时，虽然已过白露节气，但上海气温仍高达 32 摄氏度，因此，这句话所表达的命题成真。这同一句话若由另一个说话者在不同的时间和地点说出，这三个表达式的指称对象就会发生变化，从而说出这句话所表达的命题也就会随之改变。在雷氏看来，专名同这些指示语十分相似。当然，不言而喻，在以雷氏为代表的专名指示论者看来，专名与指示语最显著也是最重要的相似性是两者的指称均取决于语境。像指示语那样，专名在不同的语境中可能指称不同的客体。这样的例子不胜枚举。譬如，“巴宝莉”既是英国著名的服装品牌名称，但在特定的场合下则指称叫作“巴宝莉”的一条名犬。此外，专名与指示语的另一个相似性体现在两者的指称都具有相应的规约性，尽管其规约之具体内涵不尽相同。就指示语而言，语言的语义规则将不同的指示语与不同的关系相匹配。相反，按照专名指示观，所有专名共有一条语义规则，即专名指称名称的拥有者。这是一条语言规约，具有普遍性，适用于所有专名。雷氏将之具体表述如下：

> 针对每个专名，原则上存在着一条社会规约，将名称与名称拥有者的确定个体相关联。这个个体即为名称的指称对象。（Recanati 1997：139）

这条语言规约表明有关客体是专名的指称对象，从而使听话者能够在语境中确定有关专名的指称对象。究其原因，该语言规约涉及一条社会规约，而这条社会规约将名称与客体关联起来。值得注意的是，正如雷氏所强调的，同具有普适性的语言规约相反，社会规约是具体的，针对每个专名存在着具体的社会规约。在多个客体同名的情况下，有时则涉及不止一条社会规约。每当使用专名时，就同时诉诸了上述语言规约与社会规约，在话语语境中对特定个体做出指称。之所以这样地强调语言规约与社会规约两个维度，这主要是因为专名指示观的确立需要满足特定的条件（同上：149）。那就是，我们所考虑的是像英语、汉语这样的自然语言，而非像经典指称论者早期所专注的逻辑语言。自然语言广泛存在于特定的时间与空间中，须臾脱离不开使用语言的社会历史文化背景。因此，指示论主张不把专名规约看作语言的一部分，而视为**语境**的一部分。换言之，根据专名指示观，正像指示语的指称取决于语境因素那样，专名的指称同样依赖于语境。藉由语言规约，专名指称作为名称拥有者的人或物；而具体何人或者何物是名称的拥有者则是一个涉及**语境**的问题，需由社会规约决定。

较之某些传统指称理论，专名指示观被认为具有更强的解释力。譬如，（一种）传统指称论认为，专名的意义即为专名的指称对象，这酷似谓词性表达式的意义正是其指表的性质或关系那样。据此，同一个名称用于指称不同对象，就可以解释为一种同音（形）异义现象，即主张所谓“同音（形）异义”指称论。根据这种指称论，将专名与其指称对象相关联的规约是语言规约。因之，譬如，在下面脚注介绍的情景中，丈夫和妻子采用了两个同音（形）异义的名字“陈斌”[1]，而不是使用了同一个名字。这两个同音（形）异义的名字涉及两条不同的语义规约，一条规约将“陈斌”与丈夫相关联，另一条规约将之与妻子相关联。因此，按照“同音（形）异义”专名指称论，具体描述特定语境中所涉及的名称规约，实际上就在于具体描述在该语境中究竟采用了哪个名称。这样，一方面由于将名称规约当作语言规约，另一方面由于将专名的指称对象等同于专名的意义，“同音（形）异义”指称论势必滑向歧义论，将类似于“陈斌”的名字看作是歧义的，有多少个叫做“陈斌”的人，这个名字就有多少种意义。然而，首先，类似于知道“陈斌”在具体语境中指称丈夫还是指称妻子这种知识并非专名使用者语言知识的一部分，而是特定语言社团中共有的背景知识。说话者的语义知识仅仅包括关于专名指称该专名拥有者这个知识。其次，把将名称与具体所指相关联的规约看作语义规约，其结果势必导致语义实体的急剧增加。这显然是与“除非必要，勿增实体”的奥康姆剃刀原则背道而驰的。最后，将类似于“陈斌”的名称看作同音（形）异义表达式无疑也与语言使用者的直觉格格不入。既然通常将这类名称看作同名的实例，那就意味着是不同的指称对象拥有同一个名称或名字，否则同名一说也就无从谈起。事实上，同名与同音（形）异义现象也不可同日而语。学界普遍认为，诸如英语中指“河岸”的 bank 与指“银行”的 bank 这种同音（形）异义词往往有着不同的词源，而上述类似“陈斌”这种同名

[1]《中国新闻网》2013 年 9 月 28 日刊载一篇报道，题为《夫妻同名同姓恩爱 21 年 结婚开房聚餐都被围观》，讲述了重庆市北碚区的一对夫妻，两人都名叫“陈斌”。

现象恐怕无法从词源学做出令人信服的阐释。

与“同音（形）异义”指称论相反，专名指示观不将关于名称拥有者的知识看作语义知识，而将之视为语言外语境知识。不仅没有增加语义学的负担，而且更加符合语言使用者的直觉。诚然如此，正像雷氏（1997：159–160）本人所指出的那样，专名指示论并不是一种完备的指称理论，而只是关涉专名系统意义的理论；系统意义只是指称对象决定因素的一部分，而并非其全部。关于专名指称的阐释也许需要分两步走。在这一过程中，专名指示论可以看作迈出了第一步，即把名称特定使用所做出的指称表征为依赖于社团中名称类型的指称。而就“某个客体称作‘某某某’为何意”这个问题做出回答，即走出专名指称阐释中的第二步，则需要汲取因果历史论的某些元素，将语言社团中名称的指称表征为因果性地依赖于（过去与现在的）社团成员命名与名称袭用的实践活动。

由此可见，专名指示论或许可以看作主张将元语言指称观与因果历史论加以结合。这种探索受到了其他一些理论家（如 Pelczar and Rainsbury 1998）的响应。当然，以语境论为基础、将专名视为一种特殊类型的指示语，这样一种指称观难免会遭到反对将语境作为专名指称阐释基本要素的研究者的质疑。不可否认，专名指示论本身也有尚待进一步完善之处。专名指示论强调了专名与指示语的共性或曰相似性。质疑者则更多地着眼于两者的相异之处。例如，前面业已例示，对于“我”“这里”“现在”这样的所谓纯指示语，诉诸说话语境的某个特征（分别为说话者、说话地点、说话时间）就可以确定其指称对象。然而，尚不清楚在使用专名做出指称时，具体应当诉诸语境的哪个（些）特征。为此，有研究者建议（Michaelson and Reimer 2019：14），一种可能性是假定专名的作用更像指示代词“这”和“那”。但是，一方面这种建议语焉不详，另一方面从使用上看，专名显然同指示代词差异显见。一般而言，指示代词的使用经常伴有手势或其他的副语言特征做出近指或远指。但在很多情形下，专名的使用并不需要以手指指向专名的拥有者或以其他伴随语言特征指明指称对象。即使指称对象不在场，我们往往仍然可以使用专名成功地做出指称。

### 6.2.2 非专名表达式与指称

针对专名的指称，经典密尔论、罗素描述论、因果历史论、雷氏指示论从不同角度做出了各自的阐释。这些不同阐释尽管存在各种局限性，但却不同程度地深化了关于专名指称的认识，而且能够为非专名表达式指称现象的阐述提供有益的借鉴。下面简略探讨指示语、有定描述语与自然类属词及其指称的论题。

#### 6.2.2.1 指示语与指称

指示语通常定义为其指称随语境变化的语言表达式。指示语是直接指称性表达式的范例，其主要功能是指称相应的客体。关于指示语的具体范围与类别划分却依然是一个存在争议的问题。一些人认为指示语的数量有限，而另一些人则将指示语的范围放得较宽。正如上一小节所示，雷氏等研究者甚或将专名看作一个特殊类型的指示语。但是，反对专名指示论者显然无法接受将专名视为指示语的立场。不过，即使像卡珀朗与莱波雷（2005）这样的语义最小论者也认可卡普兰在其《指示词语》中罗列的指示语表达式。这些指示语包括：

①（以单数、复数、主格、受格、所有格等形式出现的）人称代词：我、你、他、她；
②（以各种格和数的形式出现的）指示代词：这个、那个；
③ 副词：这里、那里、现在、今天、昨天、明天、之前、从此（以后）；
④ 形容词：实际上的（actual）、现在的（present）。

（Kaplan 1989：489；Cappelen and Lepore 2005：1）

这些表达式的共同之处在于，其指示性用法均是以说话者参与的言语事件中的人物、时间、地点、关系为参照的，也就是说，皆以说话者作为指示的中心。当然，其具体的指称方式也会由于具体的指示语类型不同而存在差异。就指示语类型的划分而言，目前并不存在统一的做法。例如，佩里（1997）区分“自动型”指示语与“酌定型”指示语两种类型。诸如“我”“今天”这样的“自动型”指示语，其指称对象由表达式的语言意义和公共语境事实决定。公共语境事实包括谁是说话者、话语在哪一天说出等。除了以通常的意义使用指示语这个意向外，语言使用者的意向同这类指示语指称对象的确定没有关系。相反，说话者意向对于像“这”、“那”和“她”这种“酌定型”指示语指称对象的确定却至关重要。无独有偶，我们前面提到卡普兰提供了一列指示语范例。他进一步将这些指示语划分为“纯指示语”与“真指示词”两种类型。这一区分与佩里的分类似有相似之处，但又不尽相同。所谓“纯指示语”受制于严格的语义规则，始终指称（窄式）说话语境的相关特征，如“我”指称说话者，“你”指称受话者，“现在”指称说话的时间，“这里”指称说话的地点，等等。相反，对于“非纯指示语”或“真指示词”而言，则不存在这样明确的语义规则。如前所述，“真指示词”在使用中往往伴有指示行为或意向，譬如，用手指向谈论的对象或者眼神注视着指称对象等。

同任何事物的分类相似，往往在理论上似乎直观简明，但在实践上却远非简单易行，将上述分类原则应用于具体指示语同样会遇到很多复杂问题难以处理。像卡普兰那样，我们业已多次将“这里”“现在”作为指示语的范例加以论述，卡普兰本人也将之归入纯指示语之列。可是，他又认为这两个指示语外延分别涵盖的时间、空间范围却取决于说话者的指称意向。先以“这里”为例：

（10）**这里**很安静。
（11）**这里**轨道交通非常发达。
（12）**这里**人民安居乐业。

在相应的语境中，这三个“这里”分别指一个图书馆、一个城市和一个国家。同理，在下面的例（13）中，“现在”仅指一刹那间，而在（14）中，却指时间跨度不确定的相当长一个阶段。

（13）**现在**立刻发射。
（14）**现在**，我们享受着安逸的退休生活。

类似这样的例子表明，前面表述的关于“现在”和“这里”的语义规则，或许应当修正为“说话者意指的包括说话时间/地点在内的一个时间/空间范围”。可是，这样的修订可能遭到以语义最小论者为代表的理论家的反对。在他们看来，意向是一个语用概念，在语义规则中不应占有一席之地。诚然如此，按照前述佩里关于指示语的分类，由于涉及意向因素，包括“这里”“现在”这样的表达式理应归入“酌定型”指示语，而非“自动型”或“纯指示语”之列。当然，更加深入地考察，即使像“今天”“明天”这种佩里视作“自动型”指示语范例的指示语，在实际使用中的情况同样也是相当复杂的。“今天”虽然通常指称说话的当日，“明天”常指紧随说话当日之后的那一天，但是，这样的语义规则显然不适用于表征下面例（15）中“今天”和“明天”的指称。

（15）**今天**，我们坚持不懈，**明天**，我们才有故事可讲。

针对类似这样的复杂情形，不同的语言哲学家也许会采用不同的解释方法。除了上述诉诸说话者意向的阐释，或许可以将“今天”指称说话当日、“明天”指称紧随说话当日之后的那一天的用法看作是典型的基本用法，而将“今天”指称当下、“明天”指称未来之用法视为基本用法的扩展与引申。这种解释虽有落入俗套之嫌，倒也似与我们的直觉吻合。卡普兰所做的“系统意义”与“场合意义”区分，恐怕也很难用以阐释此种复杂现象。一般认为，指示语的系统意义即为其语义规则（如“我”指称说话者），不随语境变化，而“场合意义”则是话语的所言，因语境变化而不同。然而，我们无法据此解释说，“‘今天’指称说话当日”是“今天”的系统意义，而“‘今天’指称当下”则是其场合意义。在许多理论家看来，后一种指称用法显然也早已规约化了。这种规约化用法同样体现了一条语义规则，即为其系统意义。或者，也有学者会认为，（15）中“今天”和“明天”类似于这两个表达式在（16）中的用法：

（16）不要把该**今天**做的事拖到**明天**。

其所指并不十分具体明确，属于相对模糊的用法，所以并不属于严格意义上的指称性表达式。可是，（15）和（16）中“今天”、“明天”与（17）中的“anyone”（任何人）似乎又颇为不同。

（17）我没有看到 anyone（任何人）。

这个例子中的“anyone”（任何人）普遍看作是非确定性的，不属于指称性用法。

指示语的复杂性质决定了无法依赖于任何单一的指称理论对之做出全面的阐释。不同的指示性表达式或许应当藉由不同的指称理论对其指称性质做出表征，有时甚至需要将几种理论的某些要素加以整合，方能提供更加合理的解释。为此，除了前面提到的意向论、语境论和卡普兰“系统意义”论之外，相对传统的描述论看来也不应全盘抛弃。正如前面在讨论专名指称时所述，描述论因其局限性受到了各种质疑。用于阐释指示语指称时也同样存在问题。按照传统描述论，指示语的指称由说话者关联于指示语的某种描述内容确定，亦即相关的指称确定性描述语即代表了说出某个指示语所表达的意义。尽管描述论的阐释看似合乎直觉，因为直观上指示语的确具有某种意义，这从我们上面提到的某些指示语的语义规则就可见一斑。但是，描述论在具体阐释指示语指称的过程中，同样可能遇到一些棘手的问题（Michaelson and Reimer 2019：16）。首先，有时“我”的指称对象看来并不完全取决于说话者可能与这个指示语相关联的描述内容。譬如，我可能幻想自己是《哲学研究》的作者，将“《哲学研究》的作者”这个描述语同指示语“我”相关联。但这并不等于我就能够使用“我”这个指示语成功地指称维特根斯坦。当然，描述论者也许会反驳说这样的质疑显得牵强附会，理由是，在将描述语同指称性表达式相关联这种语言游戏中，我们同样是遵守规则的，尽管一方面，这种遵守规则可能是“盲目的”或下意识的；另一方面，这样的规则是默认的，没有明确表述，也无须显性陈述。此外，将确定指称的描述内容看作使用指示语做出的断言的一部分，有时可能导致某些怪异的结果。以说出（18）的断言为例。

（18）我真头疼。

我说出这句话，指的是我真头疼，而这句话由你说出时，所陈述的是你感到头疼。在说出相同的句子类型这个意义上，我和你说出了同样的话。但是，就断言内容而言，我们分别陈述了两个不同的命题。假设我是张三，你是李四，那么，我断言的是“张三真头疼”，而你断言的则是“李四真头疼”。两个命题的指称对象不同，命题的真值条件也就不同。然而，按照经典描述论，我们俩断言了相同的内容，即“说话者真头疼”。所不同的是，我们断言这个内容的场景各异。这样的阐释无疑是与常理相悖的。为了克服描述论阐释带来的这种问题，一种路径或许是诉诸卡普兰关于指示语“系统意义”与“场合意义”的区分，将“我”指称说话者的语义规则看作这个指示语的系统意义，而将具体语境中指称的不同对象视为话语场合意义的一部分。但也有学者（同上：17），包括卡普兰的老师莱欣巴赫（1947）、加西亚 – 卡宾特鲁（1998）和佩里（2001）则坚持对经典描述论加以改造以避免类似上述质疑。这些学者提出，指示语属于例型自反性表达式。这种表达式的特性要求与之关联的描述语包含对该表达式例型使用之话语的明确指称。因此，相关于“我”的描述语也许就是“说出‘我’这个例型的人”。这样，我们两个人分别说出（18）时，可以认为包含了该指示语的不同例型，两句话也就不再断言相同的命题内容。

至于所谓“非纯指示语”来看，藉由系统意义的分析难以奏效。如上所述，典型的非纯指示语在使用中往往伴有相应的副语言特征。譬如，假若不辅以某种手势或眼神等伴随语言特征，说话者在下面两例中使用的指示语的具体所指就不甚明晰，听话者也就难以领会确切的话语内容。

（19）那个暴徒施暴时手持一根**这么**长、**这么**粗的铁棍。

（20）（老师面对一组学生）我说的是**你**，还有**你**，而没有说**你**。

当然，这里强调非纯指示语的典型用法往往需要借助于某些伴随语言特征，方能成功地做出指称；这并不意味着所有非纯指示语必须依赖于副语言特征才可能指明指称对象。有时，说话语境业已凸显了指称对象，听话者无须说话者提供有关的副语言信息就能鉴别指示语的所指。这时，语境因素也就在很大程度上起到了伴随语言特征的作用。从某种角度可以说，话语客体在话语语境中的凸显性与对说话者伴随语言特征的依赖性成反比：所指对象愈凸显，有关指示语指称中对伴随语言特征的依赖程度就愈低。由此看来，作为指称性表达式之范型，不同指示语体现的指示性不尽相同，其指称对语境的依赖性也程度各异。

#### 6.2.2.2 有定描述语与指称

前面在讨论专名指称时，已多次提到描述语（理论），似乎描述语是一个不言自明的概念。实际上也许并非如此。在英语及其他许多语言中皆区分"有定描述语"与"无定描述语"，前者带有定冠词，而后者带有不定冠词。因此，英语中有定描述语的范型是"the F"，即以"定冠词 + 名词（短语）"构成的表达式。[1] 除了这种典型形式，有些语言哲学家把不带定冠词而带有其他某些限定词的短语（如"我的外方合作导师"）也看作有定描述语。如前所述，罗素甚或将专名也看作伪装的描述语。但他的这一观点并没有得到广泛赞同。当然，本节的主要任务并非探究有定描述语的范围，而是聚焦于普遍看作有定描述语之典型的表达式，考察其指称问题。

说是考察有定描述语的指称问题，但这并不预设有定描述语具有指称性。实际上，关于描述语是否为指称性的、究竟是描述语本身指称还是说话者使用描述语做出指称，以及使用定冠词与不定冠词导致的差异是语义上的抑或是语用上的，诸如此类的问题虽然争论了一个多世纪，但迄今仍未有定论。下面，我们重点关注有定描述语的指称以及有定描述语的指称性用法与归属性用法的区分这两方面的问题。

在过去相当长的一个时期里，语言哲学界围绕有定描述语的争论并不针对有定描述语如何指称，而是关于这种表达式能否指称的问题。在前面讨论专名指称时已经提到，表面上看，弗雷格和罗素都认为专名在某种意义上类似于有定描述语，但弗雷格断定专名是名副其实的指称性表达式，而罗素则将普通专名看作缩略的描述语，相当于限量短语，不属于指称性表达式。所以，与之相应，他们两人在有定描

[1] 前文指出，由于西方语言哲学研究中往往既以英语为对象语言又以之为元语言，许多表述与示例并不完全与汉语对应。因此，这里有时为了说明问题，拟将"the F"译为"该 F"。但由于汉语为语义语言，在英译汉的过程中，英语的定冠词经常无须翻译。

述语是否指称的问题上同样观点相左。弗雷格（1892）主张有定描述语能够指称。他将有定描述语显性表达的内容看作其涵义的一部分，并且认为说话者心中拥有的更加完整的描述信息能够对该内容做出补充，以克服有关描述语的显性内容不足以把特定个体鉴别为指称对象的问题（Michaelson and Reimer 2019：24）。罗素则相反，他推定有定描述语不做指出。他在《论指表》（1905）这篇经典论文及有关著述中提出，像“The F 是 G.”这种包含有定描述语的句子，虽然在语法上是一个简单句，但在逻辑上却是一个复杂体。这个复杂体可以改写为：存在一个 F，只存在一个 F，那个 F 是 G。经过这样的改写，原句中的有定描述语“The F”就不再以主谓词命题中的主词出现。因此，就可以解释像“法国国王是秃子”这种句子所表达的命题之真值了。这种命题包含没有指称对象的有定描述语作为主词。既然当今并不存在法国国王，所以第二个命题成假，整个复杂命题即成假。尽管罗素的描述语理论影响颇大，但也遭到了斯特劳森（1950）等哲学家的有力挑战。这些哲学家强调，不应当将句子与句子的使用、意谓与指称、指称与断言、断言与预设混为一谈。罗素的问题正在于混淆了意谓与指称、断言与预设等本应严格区分的概念。

当然，即使在当今，某种程度上说，罗素关于有定描述语不是指称性表达式这个观点依然不乏支持者。例如，主张“紧缩指称论”的巴赫（2004：38）就认为很多看作指称的现象，实际上并不属于指称：所谓说话者指称中，很多属于暗示或描述；而被视为语义指称的表达式很多实质上也不属于指称表达式，纯指示语可能指称，其他单称词项不指称。那么，在巴赫等哲学家看来，罗素看作量化表达式的有定描述语就不应当归于指称性表达式之列。诚然如此，正如上文业已指出的那样，在许多理论家看来，虽然有时并非泾渭分明，而是经常相互交织，但理论上讲，应当区分表达式本身指称同说话者使用表达式做出指称。即使不承认有定描述语为指称性表达式，可是，这并不等于就能够否认在语言交际活动中，有定描述语经常可以用来指称事物。假若连这一点也不予接受的话，那显然是罔顾语言使用的现实。那么，如何能够更加合理地表征有定描述语用于指称的特性呢？在这一点上，雷氏的阐释路径或许能够为我们提供某种启迪。

雷氏（1993/1997；Taylor 1997：545）认为存在两类直接指称性表达式，一类他称作“类型指称性表达式”，这类表达式在词汇上标记为 REF（指称性），包括专名、指示代（副）词和指示语，含有这些表达式的句子藉由 REF 标记为在句子意义层面上表达单称命题。相形之下，雷氏将另一类表达式冠之以“例型指称性表达式”。众所周知，所谓例型是表达式类型在特定使用语境中具体的体现形式，而不是存在于语言体系中未经实例化的抽象形式。例型的呈现须臾离不开表达式在具体语境中的使用，这是例型本身的性质使然。有定描述语作为例型指称性表达式的范型，虽然在抽象的词汇层面不具有指称特性，但在具体的使用语境中，却可能用于指称的目的。不过，在进一步探讨有定描述语指称性用法的语境依赖性之前，需要区分有定描述语的两种类型：完整的有定描述语与不完整的有定描述语。不完整的有定描述语包括“（该）总裁”“（那台）电脑”“（这位）院长”等。当然，所谓“完整的有定描述语”直觉上也是一个相对的概念，如“美国现任总统”“联合国下任秘书长”“餐厅中央的那张桌子”等等。尽管所有的有定描述语用于指称时，都必须依赖于使用语境，但这两类有定描述语的语境依赖性程度显然存在差异。不完整的有定描述语首先需要借助于语境线索，通过“补全”这一语用过程，充实表达所言需要的相关内容。在此基础上，这样的有定描述语方能藉由语境的支撑做出相应的指称。相形之下，完整的有定描述语则无须采取“补全”这一语用过程的步骤。不言而喻，“完整”与“不完整”也只是相对而言的。实际上，两个有定描述语即使同属不完整有定描述语的范畴，其语境依赖的程度可能也不能同日而语。明确了这一点之后，下面首先着重考察有定描述语指称性用法的语境依赖性。以“英国首相”这个描述语为例，脱离了特定的话语语境，该描述语并不指称特定的对象。但在谈论英国历史上首次发起脱欧公投的语境中，所说的“英国首相”则指称卡梅伦，而在说到声称将于 2019 年 10 月 31 日前“无协议脱欧”的英国首相时，这个描述语却指称鲍里斯·约翰逊。类似这样的例子表明，尽管不像指示语那样具有明确的指示性，但是有定描述的指称性用法紧密地依赖于说话者意向、使用场景与背景知识等诸多语境因素。不仅有定描述语必须基于使用语境做出指称，而且有定描述语的**指称性用法**与其**归属性用法**的甄别同样必须基于语境做出。考虑一下（21）这个例子。

（21）英国下任首相将是硬脱欧派的代表人物。

在特定的语境中，譬如，在特蕾莎·梅辞职前夕，继任者人选已经明朗，那么，使用（21）中的“英国下任首相”这个描述语即指称约翰逊。但在其他一些语境中，说话者心中并没有任何特定的指称对象，或至少不明确指称某个具体的个体，而只是意谓“担任下届英国首相的无论什么人”。这时，该有定描述语就不作指称性用法，而是归属性地使用，指表任何担任英国下任首相之人选的这一性质。

有定描述语的指称性用法与归属性用法之分尽管被认为可以追溯到 17 世纪，但当代哲学家对这一区分的浓厚兴趣则是由唐奈伦的经典论文《指称与有定描述语》（1966）激发的。那么，唐奈伦在那篇论文中是如何具体表征有定描述语指称性 / 归属性用法之区分的呢？认真考察一下他的阐述不仅对于理解这一区分的性质本身会有所帮助，而且对于正确认识学界关于这一区分之争鸣也很有裨益。唐奈伦就有定描述语的指称性与归属性用法之区分阐述如下：

“我将把所考虑的有定描述语的两种用法称作归属性用法与指称性用法。说话者在断言中归属性地使用有定描述语时，就无论何人或无论何物是如此这般陈述某种内容。在另一方面，说话者在断言中指称性地使用有定描述语时，使用描述语以使听话者能够鉴别他正在谈论的人或物，并对那个人或物做出某种陈述。在第一种情形下，有定描述语或许可以说体现其基本用法，因为说话者希冀对符合该描述的任何人或事物做出某种断言；而在作指称性用法时，有定描述语只是完成某个任务的一种工具——引起对某人或某物的注意——一般而言，完成同样任务的任何其他手段，另外一个描述语或名称，会起到同样的作用。在归属性用法中，重要的是作为如此这般的属性，而在指称性用法中，这个属性并不重要”（Donnellan 1966：285；2012：7）

根据唐奈伦的上述表征，是否必须具备描述语刻画的性质看来是鉴别有定描述语作归属性用法或指称性用法的试金石之一。在归属性用法中，仅当某人或某物满足所谓的“符合条件”时，包含该描述语的断言才可能成真。相反，在指称性用法中，指称对象符合描述语所刻画的性质并非使用有定描述语成功地做出指称的必要条件。藉由使用有关描述语做出的指称能否成功，更多地取决于相关语境条件是否具备，以及说话者的指称意向是否得以实现。唐奈伦通过例证阐述有定描述语两种用法的差异。他的例证不仅针对断言，并且推广至发问与命令等其他言语行为。使用包含作归属性用法之有定描述语的句子实施上述言语行为时，所述的人或物具有描述的性质是成功实施这些言语行为之适切条件的一部分。但当有关描述语作指称性用法时，情况则不同。即使所述的人或物并不具备描述语描述的特性，也不会妨碍有关言语行为的实施。对类似下面两个例子中包含的有定描述语不同用法做一对比分析，就会进一步明确这一点。

（22）这家稀土矿的投资者真有眼光。

（23）长着一头鬈发的那个男子注册了吗？

尽管这两个句子分别表达断言与发问，但存在某种共性。那就是，其有定描述语在作归属性与指称性用法时所需满足的条件对有关言语行为的实施可能产生同样的影响。就例（22）而言，描述语“这家稀土矿的投资者”作归属性用法时，指具有向该矿投资这个性质的无论什么人。因而，这句话断言的是“任何向该矿投资的人都是真有眼光的”。相反，在另一种语境中，譬如，看到年终分红时该矿的所有股东都获得了丰厚的红利，说话者说出了（22）这句话。殊不知，参加分红的股东并非都是这家稀土矿的投资者，其中一小部分股东是因为开矿遭受损失获得补偿而成为股东的。但是，虽然这部分股东并不具备这个有定描述语刻画的性质，却依然在特定语境中藉由该描述语成功地做出了指称。同理，就（23）来说，假如所说的男子戴着假发，根本就没有长着一头鬈发，那么该男子也就不符合“满足条件”，这个有定描述语就无法作为正确的归属性用法，说出包含这一非正确用法的句子实施“发问”之言语行为的适切条件也就没有得到完全满足。相形之下，无论所指男子的鬈发真假与否，只要听话者借助于说话语境、领悟说话者的指称意向，即能鉴别指称对象，并顺利回答说话者的提问，指称行为就成功地得以实施。

那么，有定描述语的指称性 / 归属性用法之分是否可以认同为语义指称与说话者指称的区分呢？答案似乎是否定的。一方面，如果认为与专名和指示语等指称性表达式不同，有定描述语尽管可以用于指称，本身并不是指称性的，那么，有定描述语的语言指称也就无从谈起。另一方面，在有定描述语作归属性用法时，说话者说出包含该描述语的句子的所言并不针对特定的人或物，亦即不涉及具体的指称对象，因而也谈不上说话者指称。相反，在有定描述语作指称性用法时，尽管描述的对象不一定具备描述的性质，但说话者仍然能够藉以做出指称，使听话者正确鉴别指称对象。这样的判断似乎与语言使用者的直觉一致。尽管这样,唐奈伦关于“错误描述”照样能够成功地做出指称的论断也屡遭质疑。有些批评者担心，唐奈伦的主张可能会导致其有定描述语指称理论沦为一种不受约束的阐释，即成为一种对于哪些例型描述语可以用于指称没有任何实际限制的理论。针对类似这样的质疑，唐奈伦否认其理论意味着指称行为能够随心所欲或是全然任意性的，他反复强调诉诸说话者指称意向的必要性以及指称行为的语境依赖性。

当然，针对有定描述语指称性 / 归属性用法之分及相关论证与阐析，唐奈伦理论的支持者与反对者长期争论不休。几十年来，这一学术争鸣业已催生出数以百计的专题研究论文。这一论题之所以引起了众多哲学家的关注，原因也许是多方面的，但以下这个三方面的原因也许最为突出（Recanati 1989：217；1993/1997：277–278）。首先，有定描述语这两种用法的区分具有显豁的理论意义，但却不是臆造的理论构念，体现了实存的语言使用现象。实际语言使用中，出现在“The F 是 G”句子中的有定描述语“the F”的确存在两种不同的解读，反映了语言使用者确实具有的关于指称性 / 归属性区分的直觉；理论界争论的焦点是如何合理地阐释这些直觉，而不是这些直觉是否存在。此外，不同研究者从不同视角独立地做出了指称性与归属性的区分，这也间接佐证了这个区分的现实性。其次，包含有定描述语作为主语的句子可能具有指称性与归属性两种解读，这类似于由量词表达式作为主语的句子与指称性表达式作为主语的句子之间呈现的差异。前一种句子的主语是非指称性的，所表达的命题是一般性命题；而后一种句子则表达关于特定个体的单称性命题。对于这两种句子及其表达命题之差异具有研究兴趣的哲学家自然就会对有定描述语两种不同用法的区分产生兴趣。最后，有定描述语指称性与归属性用法的区分提出了一个有趣的方法论问题，即在解释某种貌似歧义的现象时，语义学与语用学应当如何分工的问题。致力于意义、指称、所言等一系语言哲学概念研究的学者往往也会重视语义学与语用学分工的论题。一些有定描述语究竟作指称性理解还是作归属性理解，这个看似歧义的现象到底应当阐释为语义上的歧义抑或藉由语用语境的性质提供解释？雷氏将这个问题称作方法论问题。这个问题实际上是很多探究有定描述语指称性用法与归属性用法之分的学者关注的重点。

按照唐奈伦为代表的一些哲学家的观点，当有定描述语作归属性用法时，句子“The F 是 G”表达普遍性命题，而当有定描述语指称性地使用时，这样的句子则表达单称性命题。雷氏（1989；1993/1997）将这样一种阐释称作所谓的“素朴论”，而将基于“改良的奥康姆剃刀原则”反对素朴论的立场冠以“含义论”。“素朴论”之所以认为有定描述语在作归属性与作指称性用法时分别表达了不同的命题，其理由在于，如果句子“The F 是 G”中的有定描述语作归属性用法，只有当存在唯一的 F 而且该 F 是 G 时，所表达的命题才能成真。但是，假如句子“The F 是 G”中的有定描述语作指称性用法，所言的真值条件则不同。在素朴论者看来，导致这种真值条件性差异的根本原因是，在有定描述语作指称性用法时，有定描述语指称对象是否满足“作为唯一的F”这一性质同整个话语的真值条件无关。诚然如此，正像雷氏着重强调的那样，不应当就此将素朴论混同为歧义论。素朴论尽管主张，当所包含的有定描述语作归属性或指称性用法时，“The F 是 G”表达了不同的命题，但并不认为这样的语句在语义上是歧义的，亦即素朴论并没有声称句子“The F 是 G”具有两种不同的字面意义。由此可见，素朴论者并非必然为歧义论者。而素朴论的反对者往往将素朴论认同于歧义论者。正如我们业已多次指出的那样，诉诸歧义论经常被斥为“懒汉的哲学方法”（Kripke 1977：268），语言哲学家大多避而远之。

这样，按照经典格赖斯意义理论，有定描述语指称性 / 归属性用法导致的上述差异既然不能诉诸歧义论做出阐释，那么就应当藉由含义论加以阐释。然而，这是囿于将意义划分为所言与所含两个层面得出的推论。与这个两层面模式相比，雷氏的三层面意义论显示了更强的解释力。因此，我们如果区分句子意义、所言与说出句子所传达的意义这三个层面，那么，有定描述语两种用法导致的“The F 是 G”表达不同命题这一结果，就不应当像在歧义论中那样，归于句子类型语言意义层面，而应当看作反映在所表达的直觉性真值条件内容（即所言）层面上的差异。这种形式的素朴论是雷氏曾经为之论辩的立场（Recanati 1989：227）。对于有定描述语指称性与归属性用法之区别的这种认识，根植于雷氏等哲学家倡导的当代语境论立场。当然，尽管语境论者都普遍强调语言使用中各种语境因素对话语意义或说话者意义表达与理解乃至确定直觉性命题内容的重要作用，但是，语境论者就具体语言交际现象的阐释也不可能始终以同一路径或方式进行。就以雷氏本人为例，他不仅在最近较为系统地在心理档案框架中阐释指称概念，而且即使在此之前，他也着重论述了关于有定描述语指称性 / 归属性用法的两种语境论阐释。第一种阐释雷氏（1989）在专题论述有定描述语指称性 / 归属性的论文中提出，他当时将之冠以“语境论”方案。后来在其《直接指称》一书中，或许意识到容易同一般所说的语境论相混淆，改称“不确定论”（1993/1997：288）。所谓“不确定论”恰恰体现了根植于日常语言哲学的语境论立场，即主张使用语句做出的断言或表达的命题不只依赖于句子的语言意义，而且依赖于使用句子的语境；脱离了使用语境，句子本身没有确定的真值条件。据此，就包含有定描述语的句子而言，其中的有定描述语究竟作归属性使用还是作指称性用法，从而有关句子究竟表达一般性命题还是表达单称性命题，无疑也须由语境决定。当然，这里所说的语境不啻包括所谓的窄式语境因素（即说话者、听话者和说话的时间、地点等），而且包括话题与话语域等。仅以话语域为例，有定描述语的指称显然依赖于语境，这一方面是因为有定描述语必须相对于话语域做出解释，从而其指称也必须依赖于话语域；而另一方面话语域本身又是语境依赖性的（Recanati 1994：160）。因此可以说，有定描述语归属性 / 指称性区分是多维度地依赖于语境的。

在雷氏看来，既然认为句子“The F 是 G”不存在歧义，而在不同的语境中表达不同的命题，就必须说明这个句子的恒定意义是什么。藉由这个意义的性质，须对包含有定描述语作归属性与指称性用法的语句所表达不同命题的现象做出解释，亦即说明为何这个句子能够在某些语境中表达一般性命题，而在其他语境中却表达单称性命题的。按照“不确定论”，为了做出这样的解释，需要诉诸“外在命题”的概念。外在命题即外在地相关于话语的命题，这个命题不同于说出句子例型所表达的命题。以（24）这个句子为例。

（24）1995 年至 2007 年间担任法国总统者是世界著名的政治家。

限于现实世界，“1995 年至 2007 年间担任法国总统者”这个有定描述语作指称性用法时指称 2019 年 9 月 26 日逝世的希拉克，而作归属性用法时则指表在这个期间担任法国总统的无论何人。藉由其意义，句子（24）表明，仅当存在一个人、这个人在 1995 年至 2007 年间担任法国总统而且是世界著名的政治家时，说出这个句子的例型方能表达一个成真的命题。藉由了解句子的意义，我们就自然知道其外在的真值条件。在语境论者看来，外在命题不同于句子例型所表达的命题，所表达的命题是语境依赖性的。脱离了语境、仅仅藉由句子意义本身不能表达任何命题。因此，雷氏通过假定，在第一层面，“The F 是 G”外在地表达存在一个唯一的 *F*、这个 *F* 是 *G* 这个一般性命题，进而解释在第二层面这个句子可以或者表达普遍命题，或者表达单称命题。在这个层面，即所表达的命题层面，由于语境发挥了相应的作用，有定描述语究竟作归属性用法还是作指称性用法就得到澄明，从而所表达的是一般性命题抑或单称性命题也就得以明晰。具体地说，按照语境，存在两种可能的理解，即在一种语境中，“存在某个客体、该客体唯一地是 F”这个条件理解为语境条件，所表达的命题则为一个单称性命题，这个命题成真，当且仅当该客体是 G。而在另一种语境中，“存在某个客体、该客体唯一地是 F”这个条件将被视为完备的真值条件，从而这句话则看作表达一般性命题，即存在这样一个客体、该客体唯一地是 F、该客体是 G（Recanati 1989）。由此可见，语境论（或不确定论）关于指称性 / 归属性区分之阐释的核心是突出强调该区分的语境依赖性。

“不确定论”（或语境论）强调包含有定描述语之句子的语言意义不能充分确定话语所表达的命题，所表达命题的确定需要诉诸语境。但是，由于不确定论藉以表征这种句子之意义的外在命题本身是按照罗素描述语理论路径做出分析的，所以，在处理具体有定描述语的一些实例（诸如所谓的函数性用法[1]）中陷入困境。因此，雷氏（1993/1997）改弦易辙，不再囿于罗素式框架阐析与包含有定描述语的句子相关联的外在命题。但是，他坚持基于语境论根本立场阐释有定描述语指称性用法的初衷没有改变，而且仍然假定有定描述语表达“唯一性”这个描述性概念。这时，他

[1] 雷氏（1993/1997：293）所说的有定描述语的“函数性用法”是由巴万斯与佩里（1983）提出的，例子包括“院长每四年一换”。说话者说出这个句子时，并不是就语境中可以识别为“院长”的那个人，说这个人每四年一换；也不是在说无论谁是院长都四年一换。相反，这是在就“院长”的函数说，该函数的值每四年一变。

不再试图对“The F 是 G”整个句子做出完整分析，而专注于阐释如何能够从有定描述语表达的描述性概念抵达符合该概念的客体这个问题。在探究这个问题的答案中，雷氏从福科尼耶（1985）“转喻迁移”的概念中受到启发。藉由转喻迁移，我们可以借用一个客体（如“火腿三明治”）指表另一客体（如“要火腿三明治的顾客”）。但是，在雷氏看来，迁移概念可以用于阐释有定描述语指称，但却不能以福科尼耶所提倡的直接方式采用这个概念。究其原因，这是因为假若在弗雷格理论框架中进行讨论，严格区分概念与客体，福科尼耶的阐释就十分牵强。有鉴于此，雷氏提出，将描述语的指称性用法看作包含从有定描述语表达的概念到另一个概念的转喻迁移，而不是直接到客体的转喻迁移。这另一个概念就是雷氏所说的“涉物概念”[1]。此外，在雷氏看来，将这种迁移过程称作提喻迁移更加确切，从而他的这一理论即被冠以“提喻论”。这是继“不确定论”之后，雷氏关于有定描述语指称阐释的又一理论。根据“提喻论”，有定描述语表达的概念与涉物概念存在着部分和整体的关系，亦即有定描述语字面地表达的概念是涉物概念内容的一部分。因此，有定描述语的指称性用法涉及两个步骤：① 有定描述语原初表达的描述性概念“提喻性地转变”为涉物概念；② 这种“提喻性转变”一经发生，由相关涉物概念呈现的客体即贡献于包含相关描述语之话语所表达命题的真值条件内容。此外，按照“提喻论”的观点，只要相关的描述性概念在恰当的语境中被激活，就能够唤起相应的涉物概念，从而阐释了描述语的指称性用法。以“该法国前总统”这个有定描述语的指称性用法为例。藉由提喻迁移这种一位语用过程，“该法国前总统”这个描述性概念的表达即激活了包含这个描述性概念的涉物概念（例如，我关于雅克・希拉克的概念）。

关于有定描述语指称阐释的“提喻论”除了表征这种表达式作指称性用法所涉及的两个步骤之外，还特别强调涉物概念内容与真值条件无关的特性，即涉物概念的内容并不属于包含有定描述语之话语所表达的真值条件内容的一部分，也就是说对话语表达之命题的成真或成假没有影响。因此，尽管说话者的雅克・希拉克概念包括“伊拉克战争反对者”这个性质，但无论他是否曾是伊战反对者，说话者关于雅克・希拉克是法国前总统的思想成真，只要他是法国前总统。涉物概念的内容尽管与话语表达的命题之真值条件无关，但是，正如雷氏（1993/1997：295–296）所指出的那样，涉物概念指向思想之外的某种现实；涉物概念作为思想的那些成分，这些成分赋予思想以意向性特征。因此，表达说话者关于某个客体之涉物思想的话语，就必然理解为表征单个事态，并且以那个客体作为一个成分。藉此，“提喻论”就对有定描述语的指称用法做出了阐释，即包含指称性用法的有定描述语之话语表达一个单称命题，这个单称命题以描述语的指称作为成分，而不是以描述语所表达的描述性概念作为成分。

从上面的初步探讨可以看到，“提喻论”在“转喻迁移”从概念到客体之转变的基础上，演进为从描述性概念到涉物概念的迁移，为有定描述语指称性用法的阐释

---

[1] 所谓“涉物概念”（de re concepts）指的是对应于直接指称表达式的思想成分或信息档案（Recanati 1993/1997：xii-xiii）。

提供了一个新的视角。尽管或许有人会质疑从“火腿三明治”到“要火腿三明治的顾客”之迁移与从描述性概念到涉物概念的迁移之间存在家族相似性，但是，正如前面对有定描述语指称性用法两个步骤的介绍所示，藉由提喻性迁移，涉物概念包含的客体就成为话语真值条件内容的一部分。这个结果酷似“火腿三明治”经过转喻迁移而转变为“要火腿三明治的顾客”的结果，从而是“要火腿三明治的顾客”而非三明治本身被理解为说出“火腿三明治不耐烦了”所表达命题的一个成分。当然，雷氏提出“提喻论”的初衷之一是克服“不确定论”在表征外在命题中依赖于罗素描述论所造成的问题，以对诸如描述语函数性用法做出阐释，而并非旨在对“The F是G”完整句子做出分析，或者对有定描述语的指称性/归属性用法提供更加系统的论述。因此，虽然“不确定论”具有上述局限性，但从某种角度来说，“提喻论”也许最好看作是对之做出的补充，而非全然取而代之。

#### 6.2.2.3 自然类属词与指称

顾名思义，自然类属词无外乎指代自然类的语词或在语义上以某种方式与自然类相关联的表达式。不过，稍加考察，就会发现，由于自然类与非自然类两者并非始终泾渭分明，哲学家的有关讨论不乏争议，所以，自然类属词的范围在哲学界也并不存在普遍接受的定论。相对合理的看法也许是，典型的自然类与典型的非自然类形成两极，哲学家对之比较容易达成共识。在这两极之间则存在某种连续体，处于这个中间地带的很多种类究竟属于自然类抑或非自然类，不同的哲学家看法不一。事实上，直至最近，许多论述自然类及自然类属词的哲学家也并未提供明确定义（Liu 2018：41），而更多地依赖于人们的直观认识，通过列举某些例子区分自然类与非自然类。譬如，克里普克（1980）所举的自然类属词包括“水”“金”“猫”“老虎”“鲸”“热”“红色”等等。相形之下，哲学家一般将语义上与人造类属相关联的词语称作非自然类属词，如“纸”“电脑”“手机”“戏剧”等等。除了类似上述这些相对容易归类的情形之外，大量实例的类属皆不同程度地存在分歧。下面这几种实例就属于此类情形（Koslicki 2008：789–790）：①带有某种迷信或伪科学色彩的类属：“先知”“预言家”“天使”“魔鬼”“巫婆”“仙女”“天马座”等；②带有某种政治色彩的类属：“犹太人”“雅利安人”“贱民”等；③曾经视为属于科学而后来遭到摒弃的类属：“燃素”“以太”等；④与人类感官能够直接感知的事物具有某种相关性的类属：“酸甜的食物”“红鲤鱼”等。

哲学界之所以对诸如上述类属莫衷一是，持有不同语言哲学观的理论家对其原因同样做出了各种不同解释。一些坚持实在论的哲学家认为，自然类是自然现象，语言的作用只不过为这些自然现象命名。自然界的有些类别（如江与河、森林与丛林）的边界本身就是模糊不清的。也有一些带有语言决定论倾向的哲学家则主张，大千世界本身是杂乱无章的，是我们藉由语言将世界范畴化了。由于人类认知是渐进发展逐步完善的，世界范畴化过程不可能一蹴而就。在此，我们无意介入这种语言哲学立场层面的论争，而更加侧重于方法论层面的实践性问题。在这个层面上，可以认为，哲学家之所以就自然类与非自然类的划分无法达成共识，一个重要原因是并不存在普遍接受的分类标准。也就是说，他们往往基于不同的考量判别这两种类属。譬如，从最近有关学者关于自然类定义的阐述中可以看出，不同定义实际上可以看作基于不同考虑因素确定的分类标准。下面就具体考察一下三种颇具代表性的分类标准及其理据（Liu 2018：53–63）：

① 共同本质论。按照这一理论，是否具有相同的本质是判定有关自然存在物能否归于同一自然类的依据。换言之，同属一个自然类的存在物其特征是具有同样的本质。克里普克（1980）和帕特南（1975）被认为持有类似的立场。在他们看来，藉由其本质属性，自然类属词与专名类似，具有严格指称性。但是，问题在于，自然存在物的本质是什么？事物的本质又该如何确定？这些问题同样长期争论不休，没有定论。我们虽然不一定要追随维特根斯坦（2000）等反本质主义者，否认事物本质的存在，但似也无法完全像克里普克和帕特南等哲学家那样，绝然依赖于（某个时期）自然科学的发现来确定事物的本质。否则，在化学家发现水分子 $H_2O$ 之前，似乎人们就无法确切地指称水，或者说洛克 1690 年出版《人类理解论》时还根本不能确定他的戒指是否为金的，因为那时人们还无从知晓金子是原子序数为 79 的元素。此外，即使承认自然类属成员取决于共同的本质，这种本质的确定并非一劳永逸，而可能随着人们认识的变化而变化。由此而论，在某种程度上说，自然类的本质不是发现的，而是人为规定的。这样，基于不同的科学理论，可能对自然类做出不同的界定与阐释。

② 共有特征论。按照这种理论，隶属于同一种类的自然存在物具有某些共同的特征。也就是说，一个自然类是具有共同特征的自然存在物之集合。与共同本质论类似，共有特征论同样过度依赖于科学；自然存在物的共有特征需要通过科学术语表述。自然类的划分相对于特定科学理论做出并得到理解，从而自然类属词也必须相对于有关科学理论得到理解。因此，共同本质论遇到的问题，共有特征论同样难以幸免。除此之外，还可能出现的一种情况是，某个类属在科学语境中探讨时视作自然类；但在日常非科学语境中则可能不看作自然类。显然，这样的结果恐怕不能为大多数语言哲学家所接受。

③ 家族相似论。这似乎与后期维特根斯坦反本质主义的家族相似性思想一脉相承。根据这个理论标准，能否归于特定自然类属取决于是否与同类自然存在物具有某种（些）相似性。换言之，自然类是在某（些）方面具有相似性的自然存在物之集合。提倡相似论的学者主张，假如认为所说的相似性是关于存在物的正确知识，并且可能生成更多的知识，那么，藉由该知识，就可以将有关自然存在物归为一类。当然，并非所有相似性知识都用于将存在物归类；与此同时，自然存在物归类所依据的知识并非仅为科学知识，实际还包括日常知识。家族相似论尽管一定程度上避免了前面两种理论的困境，但也同样并非无懈可击。首先，相似性本身就是一个相对的概念，自然存在物必须相似到何种程度方能归为一类？这恐怕也是一个不无争议的问题。虽然某种程度上可以依赖于语言使用者相似的直觉，但针对有些具体实

例时难免会出现分歧。其次，按照这个理论标准，对自然类的认识需要借助于有关的相似性知识。但是，当代知识论研究表明，人们的知识同样具有语境依赖性，知识归赋往往需要凭借特定语境做出。那样，自然类属的认识与表征也就必须依循语境论的视角实现。

不同的哲学观不仅导致对自然类属做出不同表征与阐释，而且制约和影响着关于自然类属词指称的认识与阐述。从本小节开头列举的实例来看，自然类属词显然与专名及指示词语不同。这些类属词不仅包括名词，而且还有形容词，具有类属特性乃至明显的描述性质，因而经常可以作谓词使用。由此看来，或许可以说，指称并不是类属词的首要功能。即使承认其指称性作用，在一些哲学家看来，自然类属词的指称也更适于做出描述论解释。但是，正如前面讨论专名指称时对描述论的批判所示，描述论阐释名称指称时存在诸多问题，而这些问题不同程度地同样存在于自然类属词的描述论阐释之中。实际上，正是基于对描述论的一系列批判，克里普克（1980）和帕特南（1975）论述了专名指称理论（包括严格指称性与同一性概念）适用于自然类属词指称阐释的立场。与着眼于自然类属词与专名之差异的理论家不同，以克里普克和帕特南为代表的哲学家则强调两种表达式之间的相似性。在这些哲学家看来，自然类属词具有以下显著特性（Koslicki 2008：795）：① 严格指称性。自然类属词是严格指称词语，即在做出指称的每个可能境况下指称相同的客体；② 非描述性。自然类属词并不和具有正常语言能力的说话者与这些词相关联的描述语同义；③ 指称传递性。自然类属词最初通过明示命名仪式或描述规定获得外延，这个外延随后通过某种因果机制在说话者之间传递；④ 后验必然成真性。包含严格指称词语的显性同一性命题（如“水是 $H_2O$”）假若成真，则必然地成真；但这种成真性经常只能是一种后验知识。不难发现，诸如此类的特征与为专名鉴别的特性大同小异，尤其是头三个特性，几乎如出一辙。正是立足于这些相似的特性，克里普克、帕特南等哲学家就自然类指称得出了类似于专名指称论的阐释，即自然类属词的指称同样不由相关于之的概念内容决定，而是由将自然类属词与其对应客体相关联的因果链决定的。

然而，姑且勿论关于专名严格指称之因果论所遭受的质疑，仅将自然类属词同专名等量齐观一并归入严格指称性表达式这一点，恐怕就难以获得许多理论家的认同。正如前面论述专名时业已指出的那样，普遍认为，专名属于单称词项，具有单称性，用于指称单个客体。相形之下，类属词属于一般性词项，除非出现在具体语境中，并不指称特定的个体。试比较以下例（25）中的 a 和 b 这两个句子。

（25）a. **狗**正成为许多家庭的宠物。

b. 昨天把他腿咬破的那条**狗**打过疫苗。

通过对比可以看到，句 a 中的“狗”并不确指哪条（些）特定的狗，所说的是一类动物。相反，在相关语境中，句 b 有定描述语中出现的“狗”则指称这类动物中的特定个体，比如，“小区超市老板豢养的那条威尔士柯基犬”。

当然，这样的分析也不应导致我们否认自然类属词同专名具有任何相似之处。实际上，倘若将自然类属词看作密尔所说的“抽象”名词，指称相应的物质或物种，而不指表其外延，那么，藉由指称单个抽象实体而可以视为具有单称性，从而获得与专名的某种相似性。可是，问题在于，正如唐奈伦业已阐析的那样（Donnellan 1983，2012：186–187），将类属词视为抽象名词、指称单个抽象实体，其结果可能就会导致自然类属词与非自然类属词的区分不复存在。究其原因，假如看作抽象名词，直觉上显然为非自然类属词的很多实例看来就与克里普克和帕特南作为自然类属词范例的词语具有同样的严格指称性。譬如，直觉地看，“童年”显然应当是一个非自然类属词。但假如视为一个抽象名词，“童年”与“猫”、“岩石”或“水果”看来具有同样的严格指称性。这样一来，非自然类属词与自然类属词也就不存在类别上的差异了。这种结果不仅许多理论家无法接受，而且也不符合广大语言使用者的语义直觉。可是，尽管语言使用者的语义直觉使他们直观地认识到自然类属词与非自然类属词存在区别，但这种区别是否确实体现为严格指称性上的差异呢？换句话说，两种类属词之所以不同，是不是因为自然类属词是严格指称性的，而非自然类属词是非严格指称性的？对于这个问题，很多人都会做出否定的回答。如前所述，克里普克与帕特南等主张自然类属词与专名一样具有严格指称性。但是，问题在于，作为单称词项，专名的严格指称性相对清晰，而自然类属词经常用作谓词而非指称性表达式，谓词如何具有严格指称性，对于这个问题恐怕难以做出自圆其说的回答。只有在具体的语境中，自然类属词用作指称性表达式，方才指称特定的对象。或许更加合理的看法是，正是说话者在具体语境中的使用，使得有关自然类属词具有了指称功能，而并非类属词本身一般地具有指称性。因此，窃以为，关于自然类属词指称问题的阐释同样可以从雷氏语境论中获得启迪。也就是说，从雷氏语境论视角看，既然自然类属词的指称本身依赖于语境，那么，这种指称是否为严格指称或者在什么范围以及在什么程度上为严格指称同样需要依据语境确定。脱离了使用语境，自然类属词的严格指称性也就无从谈起。就拿“水”这个众人熟悉的自然类属词来说，尽管在科学话语中指称 $H_2O$，似乎具有严格指称性，那也是局限于科学语境而言如此。在日常语境中，（尤其是缺乏有关化学知识的）说话者在使用这个自然类属词时未必指称 $H_2O$，否则他们也许就不会把水缸中加了明矾的水或者盐碱地中流出的水叫作“水”了。

## 6.3　直接指称与间接指称

从某种角度看，严格指称是直接指称的结果。那么，什么是直接指称？哪些表达式具有直接指称性特征？类似这样的问题，其答案实际上同样富有争议。尽管有的学者认为，如果说某个表达式指称，那就是通过将指称对象引入包含该表达式的句子所表达的命题而直接指称，从而“直接指称”概念是冗余的（Bach 2004），也有学者主张直接指称论与（新）间接指称论并无实质性不同；其理由在于，两种理论可以用实质上类似的方式阐发，因而两者就实际准确性而言并无优劣之分（Balaguer 2011：53）。但是，更多的研究者则把直接指称与间接指称之争看作关乎指称理论建构以及指称现象阐释的语言哲学重要论题。

按照直接指称观，有关语言表达式并不藉由涵义或内涵作为中介指称客体，而是直接地同客体形成指称关系。一般认为，将名称看作名称承载者之标签、将名称指称的个体视为名称之语义值的经典密尔论是典型的直接指称论；主张区分指称与涵义，且将涵义或所描述之性质看作表达式与指称对象之中介的传统弗雷格论则是间接指称论的范型，而各式各样的描述论大多可以归为间接指称论。

这些理论都因不同程度地存在局限性而受到质疑。因此，密尔论和描述论传统虽然一定程度上皆得到了传承，但当代（新）直接指称论与描述论又并非经典密尔论与传统描述论的简单因袭与翻版。譬如，一些新直接指称论者[1]在解释有些表达式（如空名）的指称时也多少吸纳了描述论的某些思想。相反，有些描述论者在阐释有关表达式的指称时也汲取了直接指称论的某些洞见。这也许就是上述有的学者提出两种理论不存在实质性差异的理据。

此外，或许需要针对具体表达式的指称阐释，判断特定指称论是否为直接指称观。经典密尔论主张专名为直接指称性的，卡普兰（1989）阐述了指示语的直接指称性，克里普克、帕特南则不仅认为专名为直接指称性的，而且将关于专名的“无内涵外延”观扩展至自然类属词，提出自然类属词同样是直接指称性的——相对于所有可能世界，指表相同的抽象个体、相同的自然类。当然，正如前面论述业已表明的那样，这些直接指称观均存在局限性，因而受到反对者的各种质疑与挑战。因此，更加合理的路径看来应当是，汲取直接指称论与包括描述论在内的间接指称论的有益洞见，针对不同表达式在特定语境中的具体使用，对其指称特性做出具体阐析。究其原因，诸如专名（与空名）、指示词语和描述语这些不同类型的指称性表达式，其指称性质和行为无疑存在差异。因此，正像后面关于指称论与谓词论之争的讨论所示，奢望创立一种适用于阐释所有表达式指称现象的理论难免会导致各种削足适履、穿凿附会的后果。

下面仅以（部分）指示语为例，简要探讨支持与反对直接指称论的一些代表性论述。基于其反描述论的立场，卡普兰（1989）为代表的直接指称论者主张，像“我”、“你”、“他”和“这”、“那”这种指示语属于直接指称性表达式。这也就是说，在这些直接指称论者看来，相对于使用语境，指示语的场合意义是指示语所指称的客体，而不是确定指称对象所依据的性质或描述内容。譬如，指示语“我”在使用语境中的场合意义是语境中的说话者，而非作为语境中说话者的性质或这个描述内容。据此，既然指示语的场合意义是其指称的个体对象，那么，包含指示语的句子所表达的就是单称命题。这样，直接指称论加之语义与信念相联系的假设，就意味着持有指示信念的施事相信单称命题。然而，这样地断言持有指示信念的施事相信

[1] 为了行文简洁，下文除非为了避免混淆，仅以“直接指称论”代表“当代（新）直接指称论”。

单称命题的理论，其正确性却遭到有些哲学家的质疑（Braun 2017：158–159）。他们的质疑基于类似下面这个源于佩里（1979/2000）的例子。佩里在《基本指示语的问题》一文的开头描述了这样的情景：他在超市货架之间的过道上推着购物车走着，发现地上漏有一绺糖，以为是哪位购物者的糖袋漏了，想要找到这位购物者。他循着这绺糖迹寻找着。后来猛然意识到，是他自己购物车上的糖袋漏了。在这个情景中，设想一开始（在时间 $t_1$）佩里说："**他**正弄得一团糟。"后来，在意识到是他自己购物车上的糖袋漏了时（在时间 $_2$）说："**我**正弄得一团糟"。由于所持的信念不同，说话者接着可能采取不同的行动。佩里通过这个场景的探讨，主要是为了表明基本指示语对各种信念理论可能引起的困难，尤其是对将信念视为主体与（理解为真值载体的）命题之关系的信念观可能造成的困难。他进而论证解决这个问题的办法，在于严格区分信念的对象与信念的状态，并且认识到两者之间的联系并不像通常假定的那样紧密。当然，在此，我们重点并不在于探讨各种信念概念及其理论阐释，涉及信念主要是因为同直接指称论的讨论相关。

一种观点认为，在上述情景中，佩里在 $t_1$ 和 $t_2$ 这两个时间点分明说出"他正弄得一团糟"和"我正弄得一团糟"，这两句话表达的单称命题既然都包含指称对象佩里作为其成分，就表达了同样的信念。但事实上佩里不可能在这两个时间抱有同样的信念。他作为一个正常理智的说话者，在一个时间点只会相信有一个人"正弄得一团糟"。因此，比方说，佩里不可能在 $t_1$ 既认为是他人正弄得一团糟，又相信是自己正弄得一团糟，因为这两个信念是相互排斥的。反对者藉此论证，将指称对象作为指示语意义的直接指称论是站不住脚的。但是，如上所述，当代（新）直接指称论并不是经典密尔论的简单翻版。直接指称论并非彻底排除意向与媒介或中介实体等概念。因此，假如将说话者意向考虑在内，佩里说出"他正弄得一团糟"不可能指他自己，而是意指另外某个购物者。特别是按照语境论的立场，指称是语境依赖性的，藉由佩里在 $t_1$ 的背景假设、指称意向等语境因素，"他"的指称对象不可能是佩里本人。这样的分析结果同佩里（1979）和卡普兰（1989）等直接指称论者的结论类似，尽管他们的论证路径不尽相同。佩里和卡普兰主张，信念是施事与命题结成的二元关系，但这种关系需要由系统意义作为中介。施事可能藉由一种系统意义（佩里称之为"角色"）相信某个命题，而以另一种系统意义不相信该命题。因此，在上述超市场景中，佩里在 $t_1$ 与 $t_2$ 是以两种不同的系统意义为中介结成同命题的关系的。当然，施事相信的许多命题他们并没有用句子表达。因此，佩里通过区分施事所相信的命题与施事藉以相信命题的信念状态，对其信念理论做出了修正（Braun 2017：163）。然而，以系统意义（角色）这第三个实体作为施事与命题之间的中介或曰指称对象的呈现方式，虽然部分地回应了直接指称论反对者的质疑，但又引起了新的问题。其中有些问题被认为是混淆了语言呈现方式与心理呈现方式所引起的，而系统地阐释这两种呈现方式的区别正是雷氏指称理论的重要内容。下面概要地考察雷氏关于区分这两种呈现方式的论述。

雷氏始终坚持对语言呈现方式与心理呈现方式做出区分，这一点从他近年出版的关于心理档案的两本专著（2012 年的《心理档案》和 2016 年的《心理档案嬗变》）中均有所体现。在雷氏看来，这个区分不仅对阐释指称现象至关重要，而且对指示性思想交流的论述也是不可或缺的。一些当代直接指称论者（诸如佩里（1977）和卡普兰（1989））正是由于最初未能做出这种区分，致使其直接指称论无法在阐释某些指示语指称现象时自圆其说。值得指出，“呈现”一说并非雷氏首次提出，实际上早在弗雷格对思想作逻辑探究时就已经使用了呈现一词。譬如，在下面这段雷氏引自弗雷格的文章中就连续三次出现了“呈现”的字样：

> 每个人都以一种特定的原始方式呈现给自己，而不以这种方式呈现给任何其他人。因此，劳本医生在认为自己负伤了时，大概会以这种原始方式作为基础，将自己呈现给自己。只有劳本医生自己能够掌握以这种方式确定的思想。可现在他也许想要与别人交流。他无法交流一个只有他自己能够理解的思想。因此，他如果现在说“我负伤了”，就必须在其他人能够理解的意义上使用“我”，或许在“此刻正在与你说话的他”这种意义上使用“我”……（Frege 1967：25–26；转引自 Recanati 2016：131）

雷氏基于语言呈现方式与心理呈现方式的区分，对弗雷格的这段论述做出了自己的解读，他并没有声称他的解读与弗雷格的实际意谓一致，但却认为，受弗雷格文章的启发，他提出的观点为阐释指示性交际提供了可资探寻的路径。

那么，雷氏所说的语言呈现方式与心理呈现方式究竟分别意谓什么呢？所谓语言呈现方式，指的是由语言编码的关于指称的任何信息。例如，“我”编码了指称对象是说话者这个信息，“你”编码了指称对象是听话者的信息，诸如此类。心理呈现方式则不同，它是主体思考指称对象的方式。说话者在说“我”时，就以第一人称方式思考自己；但听话者在理解说话者的话语时，则以不同的方式思考说话者。心理呈现方式能够在说话者与听话者之间变化，这就表明心理呈现方式不同于语言呈现方式。具体而言，心理呈现方式并不具备语言呈现方式以下这几种特性（Recanati 1990：706–707；1997：69–70）：其一，规约性。语言呈现方式规约性地取决于语言规则。譬如，“我”之指称对象的呈现方式由“‘我’指称说话者”这条规则决定；“你”的指称对象（即作为听话者）则取决于“‘你’指称听话者”的语言规则。从某种角度看，语言呈现方式亦即卡普兰所说的系统意义或者佩里所说的“角色”。这也就是具有语言能力的使用者通常所掌握的意义。其二，恒定性。语言呈现方式由于取决于语言规则，并不随语境的变化而变化，所以在不同的语境之间保持恒定。这同主体思考指称对象的方式不同。例如，根据语言规则，“我”指称说话者、“今天”指称说出话语的当天、“这里”指称邻近说话的地方，尽管在具体的语境中，这些指示语的指称对象可能千差万别。其三，例型相关性。就某些指示语或“例型自反”性表达式来说，表达式例型的指称对象呈现为同该例型结成某种关系。譬如，“你”的指称对象呈现为对之说出这个例型的人，“现在”的指称对象呈现为说出这个例型的时间，“这里”的指称对象呈现为说出这个例型的地点，等等。那么，为什么说语言呈现方式所体现的上述特性不为心理呈现方式所具有呢？首先，心理呈现方式作为主体思考指称对象的方式并不完全受制于语言规约，因而可能随着语境的变化而不同。其次，心理呈现方式既然涉及思想方式，不完全取决于语言规则，并且可能因语境变化而变化，因而也不具备例型自反的特性。

凭借语言呈现方式与心理呈现方式的区分，或许就能解释前面提到的例子中，佩里在超市看到地上漏下的一绺糖迹时先后说出的“他正弄得一团糟”与“我正弄得一团糟”，虽然结果证明指称的是同一个人，但作为思想内容却并无抵牾。究其原因，佩里在说出“他正弄得一团糟”时，主观上思考的对象是另外某个人，他以为地上的糖是从这个人的糖袋里漏出的；而当他发现糖是从自己购物车上的糖袋中漏出而说出“我正弄得一团糟”时，显然佩里思考的对象才成为了他自己。当然，质疑者或许会反驳说，这两句话中本来就使用了两个不同的指示语“他”和“我”，这两个指示语虽然在佩里的例子中最后证明指称同一个人，但它们的系统意义显然不同。藉此不是同样可以说明这两句话语之间的差异吗？这样的反驳看似不无道理，却并不能证明雷氏区分语言呈现方式与心理呈现方式实属多此一举。也许下面这个例子能够更加清楚地表明这一点。这个例子最初由佩里提出，并为赫克（2002）和雷氏（2016a, b）所引用。设想站在楼上通过两个窗户看到远处“奋进号”这艘格外长的船，从一个窗户看到船头，从另一个窗户看到船尾。但会话双方都没有意识到从两个窗户看见的是同一艘船。这时，假如说话者指向船头说：“那是一艘航母。”听话者如果以为他说的是通过另一个窗户能看到船尾的那艘船，那么就未能理解说话者所说的话。实际上，从一个窗户指向船头说出的“那是一艘航母”与指向船尾所说的“那是一艘航母”所表达的两个思想具有相同的单称真值条件，即只有当从两个窗户中所看到的这同一艘船是航母时，两者方皆为真，但是，这在两种情形下，思考“奋进号”的方式显然不同，从而思想内容各异。可见，思考指称对象的方式，亦即心理呈现方式，不能简单地等同于语言呈现方式，因为指示语“那”的语言意义在前后两个语境中并没有发生变化。

当然，雷氏论证区分语言呈现方式与心理呈现方式的重要性，目的并不限于对指示词语的指称性质做出进一步的阐释，而是旨在为重新阐释语言意义与思想内容之关系提供佐证。具体地说，他对语言呈现方式与心理呈现方式做出区分是为了证明，卡普兰和佩里等直接指称论者早期以系统意义（或角色）概念既指句子意义又指说出句子所表达的（窄式）思想内容的做法是存在问题的。在雷氏看来，将话语的语言意义等同于思想（窄式）内容、将话语所表达的命题等同于思想的真值条件内容，这是一种简单化的观点，应当予以拒斥。可见，雷氏通过语言呈现方式与心理呈现方式的区分，对于句子的语言意义与在具体语境中说出语句表达的思想之关系做出更加精细的分析，有助于我们更加合理地理解语言意义与思想内容的联系与区别。尽管同语言哲学中的许多立场观点类似，语言呈现方式与心理呈现方式的区分并不为所有哲学家所认同，有的哲学家（如 Wilson 1995：160）甚或对语言呈现方式这个概念提出了质疑，同时也对雷氏所依据的直觉之可靠性表示了疑虑。但是，经过以雷氏为代表的理论家的不懈努力，语言呈现方式与心理呈现方式的概念及其区分，业已得到更加广泛的接受，并且在指称现象阐释以及语言意义与思想交流的研究中发挥其应有的作用。

## 6.4 指表、语义指称与说话者指称

值得指出，有些研究者（如 Tayebi 2018）所阐述的并非专名述谓性地**指称**（refer to）冠以或不冠以有关名字的客体，而是述谓性地**指表**（denote）这样的客体，而包括雷氏在内的其他一些理论家则强调指称与指表之间的区别。

当然，在指称研究的许多文献中，研究者并没有刻意将指称与指表区别开来。罗素（1905）和斯特劳森（1950）先后发表的《论指表》与《论指称》均被看作指称研究的经典之作。尤其是在译成汉语时，将 refer to、denote 和 designate 都译作“指称”的也并不鲜见。在语言哲学界开始区分语义指称与说话者指称之后，也有哲学家将指表与指称的区分认同于语义指称与说话者指称的区分。那么，指表与指称是否应当做出区分？如果应当，两者能否做出区分？如果能够加以区分，这种区分能否等同于语义指称 / 说话者指称的区分？下面的讨论将围绕这些问题展开。

首先，就区分指称与指表的必要性而言，有些哲学家虽然没有明确否认，但在实际使用中往往以指称涵盖了两者。例如，普遍认为，像“当今的法国国王”这种有定描述语类似于“飞马”“圣诞老人”等空名，没有指称对象而不做出指称。但有些学者则将之表征为缺乏指表（如 Ludlow 2018：83）。相反，也有学者坚持认为，区分指称与指表不仅必要，而且可行。较早重申罗素的指表观及其适用性的是唐奈伦，之后马蒂（2008）和雷氏（2013，2018）等理论家又进一步阐释了两者的联系与区别。因此，首先应当考察一下唐奈伦是如何就指称与指表做出界定的。在阐述描述语的指称性用法与归属性用法的区别时，唐奈伦对罗素的描述语理论做出了批判，并且提出该理论仅仅适用于归属性用法。与此同时，他认为：

罗素关于指表的定义（如果某个实体唯一地符合有定描述语［所描述的性质］，该有定描述语就指表这个实体）显然适用于有定描述语［指称性与归属性］两种用法中的任何一种。因此，有定描述语无论作指称性用法还是作归属性用法，都具有指表。所以，正像我所阐明的指称概念那样，指表与指称不同。罗素的观点只认识到了指表。而且在我看来，这是一个令人欣慰的结果，指表与指称不应当混淆。如果有人试图坚持两者是同一个概念，一个结果就会是说话者可能在不知道某个客体的情况下指称该客体。例如，某人在 1960 年尚不知道戈尔德瓦特先生 1964 年将成为共和党提名的候选人时说：“1964 年共和党提名的总统候选人将是一个保守派”（……），这句话中的有定描述语将**指表**戈尔德瓦特先生。但是，我们会说说话者指称、提及或谈论了戈尔德瓦特先生吗？我觉得这些术语都不适用。然而，我们如果将指称认同于

指表，那么结果就可能（……）说话者在自己不知情的情况下，在 1960 年指称了戈尔德瓦特先生。然而，根据我的观点，尽管所使用的有定描述语的确**指表**戈尔德瓦特先生（……），但说话者却**归属性**地使用该描述语，并没有**指称**戈尔德瓦特先生。（Donnellan 1966，2012：16–17；强调体为原作者所加）

按照唐奈伦关于有定描述语指称性与归属性用法的区分，指称性用法的特点是有定描述语可用于不具备所描述性质的指称对象。也就是说，作指称性用法的描述语可用以指称描述语不**指表**的客体。因此，“史密斯的谋杀者”可以指称站在审判席上的琼斯，尽管琼斯也许根本没有谋杀史密斯。如果琼斯站在审判席上，被控谋杀了史密斯，但他却是一副满不在乎的神情，那么，下面这句话即可认为表达了成真的命题：

（26）史密斯的谋杀者一副满不在乎的样子。

当然，唐奈伦关于类似“史密斯的谋杀者”这种所谓“错误（或不当）描述语”的论断也并没有得到哲学家的普遍认同。究其原因，既然认为上述描述语不指表指称对象，即琼斯不是史密斯的谋杀者，那么，也许就会有人认为，说出（26）表达的命题就不能成真。为了规避这种质疑，雷氏提出将克里普克把语义指称（等同于**指表**）与说话者指称相对的阐释加以改造，转变成为**指表**与（说话者）指称相对，（说话者）指称又进步区分为语义指称与“仅为”说话者指称相对，如下图所示：

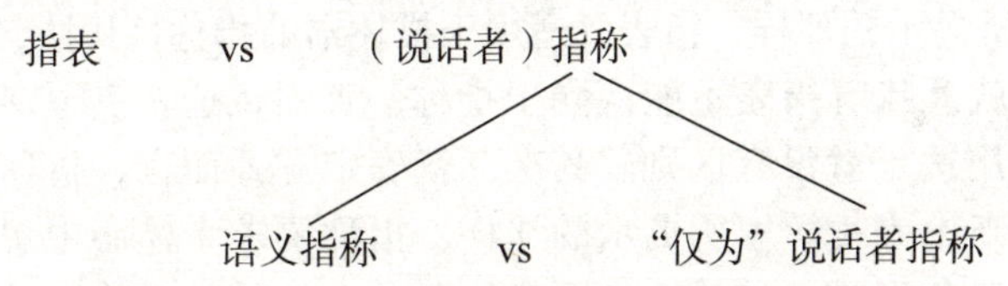


**图一：修正后的唐奈伦阐释（Recanati 2018: 191）。**

显然，这样一种经过修正的唐奈伦阐释尤其不能获得以语义最小论者为代表的理论家所接受，因为在他们看来，语义指称与说话者指称相对，语义指称不可能成为包含在说话者指称之下的一个成分。雷氏之所以对唐奈伦框架做出这样的修正，主要是因为在他看来，这是回应关于包含“错误描述”的话语之命题不能成真这种质疑的语境论方案。在这个方案中，雷氏（同上：192）区分了两种（说话者）指称。在有些情形下，说话者指称行为与句子语义施行的限制一致，而在其他情形下则不相容（正如上述“史密斯的谋杀者一副满不在乎的样子”一例所示，说话者可能指称站在审判席上的琼斯，但琼斯也许不是谋杀史密斯的真凶）。这对应于语义指称与“仅为”说话者指称两者之间的区分。再以指示语为例。根据语义限制，“昨天”指的是说话的前一天。你如果说“昨天”，却意在指称 20 年前的一天，就违反了这一语义限制。该指示语的语义值就受到了影响。这正是瑞普·凡·温克尔说出“昨天”的情形。他使用“昨天”指表的是他说话的前一天，而他本人指称的是他所记得的醒着的最后一天。指示语需要在语境中赋予语义值，而这样的赋值必须满足指示语带有的预设。

在雷氏看来，上述分析同样适用于有定描述语。说话者指称需要满足描述语带有的预设。因此，在所谓的“错误描述”的用法中，即当描述语带有的预设得不到满足时，就不存在语义指称（没有语义值）。结果，就产生了三种而不只是两种用法，除了非指称性（归属性）用法，还有两种指称性用法：① 恰当用法。预设得到满足，说话者指称获得语义指称的地位；② 不当用法。说话者指称“仅为”说话者指称，不能获得语义指称的地位。据此，有定描述语的语义指称对象不仅必须满足唐奈伦的认识论限制，即主体必须在心中考虑该对象；而且必须满足“指表”限制，即具备描述语所描述的性质，成为“指表”。可见，在雷氏基于语境论立场做出的阐释中，说话者指称更加基础，语义指称则依附于说话者指称。说话者指称如果符合有关的语义条件，语义指称就成为说话者指称。进一步说，话语藉由指称成分所表达的语义内容，则根据说话者实施的具体指称行为确定。

那么，能否像克里普克那样，直接将指表认同为语义指称，从而仅仅保留语义指称与说话者指称的区分呢？窃以为，如果接受雷氏前面基于语境论对克里普克框架做出的改造，那么，显然就不能将指表等同于语义指称，而应当将语义指称/说话者指称的二分法扩充为指表、语义指称、说话者指称的三元区分。做出这个三元区分有何理据呢？首先，如前所述，假如我们接受罗素关于指表的定义，即如果某个实体唯一地具备有定描述语所描述的性质，该有定描述语就指表这个实体，那么，正如唐奈伦所揭示的那样，指表既适用于描述语的指称性用法，又适用于其归属性用法。这也就意味着指表不能认同于指称，否则在这一点上，描述语的指称性用法与归属性用法也就没有区别。其次，就确定方式而言，指称与指表存在显著差异。正如唐奈伦等哲学家所揭示的那样，指称要求主体心中想着客体，亦即在思想上同指称对象形成某种关系，而指称正是由这种关系确定的。与之不同的是，指表则是通过满足条件确定的。譬如，如果存在唯一的个体，这个个体是《形而上学》的作者，那么，描述语“第一部《形而上学》的作者”就指表该个体。最后，在唐奈伦和雷氏（Recanati 2013：165）等哲学家看来，就指示语来说，其指称是包含编码谓词的某种心理档案。与有定描述语的情形相似，指示语的指称是否实际地符合该编码谓词所描述的性质，这与包含该指示语之话语所表达命题的真值无关。为了更加清楚地说明这一点，不妨比较一下上述有定描述语“第一部《形而上学》的作者”与指示语“他”的指称性用法。假如以“第一部《形而上学》的作者”指称亚里士多德，说“第一部《形而上学》的作者是一位伟大的古希腊哲学家”，只要亚里士多德确实是一位伟大的古希腊哲学家，那么这句话表达的命题即成真。倘若某一天证明，第一部《形而上学》并非亚里士多德所作，上面这句话所表达命题的真值也不会受到影响。同样，指示代词“他”包含的语义规则是其指称对象是男性。但是，假设一位名叫许靓的追星女生刻意留了偶像男星的发型，说话者并不知晓这个情况，因而以“他”指称许靓，说道：“他一直在找你”，并且听话者也成功地鉴别了说话者的指称对象许靓。那么，只要指称对象许靓的确一直在找受话者，这句话所表达的命题即为真。其中的指示语“他”所编码的单称性呈现方式不是这个命题的成分，而仅仅起着帮助听话者鉴别指称对象的工具性作用。如前所述，尽管这样的判断一直以来不无争议，但是我们如果像斯特劳森（1950）那样，坚持断言与预设、指称与断言等的区分，就不会将指称对象的呈现方式当作命题内容的一部分。这实际上也正是以雷氏为代表的当代语境论者所反复强调的。

诚然如此，坚持（主语）指称对象的呈现方式同话语的真值条件无关并不应当导致将指表/指称的区分认同于语义指称/说话者指称的区分。正如本小节开始业已指出的那样，克里普克在其框架中就将指表等同于语义指称。除了克里普克以外，还有一些哲学家认为，描述语指称性/归属性用法之分只涉及说话者意义，不影响真值条件内容，因而属于语用问题而同语义学无涉（Neale 1990）。这些理论家同样主张，表达式的指表就是其语义指称。正如本书前面几章中基于真值条件语用学与当代语境论对语义学/语用学分界以及话语表达的直觉性真值条件内容的阐释所示，话语命题的成真条件或语义内容并非同说话者在具体语境中使用话语所实施特定的言语行为全然无关。从这种根植于经典“使用论”的视角来看，描述语的指称性用法具有语义相关性，从而将指表认同于语义指称的观点就无法接受。具体而言，尽管指称性用法与归属性用法的描述语具有相同的指表，但在这两种情形下，包含有关描述语之话语所表达的命题却迥然不同。描述语作指称性用法时，话语所表达的是关于特定对象的单称命题；这里，描述语的描述意义只是相当于一种工具，起着帮助确定指称对象的作用。相反，描述语作归属性用法时，包含该描述语的整个话语之语义内容则是一个关于任何符合描述意义之客体的普遍命题（Recanati 2013：167）。由此可见，除了在有些情况下，即在指称性表达式的“不当用法”中，只需区分表达式的指表与说话者指称，但在其他情形下，根据需要分别做出指称/指表、语义指称/说话者指称这两种区分，不仅在理论上必要，而且在实践上可行。

## 6.5　结语

指称既是自然语言的基本功能，又是使用语言实施的一种主要言语行为。因此，指称构念的阐释也就必须同时关注语言以及与语言使用紧密相关的诸多因素。不言而喻，在语境论影响不断扩大的今天，立足于言内与言外语境阐析语言交际中的指称机制及其运作，正成为愈来愈多的研究者的自觉行为。在这一点上，作为当今语境论的代表人物，雷氏业已在指称概念理论阐释中做出了颇具示范效应的开拓性探索。他对于经典密尔论和弗雷格、罗素描述论积极扬弃，并且批判地汲取卡普兰、克里普克等当代（新）直接指称论者的思想养分，丰富充实了自己基于语境论视角的指称理论。当然，语境论本身也尚在不断发展、逐步完善之中，而指称研究的深化与拓展，尤其是通过与不同理论立场的争鸣和交流，推进诸如上述关于具体表达式的指称机制、语义指称与说话者指称的甄别、语言呈现方式与心理呈现方式的区分以及指表与指称的界定等一系列论题的深入研究，也势必能够有力地助推语境论的进一步发展。

## 第7章

# 心理档案论——单称思想阐释的指示性模式

## 7.1 概述

乍看起来，心理档案似乎应当属于心理学探究的概念。但实际上，心理档案业已成为愈来愈多的语言哲学家与心智哲学家关注的哲学构念。正如萨利斯所说，语言哲学与心智哲学中的许多重要概念与现象经常利用心理档案思想予以表征与阐释。这些概念与现象包括单称思想、心理指称、指称确定、共指关系、信息同一、命题态度、态度归赋、涉我思想、指示思想、感知概念、辨识与误识等等（Salis 2013：i）。一般认为，心理档案[1]作为哲学构念最初是由格赖斯在探讨空名和作指称性用法的有定描述语时引入语言哲学的（Grice 1969：140–144）。斯特劳森（1974）、埃文斯（1973）等哲学家也论述过类似的概念。首次直接明确提出“心理档案”概念的是佩里（Perry 1980），他试图藉此概念阐释持续信念。佩里的“心理档案”思想对雷氏产生了重要影响。尽管很多哲学家对心理档案有所论述，或者将之用于阐述哲学论题，但是普遍认为，迄今对心理档案做出最为全面系统、详尽深刻论述的当推雷氏。他不仅早在二十几年前就开始探讨心理档案概念在阐释单称思想与直接指称中的作用，而且近年更是连续出版两本专论心理档案的著作，将语言与心智哲学界关于心理档案的研究引向高潮。

语言与思维的关系历来是语言哲学与心智哲学的核心论题。语言如何表征与反映思想、促进与制约思想？诸如此类的问题长期为哲学家孜孜不倦地探究。当然，在关于语言与思维关系的探讨中，不同哲学家采取的视角和聚焦的维度不尽相同。其中尤其引人注目的是，一些哲学家致力于探索如何借鉴语言分析方法进行思维分析，将语言表征研究中获得的经验与洞见扩展到一般表征（特别是心理表征）之中。雷氏堪称这些哲学家的典范。按照他在《字面意义论》与《真值条件语用学》中所

[1] 格赖斯使用的是 dossier 一词。雷氏在 20 世纪 90 年代（如 Recanati，1993、1995）也使用了 dossier，后来（如 Recanati 2012、2016），更多地使用 mental file 表示心理档案。

倡导的研究路径，倡导以语用学方法研究语义学现象。藉此路径的一种形式可以认为，做出解释的语用过程是在同话语关联的心理表达式层面发挥作用的。因此，依循语用学路径探析心理表达式的性质与功能，进而对单称思想做出系统阐释，这正是雷氏心理档案学说的旨归。

正如通过语用学方法探析语义学现象那样，藉由语用学路径阐释心理表达式和单称思想，就必然强调并倚重语境的作用。因而，雷氏心理档案学说的显著特征是继续秉持他在阐释语义现象中一贯坚持的语境论立场。正是立足于语境论的基本观点,雷氏构建了阐释心理表达式与单称思想的指示性模式。根据他的这一指示性模式，将心理指称同语言指示性类比，藉以凸显关系因素的决定性地位。“关系因素”在雷氏整个心理档案学说中举足轻重。按照这一学说，思想主体通过心理档案思考客体，心理档案追踪主体与其结成语境关系的客体。主体与客体所处的有关语境关系即为经过雷氏重塑的“亲知”关系。正是藉由雷氏意义上的“亲知”关系，心理档案拥有了指称，从而为人们提供了关于客体的信息，增进其对于这些客体的认识。

心理档案论从语言表征研究扩展到了心理表征探究。然而，正如雷氏反复强调的那样，他不仅没有改变先前的基本立场，而且在关于思想的阐释中，也并没有将语言置之度外。这至少可以从以下两个方面予以佐证：一方面，雷氏关于思想中指称现象的阐释运用了源于语言研究的手段，尤其是借鉴了指示语研究的手法；另一方面，既然指示性思想依赖于语境，似乎只能由处于恰当语境中的人获得，那么，能够将这种思想传达给不处于同一语境中的人仿佛就对交际理论构成了一种悖论。雷氏基于指示性模式阐析语言表达式的指称用法，藉以消解指示性思想的存在看似对交际理论形成的悖论。

雷氏的心理档案论具体是如何建基于指示性模式的呢？这个问题尽管十分重要，但在回答这个问题之前，首先必须要对雷氏的心理档案概念及其性质、类型与功能等有一个概貌的了解。然后，我们才能探讨雷氏是如何从语言指示性深入到思想指示性，为其心理档案理论构建起指示性模式的。雷氏心理档案论博大精深，不可能奢望在一章中对之做出面面俱到的论述。因此，我们将聚焦于其心理档案理论中具有特色的若干方面。除了围绕指示性模式的讨论之外,我们还将着重探讨的问题包括：在雷氏心理档案论中，为什么关系因素至关重要？为什么在关系因素中强调“亲知”概念？如何理解雷氏的“亲知”论？单称思想与语义工具论相容吗？心理档案论如何超越激进语义工具论？通过诸如此类问题的探讨旨在表明，雷氏心理档案论作为探究单称思想心理表征的新颖理论，尽管受到各种质疑与挑战，业已显示出颇强的解释力，值得继续深入研究，以使其获得进一步的发展与完善。

## 7.2 心理档案初介

在某种意义上说，“心理档案”可以看作这一概念的一种隐喻用法。这个隐喻凸显心理档案与档案概念的诸多联系，体现了心理档案的实践价值与认知功能。当然，以雷氏为代表的哲学家所重点关注的是心理档案的概念基础，他们着重探讨的是心理档案能够为阐释语言与思维中的单一指称提供什么样的洞见。

### 7.2.1 心理档案：非描述性呈现方式

在雷氏的理论框架中，心理档案属于心理表达式系统，是单称思想的媒介，人们通过心理档案思考客体。心理档案与单称词项相对应，人们藉由心理档案做出指称，单称词项从相关的心理档案承继指称。同时，心理档案作为弗雷格“涵义”或呈现方式的替代性概念，用于将关于思想客体的认知视角个体化。可是，既然弗雷格的涵义概念及其与指称的区分业已成为语言哲学界耳熟能详的常识，以心理档案概念取而代之的必要性和可行性何在？弗雷格涵义尽管与心理档案一样都是作为思想成分的心理构念，但所基于的理论视角与着眼的决定因素迥异。涵义是理解为描述性的呈现方式，亦即理解为将客体仅仅表征为特定性质的拥有者。例如，对于不知道“晨星”与“暮星”指称同一颗行星的人来说，既相信“晨星是明亮的”又相信“暮星不明亮”，并不应该被看作是不合理性的。究其原因，晨星与暮星尽管实际上均指称金星，有着相同的指称对象，却具有不同的涵义或呈现方式，即，晨星在早晨呈现，而暮星则在傍晚出现。再如，亚里士多德这个客体首先是以“柏拉图的门生”“亚历山大大帝的老师”“第一部《形而上学》的作者”等一系列性质呈现给我们的。从认识论的视角看，亚里士多德作为认识客体只具有第二位或派生的地位。

如前所述，20 世纪下半叶以降，以克里普克为代表的哲学家对描述论展开了深入的批判，深刻揭示了将人们同单个客体的心理关系看作藉由客体的性质结成的描述论视角面临的各种问题，主要包括所谓的“模态问题”、“认识问题”与“语义问题”。针对描述论所遭到的质疑与挑战，过去的几十年里，哲学家们一直不懈努力，探索各自的替代方案。被看作新弗雷格式的心理档案学说摒弃描述论，立足单称论，藉由主体与客体结成的“亲知”关系阐释关于单个物体的单称思想。所以，与基于描述论的弗雷格“涵义”或呈现方式不同，雷氏等的心理档案论所坚持的是一种单称论的立场，明确地将心理档案规定为非描述性呈现方式。因此，要正确理解心理档案理论，首先必须了解单称论的立场和非描述性呈现方式。简言之，同描述论相反，单称论认为，“我们的思想在关涉性质的同等程度上关涉单个客体。客体在经验中直接提供给我们”（Recanati 2012：4）。在此，有两点值得注意：其一，雷氏等强调思想关涉单个客体，但并没有说我们的思想从不涉及性质。之所以要突出思想关涉客体，主要是为了矫正描述论忽略思想直接关涉客体这一错误倾向；其二，单称论的要旨同雷氏等哲学家所阐述的（新）直接指称论思想如出一辙。按照直接指称论的观点，所谓直接指称性表达式并不藉由涵义或内涵作为中介指称客体，而是直接地对客体做出指称或与之形成指称关系。由此可见，心理档案论与直接指称论都是同描述论背道而驰的。

除了可以从模态论、认识论与语义学角度针对描述论提出质疑之外，就指称现象的具体阐释而言，在下述三种情形中，哲学家大多并不倾向于有关主体头脑中会出现决定指称的描述语，亦即由描述语描述的性质决定指称对象（Recanati 2014b：468–9）：① 藉由亲知指称。在这种情形下，主体通过与客体结成的语境关系直接指称客体。例如，主体在感知某个客体并对之加以思考时，思想关涉的客体即为所感知的客体。这时，可以认为，客体成为指称对象并非由于主体相信该客体具有特定的性质。实际上，主体经常并不能对经验中所遇到的客体做出恰如其分的描述。更有甚者，有时主体可能将不属于客体的性质错误地归于客体。但在这些情况下，主体仍然能够成功地实施指称行为。② 藉由交际链指称。在所谓“弗雷格案例”中，即在诸如晨星与暮星、西塞罗与图力、超人与克拉克·肯特等两个表达式共有指称对象的案例中，主体或许能够就指称对象做出某种描述，但所提供的描述语并不符合弗雷格要求：首先，主体提供的描述语经常并不是定指性的；其次，当主体能够提供一个有定描述语时，描述性条件经常不能只由唯一的客体所满足；最后，主体即使能够提供有定的描述语，而且描述性条件也由唯一的客体满足，但该客体未必就是表达式的指称对象（该表达式的涵义正待做出表征）。③ 通过指示语指称。诸如“我”“这里”“现在”这样的指示语被认为是直接指称性表达式，其呈现方式实质上为视角性的，无法通过客观的非指示性描述语揭示。就前面这三个指示语而言，相应的呈现方式一般分别以“说出‘我’这个例型的人”、“说出该例型的地点”和“说出该例型的时刻”这样的描述语表述。但是，说出这些例型的主体始终可能怀疑自己在当时当地说出了这些例型。实际上，这些例型自反性描述语也不可能为缺乏专业训练、不懂得“例型”等概念的人所把握。他们一般也不可能在使用语境中反思这些例型表达式与客体的关系。因此，描述论阐释的局限性昭然若揭。正是针对描述性呈现方式诸如此类的局限性，雷氏另辟蹊径，力图摆脱基于描述性质的满足以阐释单称思想之窠臼，藉由主体与客体的语境关系，尤其是通过所谓的“亲知”关系探析人们关于单个客体的思想。因此，要全面系统地了解雷氏心理档案学说，就必须深入考察雷氏是如何将非描述性呈现方式建立在语境关系，尤其是他所创立的新“亲知”关系概念基础之上的。不过作为前提，首先需要就雷氏阐发的心理档案主要类型与基本功能等做一鸟瞰。

### 7.2.2 心理档案的主要类型

心理档案作为非描述性呈现方式，其基本功能是存储关于客体的信息，这些信息主体通过与有关客体结成恰当的语境关系获得。通过调用心理档案，主体在心中指称对象客体，有关指称性表达式也派生性地拥有了指称。当然，无论是心理指称还是语言指称，在某种意义上说，都可以看作维特根斯坦所说的生活形式。既然生活形式是无限多样的，那么，指称行为也可以认为是无限多样的。无限多样不等于杂乱无章、混沌一片。不同的心理档案或许可以从不同角度（比如，依据其性质与功能）加以归类，以揭示各种心理档案的显著特征。在这方面，雷氏所做的开创性工作颇具启迪性。着眼于同具体语境关系（或曰亲知关系）的密切程度，雷氏将心理档案归入三种主要类型（Recanati 2012 Ch.5；2014b：476–480），这三类档案分别简述如下：

① 原档案（proto-files），只能存储藉由与指称对象的认识增益关系（即 ER 关系）[1] 获得的信息。例如，原档案**自我 ***[2] 只能包含说话者以第一人称方式“从内部”获得的信息。据此，这个原档案就不包含关于我血型的信息。我无法通过本体感受或内省等第一人称方式获取关于我自己血型的信息，这个信息我只能通过询问他人、到医院检验或者借助于其他方式获得。又如，原档案**那个病人 *** 仅仅承载借助于说出这一表达式时所伴有的副语言特征而直接感知指称对象所获得的信息。雷氏以星号标示原档案，以区别于普遍意义上的心理档案。在雷氏看来，普遍意义上的心理档案起着个体概念（即思想成分）的作用，而原档案则缺乏概念的区别性特征。雷氏提出的理据是，概念应当满足埃文斯所说的“普遍性限制”条件，也就是说，掌握述谓概念的主体应当拥有这样的思想，在该思想中这个述谓概念适用于主体对之具有单称概念的任何客体。由于原档案对所承载的信息受到上述局限，无法满足概念的“普遍性限制”条件，也就不能成为普遍意义上的心理档案。

② 概念性档案，尽管同样基于某种 ER 关系，却不啻包含通过诸如原档案中那种特殊亲知关系获得的信息，而且承载关涉同一个体但却是以其他方式获取的信息。以心理档案**自我**为例。与带星号的原档案**自我 *** 不同，概念性档案**自我**既包含以第一人称方式获得的信息，又存储并非以第一人称方式获取、却关涉同一自我个体的信息。上面提到的有关我血型的信息就属于后一种信息。这个信息我无法藉由第一人称方式获得，但关涉的对象却与以第一人称方式获得的信息关涉相同的个体，即我自己。因此，这条信息一旦通过交流等第三人称方式获得，就进入概念性自我档案。由此说来，概念性档案可以看作是一种以原档案为“核心”的扩展形态。

③ 百科词条，即佩里所说的“分离档案”，通过将档案与任何特定 ER 关系相分离而形成。百科词条所存储的信息不是通过具体的 ER 关系获得，而是基于更高层面的 ER 关系获取。这种更高层面的 ER 关系是更加满足一般用途的信息追踪关系。因此，我的**大英博物馆**档案包含我能够获得的关于这座博物馆的所有信息，无论这些信息是以什么方式获得的，只要是关于这一博物馆的信息就都存储在这个档案之中。这也就是说，百科词条这种档案利用所能利用的同指称对象的多种 ER 关系，而不限于某个特定的具体语境关系（如站在大英博物馆前注视着它），收集关于指称对象的有关信息。值得注意的是，正如雷氏反复强调的那样（Recanati 2012：Ch.6；2014b：479），百科词条尽管并非基于某个特定的 ER 关系，但这并不意味着这种档案不以 ER 关系为基础，它所依赖的是更加抽象的“高阶”ER 关系。此外，由于并

[1] 认识增益（ER: epistemically rewarding）关系是雷氏心理档案论的核心概念之一，他将之用于意谓能够为主体增加关于所指客体之信息的语境关系或亲知关系。

[2] 本章以下画线黑体代表有关心理档案。

非依赖于某个具体的ER关系，百科词条的预期寿命显然要比基于特定ER关系而存在的档案长得多。这种档案并不因为主体同指称对象的语境关系发生了变化而不复存在。

以上简述表明，这三种档案在所依赖的ER关系之性质与范围上不尽相同。原档案同特定的ER关系联系密切，并且仅能承载基于这种关系的信息。概念档案虽然并不如此严格地受制于特定的ER关系，但依然与有关的ER关系紧密联系。这是因为概念档案的存在同样以与指称对象存在具体的ER关系为前提。相比之下，百科词条与特定ER关系的联系最不紧密。这种档案并不由于某个具体ER关系的消失而消失。因此，纵观起来，我们或许可以像雷氏那样，将这三类档案的关系描述为一个层级结构，或者将之看作构成了佩里所说的一幢三层楼房：原档案处于底层，最为基础。概念档案处于中间层，基于对原档案的扩展而生成。百科词条位于最上层，在概念档案的基础上产生。这种档案依赖于更加抽象的高阶ER关系，更加具有稳定性。

### 7.2.3 心理档案的透明性与共指关系

在雷氏的理论框架中，心理档案作为心理表达式，尽管不是语义实体，但却发挥着弗雷格赋予“涵义”的诸多功能;并且像涵义那样，心理档案具有透明性的特点。雷氏的“透明性”概念虽然可能受到罗素关于“透明性”论述的某种启发，但又与之明显不同。罗素所说的透明性依据其亲知论提出,强调“亲知”是一种密切关系（基于同思想直接对象的最为基本和直接的关系），尤其具有透明性特点。这个特点被认为由以下事实具体体现：主体如果亲知两个不同的客体，就会知道这两个客体不同；相反，主体若亲知两个相同的客体，也就会知道两个客体相同。换言之，主体不可能两次亲知同一客体而不知道这一点。罗素因而相信，所谓的“弗雷格案例”是不可能出现的。但是，雷氏明确拒斥罗素的这一观点（Belleri and Palmira 2014：244）。他创立心理档案论的目的之一正是要对“弗雷格案例”做出理论阐释。假如不承认这种案例的存在，也就根本不可能试图对之做出阐释。当然，罗素或许可以辩解道，按照其极其严格的亲知概念，我们亲知的对象只包括自己及其感觉材料这样有限的客体，从而就不可能遇到“弗雷格案例”。但这样的亲知观过于狭窄，无法对人们丰富多样的单称思想交流实践做出有效的阐释。因此，雷氏不仅对罗素的亲知概念加以重构，而且赋予“透明性”以新的内涵。

在雷氏看来，即使客体藉由ER关系直接提供给主体，而不是通过描述间接地提供给主体，“弗雷格案例”始终可能产生。主体藉由ER关系和基于ER关系的心理档案获得了思考客体的一种方式，亦即客体的呈现方式。这样，即若主体知道两个不同表达式的涵义，获得了两个呈现方式，但这两个呈现方式可能决定相同的指称，也可能不决定相同的指称。指称是模糊的。也就是说，在指称层面不存在透明性，主体不能透明地获及指称对象。主体能否成功地做出指称以及究竟指称什么，这在很大程度上依赖于语境，许多语境因素并不在主体的掌握之中。主体在两次指称同一个客体或者指称不同的客体时，并不需要意识到自己这样做了。相反，呈现方式才是主体能够透明地获及的（Recanati 2013e：218；2015：422）。认为主体能够透明地意识到呈现方式，这一立论正是假定呈现方式或涵义整个要义的基础。更加直白地说，雷氏心理档案透明性的观点意味着单称思想的主体知道，两次出现或使用的心理档案在什么时候是同一个档案的调用、什么时候是不同档案的调用。藉此，心理档案也就发挥了对（规定性）共指关系做出阐释的作用。具体地说，如果两个单称词项（如西塞罗 $_A$ 和西塞罗 $_B$）关联于同一档案，就预设这两个词项共指，并能有效地"利用同一性"（TI）：即人们无须诉诸同一性前提便可以直接从"西塞罗 $_A$ 秃顶"和"西塞罗 $_B$ 博学"推断"某人秃顶而博学"。这个推导之所以是合理的，正是由于西塞罗 $_A$ 和西塞罗 $_B$ 具有相同的涵义，用心理档案论的术语来说，亦即与同一个心理档案**西塞罗**相关联或将这个档案调用了两次。"利用同一性"的推理包含了同一性假设，这种情形现在通常描述为"规定性共指"，应当与涉及同一性判断的"事实性共指"区分开来。如上所示，关于西塞罗 $_A$ 和西塞罗 $_B$ 共指的"同一性预设"，使主体能够将信息看作关涉同一客体，不需要借助于显性或隐性的同一性判断。相反，假若要从"西塞罗秃顶"和"图力博学"推理"某人秃顶而博学"，就必须增加"西塞罗 = 图力"这个同一性判断作为推理的前提。

就透明性特征而言，规定性共指与事实性共指同样存在区别（Recanati 2019：89–90）。事实性共指存在模糊性。单称思想的主体可能不知道两个共指性表达式共指，因而将两个不同却共指的档案与这两个例型表达式相关联。这时，指称内容层面结成的共指关系没有反映在认知内容层面，主体调用了两个不同的心理档案，这两个档案碰巧指称同一实体。相反，规定性共指则是透明的，单称命题内容思考者必定知道两个共指性单称表达式共指，从而将同一个心理档案关联于这两个例型表达式。在规定性共指情形下，在指称内容层面存在共指；而在心理表达式成分之间的认知内容层面则存在相匹配的关系。以这种方式反映在认知内容层面，就使得指称内容层面结成的关系对主体是透明的。在这种情形下，任何主体假若怀疑两个例型表达式共指或者不清楚它们是否共指，这就足以证明该主体没有能够理解话语，从而对话语的认知内容也就不得要领。

可见，透明性与共指关系这样的概念本身似乎是透明的，应当能够为我们所接受。然而,事实并非如此。针对雷氏心理档案论的一种质疑正是瞄准其透明性一说的。一般认为，透明性以同一性为基础，而同一性则具有传递性。据此，三个单称思想例型 A、B、C，若 A 与 B 包含相同的呈现方式、B 与 C 包含相同的呈现方式，那么，A 就与 C 包含相同的呈现方式。但是，质疑透明性的学者论辩，这种传递性在有些情形下可能失效，从而也就动摇了透明性的基础（Prosser 2019：10）。传递性失效被认为在类似下面的所谓反例中体现出来。这类"反例"我们在探讨专名指称时已有接触，涉及不同个体同名的现象。在不了解实情时，主体误以为两次使用同一个名称指称的是同一个体，而实际上却指称了两个对象。波尔所举的涉及专名 Barry

Smith（巴里·史密斯）的例子据称就属于这样的“反例”（Ball 2015：363–364）。主体最初判断：

（1）巴里·史密斯是一位心智与语言哲学家，在伦敦工作。

接着判断：

（2）巴里·史密斯是一位研究本体论的哲学家，在［美国纽约州西部港市］布法罗工作。

主体根据这两个前提推断：

（3）某人是一位心智与语言哲学家，在布法罗工作。

乍看起来，（3）是一个有效的推论。但转念一想，不会有谁能够这样地同时在相距如此遥远的两个地方工作，并且成为两个不同领域的佼佼者。因此，其理性告诉主体这个推论是无效的。主体进而认识到，（1）和（2）包含的信息一定是针对两个不同的哲学家，他们只不过碰巧重名罢了。主体进一步推断：

（4）巴里·史密斯不是研究本体论的哲学家。

主体在推论（4）中使用的巴里·史密斯意在与前提（1）中名字规定性共指。然后，主体基于前提（1）和（4）推论：

（5）某位心智与语言哲学家不是一位研究本体论的哲学家。

该主体还推断：

（6）巴里·史密斯不在伦敦工作。

这个推论中例型地出现的巴里·史密斯意在与前提（2）中的名字规定性地共指。最后，主体基于前提（2）与（6）推断：

（7）某位研究本体论的哲学家不在伦敦工作。

稍做考察就会发现，在上述推理中，不仅出现在（1）和（2）之中的例型“巴里·史密斯”不共指，而且（4）和（6）这两个命题中的例型“巴里·史密斯”显然也不存在共指关系。但在波尔看来，根据雷氏的阐释，例型“巴里·史密斯”在（1）和（2）、（2）和（6）存在共指关系，因而雷氏透明性立论与规定性共指概念令人生疑。然而，波尔的所谓反例以及基于这种反例的论证并不能在驳斥雷氏的心理档案论中奏效。对比之下，雷氏（2015：422–425）在回应波尔的质疑时做出的反驳，似乎更加符合我们的直觉。首先，单称思想的主体在做出（1）与（2）这样的断言时，先验地知道共指的条件。后来，主体意识到自己在指称上出了差错，将两个同名的巴里·史密斯混为一谈了，并且将关于两个不同巴里·史密斯的信息归入了一个（包容性）档案之中。这是一个混淆的心理档案，所基于的ER关系无法汇聚到一个客体。这个档案既关涉伦敦哲学家巴里·史密斯$_1$，又关涉本体论研究专家巴里·史密斯$_2$。这种混淆的心理档案根本无法做出指称，所谓共指更是无从谈起。

实际上，在波尔之前，皮尼略斯就已经以下述实例对规定性共指关系的传递性提出了质疑（Pinillos 2011：315）：

（8）我们在争论是否既研究长庚星$_1$，又研究启明星$_2$，但是当我们获得证据它们是同一颗星时，我们立刻向那里$_{1,2}$发送了探测器。

在这个例子中，如有关表达式的下标所示，“长庚星”与“启明星”不是规定性共指的，但两者都同“那里”规定性共指。究其原因，完全理解（8）这句话的人并不一定知道“长庚星”与“启明星”假如确有所指就必定指称同一对象，但却必然知道这两个表达式必定与“那里”指称同一个地方。雷氏尽管承认，在类似（8）的实例中，规定性共指的传递性失效，但他并不接受这样的实例构成了否认心理档案理论的证据，而认为这些实例只能作为反驳心理档案理论强式阐释的论据，构不成反对弱式心理档案理论的理据。试比较雷氏对心理档案阐释这两种形式的表述（2012；2014b：484）：

**强式**：话语中出现的两个词项A与B**仅当**与单个客体X（如单个心理档案）结成某种关系R时，**才**规定性共指。

**弱式**：话语中出现的两个词项A与B**若**与单个客体X（如单个心理档案）结成某种关系，**就**规定性共指。

按照弱式心理档案阐释，话语中出现的两个单称表达式除了藉由与单个心理档案相关联而规定性共指外，还可能出于其他原因达成共指关系。这种对心理档案阐释的弱化或许最终导致雷氏（2016：26）将规定性共指区分成强、弱两种形式：

强规定性共指：

说话者相对于两个词项A和B处于规定性共指状态，因此，任何正确理解话语的人都**知道A和B若其中一个词项指称，则共指**。

弱规定性共指：

说话者相对于两个词项A和B处于规定性共指状态，因此，任何正确理解话语的人都**知道若A和B若两个词项皆指称，则共指**。

从以上例（8）来看，两个词项要结成弱规定性共指关系，并不一定必须与同一个档案相关联。在这个例子中“启明星”“长庚星”分别关联于一个初始档案，而“那里$_{1,2}$”则关联于一个包容性档案。该包容性档案是前面两个预设为共指的初始档案的聚合。“启明星”“长庚星”这两个词项各自与“那里$_{1,2}$”可能结成弱共指关系。

据此，雷氏认为，关联于同一个档案是两个词项规定性共指的充分条件，但却构不成其必要条件。同时，通过区分强规定性共指与弱规定性共指这两种形式，他就不再需要像之前那样，弱化心理档案理论阐释。强规定性共指与弱规定性共指是规定性共指的两种形式，而不是关于界定规定性共指的两个对立的观念。强规定性共指具有传递性，而弱规定性共指则不具有传递性。那么，在对话语或思想做出分析时，应当运用哪个规定性共指概念表征话语成分或思想成分之间的关系呢？雷氏明确回答，应当采用强规定性共指概念（同上：47–48）。究其原因，这就在于话语中与不同成分相关联的档案在思想中共同调用，而思想产生于解释过程。在这一过程中，或者共同调用同一个档案，而且两次调用之间结成强规定性共指关系，或者两次调用的是不同的档案，也就不存在规定性共指关系，至多结成事实性共指关系。

### 7.2.4 心理档案的动态变化

雷氏的心理档案概念起着弗雷格“涵义”的若干主要作用，其中包括对所谓的“弗雷格限制”提供解释，并且藉由“利用同一性”使规定性共指成为可能。然而，有些哲学家认为，正像鱼和熊掌不可兼得一样，心理档案不可能兼具这两种作用。假若像雷氏那样，坚持使心理档案同时起着“弗雷格限制”与“利用同一性”两种作用，就会使其心理档案理论陷入两难境地。在这些哲学家看来，在某些跨模态或跨时情形中，要么包含在利用同一性推理中的档案实际上相同，那样的话，档案不是呈现方式；要么所包含的档案不同，但通过像转换这样的认知机制相联系，那样，诉诸档案相同性（即“利用同一性”）对于解释理性推理不发挥作用。这个结论由奥诺弗里基于对类似雷氏所举的“杯子”一例的分析得出（Onofri 2015：388）。这是一个涉及跨模态情形的例子，雷氏在《心理档案》第 7.3 节论述档案动态变化时引自坎贝尔（Campbell 1987：283）：某个主体看着一只杯子想“这只杯子是满的”；然后，他触摸杯子做出判断“这只杯子是坚硬的”。按照雷氏的阐释，在这种情形下，主体可能做出跨模态推理：“这只杯子是满的，这个杯子是坚硬的；因此这里有一件物体，既是满的，又是坚硬的。”主体在此利用了所看到的物体与所触摸的物体之同一性，而没有诉诸“这个（看到的）杯子是这个（触摸的）杯子”这个同一性前提。该同一性藉由主体从一种模态到另一种模态跟踪客体的能力确立。然而，奥诺弗里质疑雷氏“利用同一性”论证，认为按照这一论证，基于视觉形成的档案与通过触觉形成的档案不同，所依据的 ER 关系不同，两者所存储的信息也不同；因而主体也就不能利用同一性以做出“这里有一个杯子，既是满的，又是坚硬的”推理。这显然是不合情理的。然而，雷氏反驳道，人们虽然可能很容易设想调用不同档案的弗雷格案例，一个档案针对一种模态，而不预设同一性；但主体对同一性的利用却表明，对他而言，只有一个档案，这个档案将视觉信息与触觉信息加以综合（2016：72–73）。可见，奥诺弗里与雷氏的一个分歧看似在于在这类案例中究竟涉及一个“粗分的”档案，还是包含两个“细分的”档案，“弗雷格限制”需要两个档案对“弗雷格限制”的作用做出解释，而“利用同一性”则需要借助一个档案予以说明。奥诺弗里声称，雷氏依靠单个档案同时说明“弗雷格限制”与“利用同一性”两者的作用，其理论框架岌岌可危。但是，正如雷氏所反驳的那样，奥诺弗里的质疑本身基于对雷氏阐释之曲解，因而不能中鹄奏效。在利用同一性中，规定性共指与同一个档案的调用相对应，这是一个经过递增转换而生成的包容性档案。因此，利用同一性仍然藉由档案的相同性得到解释。要对雷氏的阐释做出正确理解，我们就不能像奥诺弗里那样错误地假设，转换前的档案与转换后的档案是两个档案，分别关联于规定性共指的两个例型单称词项，这两个例型单称词项先后在跨模态允许利用同一性的思想序列中出现。雷氏拒不接受这一假设。他否认在跨模态利用同一性思想中调用的是初始档案，他强调规定性共指利用同一性所调用的是单个包容性档案（Recanati 2015：411；2016：73）。

除了类似上述基于跨模态情形对雷氏心理档案论做出批评之外，还有哲学家针对跨时（间）思考单个客体的案例，质疑雷氏关于心理档案起着呈现方式作用的论断。在这方面，尼纳基于下述情形论证的观点颇具代表性：

> 假定在时间 $t_1$，我看着手表想现在是下午 1 点。后来（在时间 $t_2$），我转而想实际上那时不是下午 1 点。我在乘坐那次航班后没有调整手表。直觉地看，就当时是否是下午 1 点，我在 $t_1$ 与 $t_2$ 之间改变了想法。但是，我最初的想法调用了一个**现在**–档案 $\mu_1$，而之后的想法调用了**那时**–档案 $\mu_2$。按照雷氏的观点，$\mu_1$ 与 $\mu_2$ 是不同的档案或呈现方式。但是那样，为什么这应当算作改变想法呢？通常，我如果将一个性质赋予客体 o，同时以呈现方式 $m_1$ 思考这个客体，而之后将一个不相容的性质赋予 o，同时以不同的呈现方式 $m_2$ 思考该客体，那么，并不由此算作改变了想法……看来其原因在于，所说的内容并非在恰当的意义上不相容。（Ninan 2015: 370）

在上述情形中，假如像尼纳所言主体以两种不同的呈现方式思考客体，就不会出现前后矛盾，也就不能看作改变了想法。但是，如果呈现方式相同，就不再能够将呈现方式认同为基于具体语境关系的心理档案。这是因为在雷氏看来，在这类案例中，语境关系发生了变化，而呈现方式并未改变，依然是同一个呈现方式（Recanati 2015：409）。雷氏如何论证这依然是同一个呈现方式（即心理档案）的呢？他一方面，诉诸递增转换这样的档案动态操作过程，揭示档案动态变化特征。[1] 譬如，通过递增转换就生成了信息量更加丰富的包容性档案。另一方面，雷氏强调跨模态 / 跨时间利用同一性思想序列中历时与共时推理的区别。奥诺弗里等人之所以出现上述混淆，误以为在跨模态 / 跨时间利用同一性中所调用的是初始档案，一个重要原因就是忽略了历时推理与共时理解的区别，在阐析跨模态 / 跨时间实例中实际上片面地专注于历时推理。相反，雷氏否认利用同一性思想序列中历时理解的合理性，主张在逻辑推理中，思想序列必须作共时理解（同上：411）。看来，哲学家关于利用同一性规

[1] 除了递增转换，心理档案动态变化过程还包括档案的转换、聚变（档案合并）和裂变（档案分裂）等。通过这些过程而相联系的档案系列则称为动态档案（Recanati 2015：417）。

定性共指和所谓弗雷格案例阐释的分歧，并不能简单地归于对具体概念的看法不同，或许是更深层的逻辑观点与哲学立场的差异使然。窃以为，像对其他语言与思维概念的理论阐释一样，若要就语言交际中产生的单称思想做出更加合理的表征与阐析，同样必须摒弃孤立、静止、片面的观点，而应当坚持全面、动态、辩证地看问题的哲学立场。因此，在认识心理档案性质时，我们不仅需要着眼于共时的局部静态层面，而且需要关注历时的整体动态层面；既要揭示各种档案具有的共性，又不忽略不同类型档案之间的个性差异，以使关于单称语言表达式与单称思想特征的理论阐释更具说服力与解释力。

## 7.3 指示性模式

语言作为思想的特殊媒介，既有效地助推了思想的开展，又深刻地影响了思想的样态。在以当代语境论者为代表的众多哲学家看来，自然语言的一个显著特征是其普遍存在的指示性。自然语言中指称性表达式的所指需要依据语境确定，各种表达式的使用意义需要在相关语境中传达和理解。当然，在语言哲学界，语境论似乎尚未成为大多数哲学家形成的共识。相较而言，在心智哲学中，“外在论”则获得更加普遍的接受。按照外在论的立场，哲学家大多主张，心理表达式的指称由语境因素决定而不由头脑里的因素决定，心理表征的内容本质上取决于环境。然而，指示性虽然不等同于语境依赖性，却与之须臾不可分离。尽管心智哲学家大多承认语境对于思想内容的决定作用，但这并不意味着他们普遍认同心理表征内容中存在指示性。就此来看，雷氏的心理档案论真可谓独树一帜。这一理论的基础正是建立在指示性模式之上的。尽管学界一度曾将指示性仅仅视为自然语言的一种特性，认为正像思想不可能是歧义的那样，思想本身也不可能具有指示性，若主张思想是指示性的，就会犯“范畴错误”；但是，正如雷氏所指出的那样，后来由于哲学家发现了所谓的“基本指示语”，进而认识到，假如从语句中去除这些指示语，所表达思想内容的性质就会发生改变。这就表明“藉由说出指示性语句所表达的思想本身是指示性的。指示性是思想本身的一个特性，而不仅仅是表达思想的语言手段的特性。在这个范围内，指示性是‘基本的’”（Recanati 2016a：97）。正是这样的一种认识或曰洞见奠定了雷氏心理档案指示性模式的基础。也就是说，心理档案指示性模式的建立是以批判“范畴错误”论、确证指示性思想的存在为前提的。那么，雷氏具体是如何论证指示性是思想本身的一个特性的呢？他关于指示性思想概念的论证足以令人信服吗？

否认心理表征内容具有指示性的理论家预设思想具有绝对的真值条件。在他们看来，思想与语句不同，指示性语句只有相对的真值条件，所表达的思想随语境的变化而不同。但是，正如雷氏所指出的那样，认为思想可以绝对地做出真值评价的看法是一种弗雷格思想观。但实际上还存在另外一种思想观，被认为源于亚里士多德与斯多噶派。按照这个思想观，我们说出的话语表达某种心理状态。“言说的词语是不言说的思想之符号……话语在时间上不确定的同一形式，在不同时间说出时，表达同一信念或观点”（Hintikka 1973：85；Recanati 2016a：99）。譬如，导致我现在（2020 年 1 月 25 号上午 8 点）说出“天晴了”的真值条件未必与导致我在去年 1 月 25 号上午 8 点说出这句话的有关事实相同，但这两次说出“天晴了”这句话所表达的心理状态（信念）却相同。正如雷氏正确指出的那样，关于思想的上述两种看法是相容的，因为弗雷格称作思想的话语的完整内容取决于由内在与外在两个因素（Recanati 2016a：101）。内在因素决定信念或态度，即亚里士多德式思想；外在因素涉及表达或抱有信念或态度的时间等语境因素。缺少了外在因素，弗雷格式的完整思想内容也就无法表达。当然，内在因素的作用同样不可或缺。这个因素揭示了话语在不同语境中说出时所共有的内容。

既然完整思想的表达与领会需要借助于语境，这种思想的真值条件就不可能一成不变。认识到这一点，也就不应当否认指示性思想的存在。承认了思想指示性的存在，下一个问题是如何阐析心理表达式的指示性。雷氏的研究使我们看到，循着上述区分两种思想观以及决定有关思想内容的两个因素这条路径，我们或许可以通过强调两个层面内容的区别以揭示心理指示性：具有相对化真值条件的命题内容与具有绝对真值条件的完整内容。“完整内容决定一组可能世界”，在这些可能世界中，奥斯汀式命题成真，而相对化命题是“心理内容”，具有内在性或主观性（同上：102）。以“那人是普京”这样一个相对化命题为例。当那人是普京时,这个命题成真，而当那人（实际上）是普京的替身时成假。但是，针对指称对象是普京的世界，“普京是普京”这个命题具有完整的内容，从而绝对地为真。无论怎样，必须相对于语境，思想才能与真值条件相匹配。这也在很大程度上表明，指示性概念适用于对思想的表征。当然，并非所有承认心理指示性的哲学家都认为指示性影响所表达的思想内容，他们中的一些理论家更倾向于将指示性定位于表达思想的手段而非所表达的思想内容。例如，佩里将指示性确定在信念状态层面，而不看作存在于信念内容层面。但斯托尔内克认为，佩里关于信念内容与信念方式的区分是同卡普兰系统意义与场合意义的区分加以类比的结果，但这一类比可能引起误导。按照斯托尔内克的理解，卡普兰区分系统意义与场合意义的主要动机是要对所传达或表征的信息与传达或表征信息的手段区别开来；而“佩里以类似的方式将其关于信念客体与信念状态的区分描述为关于所相信的内容与相信的方式之间的区分。但佩里区分的目的必定不同，因为基本指示性信念的实例（即激发佩里做出阐释的实例）之教益在于，指示语对于信息本身至关重要，并不仅仅只是用作表征信息之手段的一部分”（Stalnaker, 1981：135；Recanati 2016a：103–104）。雷氏心理档案论汲取了上述两种立场的有益洞见。一方面,他接受应当将信念内容与承载内容的媒介——心理状态——加以区分；另一方面，他同斯托尔内克一样，主张不应当将指示性仅仅视为媒介的特征，而必须看作某个层面上内容的特性。那么，这种主张又如何与心理档案是内容的媒介这一观点相统一呢？回答这个问题的关键是看雷氏心理档案论中关于媒介的理解。在雷氏看来，主张指示性必须理解为某个层面内容的特性，这并不会证明佩里的理论阐释不能成立。究其原因，媒介的确在生成内在内容中发挥作用。媒介要发挥这种作用，使用媒介的语境必须符合预设的相关条件。这就是说，“媒介带有预设内容：使用媒介含有某种意谓，即语境满足这些条件……媒介整体内容的这个方面独立于语境”（Recanati 2016a：104）。这与真值条件内容相反，真值条件内容在构成上依赖于外在语境因素。因此，雷氏强调内在与外在之区分对于心理档案阐释的适用性。心理档案作为一种心理表征是内容的媒介，且带有指称内容。主体在心中对具体档案的调用构成档案的内在方面，档案在使用中与特定客体结成具体的语境关系（或认知增益关系）而做出指称，这就形成了档案的外在方面。因此，既要关注心理档案带有的预设内容（这个内容解释主体的理性行为），又要考虑档案藉由语境做出的指称，才能对心理档案的性质与功能做出更加全面的表征。

恰当地理解心理档案的性质与功能或许就能使我们看到，建立在指示性模式基础之上的心理档案论的创立顺应了哲学界自发现“基本指示语”以来对指示性思想探究愈加关注的动向。但是，心理档案论的反对者中也有人从质疑指示性模式入手，试图彻底否定雷氏心理档案论的合理性与有效性。如上所述，雷氏将指示性概念从语言表征扩展到思想表征，凸显语言与思想在语境依赖上的共性。正如语言意义的表达与领会必须藉由语境实现那样，思想的内在内容只有在具体语境中才能与客观的真值条件联系起来。因此可以说，心理档案的指示性模式强调了语言与思维在这一方面的相似性。那么，语言与思维所体现的指示性能够相提并论吗？雷氏的回答显然是肯定的。但也有哲学家声称，思想的指示性根本不能与语言中的指示性同日而语，因而指示性模式不适于作为心理档案的基础。在这个观点的持有者中，大卫·帕皮诺的质疑颇具代表性。他明确提出，心理指示性并没有语言指示性那样多，因而若将心理档案理论建立在指示性模式之上，其基础是不牢靠的（Papineau 2013）。看到这个结论，我们可能起码有两个问题要问：其一，帕皮诺是如何确定指示性的多少的呢？其二，要包含多少指示性才能认为指示性模式是合理的呢？第二个问题似乎比较简单，先看这个问题。帕皮诺并不否认思想具有指示性，只是强调心理指示性较之语言指示性要少得多。即使帕皮诺的判断正确，也并不必然意味着思想指示性少到了不足以支持心理档案指示性模式的地步。再就第一个问题而言，我们看到，帕皮诺主要依据自己的直觉得出了这一结论，而并没有经过充分的量化统计与分析，或许目前也无法做出这样系统的统计分析。要做出这种对比统计分析，首先要对指示性概念做出明确界定。雷氏强调，基本指示语的使用导致所表达的思想带有指示性。据此，在思想表达中使用了多少指示语，所产生的思想就具有相应数量的指示性。这样，又如何区分语言与思想包含的指示性的多寡呢？再者，在雷氏的心理档案理论框架中，心理档案的指称由语境决定。帕皮诺承认他并不反对雷氏以指示性表达心理档案指称的语境依赖性观点，但却认为这样使用“指示性”术语会使人们认不清心理指示性远比语言指示性要少这个事实。帕皮诺关于思想指示性不如语言指示性普遍这个结论主要根据他关于心理档案我与指示语“我”的对比得出。他着眼于两者在功能上的差异做出比较，认为心理档案**我**的功能在于存储个体终身获取的关于自己的信息，而指示语“我”却没有这样的功能（同上：162）。但是，即使承认两者在功能上的差异，也不等于就能否认调用心理档案我和使用指示语“我”均需要依赖于语境而体现出指示性。此外，帕皮诺对心理档案与指示语加以对比的另一个目的是试图表明，心理档案作为累积信息存储器的特征与指示语概念是不相容的，信息积累需要稳定性，而指示语的指称对象随使用语境而变，缺乏稳定性。但是，稳定性也可以理解为具有一定程度的相对性。在特定的语境中指示概念确实达致一定的稳定性（Recanati 2013e：1846）。譬如，在一场谈话中，通常不可能出现下述情况，即“我”由张三第一次说出时指张三，而在他再次说出这个指示语时却指称李四了。因此，心理档案的指示性模式并不声称，指示语每调用一次指称对象就改变一次。实际上，帕皮诺之所以强调指示概念的不稳定性，其根本目的在于否认心理档案（心理表达式）同指示语具有类比性，从而证明心理表达式与专名更加具有共性。但是，即使把心理表达式类比作专名，也并不能从根本上撼动心理档案指示性模式的基石。

## 7.4　关系论基础

本质地看，心理档案论是建立在关系论的基础之上的。心理档案论之所以要以语境关系为基础，摒弃描述论的路径，主要是因为描述论阐释陷入了诸多的困境，而关系论被认为能够有效地摆脱这些困境。那么，与描述论相比，关系论具有什么样的优势使之能够克服描述论的局限性，进而对语言交流中包含的单称思想做出更趋合理的阐释的呢？正如我们多次指出的那样，按照描述论的要求，主体藉由体现客体所具有之性质的描述语确定单称表达式的所指。这也就是说，客体必须具备描述语所描述的性质，才能成为指称对象。但在语言交流的实际活动中，主体未必掌握有关的描述语，有时所掌握的是错误的描述语，或者具备所描述性质的并不是主体意指的对象。显然，在这些情形下，描述论根本无法对心理表达式或与之关联的单称表达式的指称做出恰当的阐释。相反，雷氏的心理档案理论强调心理档案作为非描述性呈现方式的特征，主张在单称涉物思想的表征中摒弃描述论，并且以关系论取而代之。雷氏心理档案学说重点关注单称思想的阐释。单称思想是一种涉物思想。从心理档案论的视角来看，只有依据关系论方能对单称思想这种涉物思想做出合理的表征。依据心理档案关系论，心理档案的指称取决于客体与思想（主体）的关系，而不是藉由满足描述语所描述的有关性质决定。正如巴赫早就曾指出的那样，描述性思想的客体通过满足有关条件确定，因而思想针对有关客体并不要求思想与客体具有任何联系。然而，（单称）涉物思想的客体是藉由关系决定的。要成为（单称）涉物思想的客体，就必须与这个思想结成某种关系（1987：12）。当然，并非所有形式的描述论均不考虑涉物思想的关系性质。雷氏就注意到，有一种形式的描述论并不完全忽略涉物思想的关系性质，但却将涉及的关系“内化了”，即将之结合到了有关描述语的内容之中。根据这种形式的描述论，单称表达式的涵义始终是有定描述语的涵义，但就所谓的非描述性实例而言，需要满足的描述性条件是关系性的。例如，在主体感知像“那只杯子”的情形中，可以对之做出“我看着的杯子”或“我正触摸的杯子”这样的描述。但是，这种将同客体之关系内化的描述论并不能成为心理档案论所倡导的关系论。正如雷氏所指出的那样，这种描述论假定思想主体在进行单称性思维时，运用相关的反思能力。但实际上，做出上述单称性思考并不需要运用这样的反思能力。这种唯理智主义的错误假定在心理档案论中有效地得以克服。心理档案基于同客体的关系创建，存储藉由同客体的关系而获得的信息。单称思想的主体通过在思想中调用心理档案，就可以藉由与客体结成的关系思考有关客体。但是，单称思想的主体并非必须反思自己与客体结成的这种关系才能进行单称思想（Recanati 2014b：472）。这酷似维特根斯所阐述的关于语言游戏者“盲目地”遵守规则的情形。有正常能力的语言使用者，在语言游戏中并非需要有意识地遵守游戏规则，他们自然而然地这样做了。同理，主体藉由与客体的语境关系思考单称思想客体时，也可以说是“盲目地”利用了这种关系，而未必需要或者能够反思自己利用了这种关系。

雷氏心理档案关系论并不预设单称思想的普通主体拥有反思与客体处于语境关系的能力，而是充分强调语境关系在主体单称思想表征中不可替代的作用。当然，主体可能与客体结成多种关系，并不是所有这些关系均能在心理档案论中占有一席之地。那么，在这些关系中，雷氏心理档案论中所关注的是什么样的关系呢？为了对主体单称思想做出非描述论的阐释，心理档案论着眼于所谓的“认识增益”（ER）关系,亦即主体能够藉以从客体获得信息的语境关系。雷氏将这种关系称作亲知关系，关于亲知关系我们将在下一小节中进一步阐述。眼下需要探讨的是，心理档案在发挥存储信息的功能时，是如何利用有关的ER关系的。

雷氏心理档案论的基本假设是，单称思想的主体藉由在语境中同客体结成的认识增益关系，获得有关于客体的信息。本质地看，这个基本假设可以认为是雷氏一贯坚持的语境论思想在心智哲学研究中的具体体现，也是心理档案指示论模式的必然反映。如前所述，语言与思想之所以能够表征世界，正是因为语言与思想存在于世界之中，并且与其关涉的事物存在于同一个世界。主体也正是藉由同周围事物的关系，才能在语言与思想中表征这些事物。同时，主体思想中存在一个不可简约的指示性成分，正是由于这个成分的存在，思想表征才可能实现。单称思想主体藉由与事物结成的语境关系思考事物。这种关系雷氏之所以称作认识增益（ER）关系，正是因为这些关系在心灵同人们与之联系的事物之间开通了信息渠道，从而有益于增加主体关于客体的知识。与这些ER关系相对应，存在着心理档案，用于存储主体藉由与之结成的恰当关系而获得的信息。主体通过调用这些心理档案，在心中指称与档案相关联的事物（Belleri and Palmira 2014：242）。由此可见，语境关系（尤其是ER关系）在某种程度上奠定了心理档案论的基础。脱离了认识增益关系，心理档案论的大厦无疑就会沦为空中楼阁。

强调ER关系作为心理档案基础之地位，并不应当导致人们误认为所有心理档案必须基于主体或档案同客体的直接具体的亲知关系。虽然我们着重探讨了心理档案的三种主要类型，但是，若把心理档案看作非描述性呈现方式，起着弗雷格涵义的基本作用，那么或许可以说实际的心理档案应当是无限多样的，心理档案涉及的 ER 关系也必然是错综复杂的。将心理档案划分为三种主要类型似显粗略，但通过这三种心理档案之间呈现出的层级结构特征，却从一个侧面揭示不同档案在 ER 关系依赖程度上的差异。然而，尽管所依赖之语境关系的直接具体程度存在差异，但无论哪种类型的心理档案，追根寻源都不同程度地关联于作为心理档案论之基础的认知增益关系。即使是处于心理档案层级结构最高层次的百科档案，虽然不基于单个语境关系，却可能利用与档案指称对象的若干个 ER 关系，亦即仍然基于更加普遍用途的追踪关系，利用一切可以利用的关系，只要这些关系维持同客体的联系。因此，就对语境关系的依赖性而言，不同心理档案之间的差别或许并不体现在有或无之间，而只不过表现在依赖具体 ER 关系的直接程度以及所依赖之 ER 关系的数量与性质之上。

当然，人们思想的客体并不限于实际存在并直接亲知的对象。有些客体人们只能程度极小地亲知，或者根本不可能亲知。譬如，尚不存在的事物或者虚构的事物，思想的主体同这些事物的 ER 关系可能极其纤弱，甚或不存在。那么，基于 ER 关系的心理档案论如何阐释这些情形呢？针对这样的问题，雷氏心理档案论采取的策略是从阐释基本情形入手，亦即首先探析针对环境中普通客体的单称思想，所谓的普通客体包括主体通过记忆或证言与之建立联系的客体。雷氏通过推定基于 ER 关系的心理档案建立起指称机制，然后对这一机制加以扩展，以便对没有实存客体的空洞单称思想做出解释，即提出主体例型地使用心理档案，但因为所指称的客体（关系项）并不存在，有关档案也就不能指称任何东西。尽管思想客体并不存在，亦即无法与之结成 ER 关系，但雷氏认为，可以设想存在这种关系而做出指称，以扩大思想的表现力（同上：244–245）。不过，这样一来，ER 关系就不只限于实际存在的语境关系，甚至还可以包括预期的甚或想象中结成的亲知关系。那么，所谓的亲知规范还有多少约束力？更有甚者，这是否可能授柄于心理档案论的反对者呢？针对这样的诘问，任何答案的做出恐怕必须以恰当理解雷氏的亲知概念为前提。下面就来探究一下雷氏是如何对源于罗素的亲知概念加以重构的。

## 7.5　亲知论重构

亲知概念最初是由罗素在《哲学问题》中引入哲学研究的。他试图藉此概念确保指称的确定性。罗素的亲知概念极其严苛，亲知的对象仅限于自我以及自己的感觉材料这样的客体；对于这种亲知的客体，主体能够直接获得关于客体的知识，而关于其他绝大多数客体的知识只能通过描述获取。罗素的亲知观引起了旷日持久的争鸣，历来褒贬不一。当然，即使是认为亲知观有其合理成分的理论家也主张对之加以积极扬弃，而不再囿于罗素限定的亲知对象。在这方面，雷氏心理档案论对罗素亲知观的重构尤为引人注目。

那么，雷氏是如何对罗素的亲知观加以改造，提出将认识增益关系看作是一种亲知关系，并且将心理档案论建立在ER关系的基础之上的呢？雷氏在接受前面提到过的一次访谈中言简意赅地回答了这个问题（Belleri and Palmira 2014：243–244）。亲知概念虽然在相关文献中频频出现，但明确定义却极为鲜见。因此，雷氏对罗素创立亲知观之动机的诠释以及他本人对亲知概念的理解均富于启发性。罗素将藉由亲知获得的知识与通过描述（语）获取的知识加以对照，认为亲知知识更加基础。人们无法通过描述获得关于所有客体的知识。譬如，我假若认为杰克是汤姆的老师，只有当我知道汤姆是谁以及老师是什么，才能持有这样的想法。罗素或许会将这个实例分析为，我亲知汤姆和老师的性质，即我在抱有关于“汤姆的老师”这个想法时，我的想法直接关涉汤姆和老师的性质，间接关涉符合这个描述的人，即杰克。尽管也可能我只是通过描述知道汤姆本人，比如说他是新搬来的邻居家的孩子；但是，追根寻源这种通过描述进行的思想最终都要基于与思想之直接对象的关系。这种更加基本、更加直接的关系即为罗素意谓的亲知关系。罗素所说的亲知是一种透明性密切关系。依据罗素的亲知观，所谓的“弗雷格案例”是不可能出现的。在罗素看来，主体一旦亲知两个客体，假如两个客体相同，主体就知道两者相同，假如不同就知道两者不同。心理档案媒介具有透明性，但指称经常存在模糊性。古人尽管亲知“启明星”和“长庚星”，但却并不知道两者指称同一颗行星。只是在天文学做出这一发现之后，人们才掌握了这一知识。哲学家探讨的大量类似实例也表明，弗雷格案例的确存在。有鉴于此，雷氏拒不接受罗素关于主体不可能两次亲知同一客体却不知道这一点的论断。但是，他并没有将罗素的亲知思想全盘抛弃，对于亲知知识更加基本和直接这一观点，雷氏不啻予以汲取，并且进一步发扬光大。他创立了基于ER（亲知）关系的心理档案论，把心理档案作为思考客体的一种方式。按照心理档案论，主体尽管掌握了客体的有关知识，两个心理档案可能决定同一个指称对象，也可能不决定相同的指称对象。可见，心理档案论的所谓“亲知关系”（即ER关系）中包含的亲知同罗素原初的亲知概念虽有联系，却差异迥然。

罗素强调亲知关系的透明性。由于这个限制，人们能够亲知的对象极其有限，除了自我和自己的感觉材料，绝大多数普通客体均无法成为亲知对象。相反，假如像雷氏心理档案论所倡导的那样，将亲知关系视作能够为主体增加关于客体之知识的ER关系，那么，所蕴含的亲知对象之范围显然要广阔得多。实际上，在心理档案框架中，甚至连证言也看作一种亲知关系。这样看来，雷氏所持的亲知观显然要比罗素的亲知观开放得多。但是，这并不意味着心理档案论中的亲知关系是毫无约束、不受任何限制的。按照心理档案论中的亲知观，单称思想虽然不受严格的事实性亲知限制，但却受制于亲知规范，亦即心理档案的亲知条件是规范性的。究其原因，这是因为在雷氏看来，心理档案概念本身就包含了亲知，加以引申这就意味着单称思想包含亲知。然而，雷氏的亲知观并不蕴含着不存在无亲知单称思想。先从雷氏为心理档案论提出的两条原则来看（Recanati 2010：170）：

（1）主体若不拥有并调用其指称对象是a的心理档案，就不能抱有关于客体a的单称思想；

（2）主体若要拥有其指称对象是a的心理档案，就必须与a结成某种亲知关系。

雷氏提出，根据这两条原则，单称思想包含心理档案，心理档案的作用是存储通过与指称对象的关系而获得的信息；但并不一定能够由此得出“主体只有亲知客体，才能拥有单称思想”的结论。这两条原则与“人们在缺乏亲知时可以思考单称思想”的论断是相容的。因此，存在非亲知涉物思想的事实并不能成为反对基于亲知关系的心理档案论的依据。当然，雷氏的诠释也许与一些人的看法相左。在这些人看来，心理档案论这两条原则的结合显然就等于对无亲知单称思想的否定。但是，无论怎样理解心理档案论中的亲知观，只要挣脱绝对论的藩篱，就必须承认亲知有程度之分，而亲知限制满足与否也存在一定的模糊性。更进一步地说，亲知限制的强弱对于单称思想内容与思想媒介也不尽相同。单称媒介即心理档案或单称心理表达式。主体通过在思想中例型地使用单称媒介思考单称思想。雷氏强调，这样的心理档案作为类型最好藉由其功能加以表征。正如上文反复指出的那样，心理档案的功能是存储藉由同档案指称对象的亲知关系获取的信息。按照这样的心理档案论，主体若要思考媒介意义上的单称思想，就必须激活心理档案。但是，只要有充分的理由，即使缺乏直接的实际亲知，依然可以创建心理档案。雷氏提出，在这种缺乏实际亲知的情形下，主体创建心理档案最典型的理由是预期，同指称对象的亲知将使其从该客体获得信息，这一信息将进入所创建的心理档案。作为一种相当开放的亲知观，雷氏不啻将预期亲知看作能够为创建心理档案提供基础，甚至认为“想象亲知”也同样能够担当这一重任。相较于对思想媒介的限制，亲知条件对单称思想内容的限制更加严格。雷氏提出，即使不预期亲知，主体仍然可能思考单称思想媒介，而要思考单称思想内容，就必须至少预期亲知，而且必须预期正确。之所以这样，还是因为单称思想根本上的关系性质（同上:184–185）。不过，在这一点上，我们或许要问，由于预期必然涉及未来性，预期是否正确必然要经过未来的检验方能做出判断；而且未来可能很近，也可能极其遥远，甚至超出主体的有生之年。那么，如何能够使心理档案建立在正确的预期亲知关系之上呢？既然起码在有些情形下，比如在主体无法预期身后亲知对象时，需要进一步放松亲知限制，譬如，只要合乎理性，任何逻辑上成立的预期亲知关系均能够作为创建心理档案的基础。显然，这在主张严格亲知观，甚或反对亲知论的理论家看来，酷似在反语境论者眼里语境几成包罗万象的概念那样，心理档案论的亲知关系也会由于过度泛化而沦为缺乏针对性和解释力的“空转轮”。但是，亲知关系在雷氏心理档案论中的作用毋庸置疑。心理档案的基本要求是主体与指称对象处于恰当的信息载有关系，这是雷氏心理档案论亲知观的区别性特征。从根本上看，雷氏亲知论是其语境论在单称思想表征中的沿袭。亲知关系本质上是一种语境关系，但却并非任何语境关系均可视为亲知关系，唯有能够为主体提供关于客体之信息、有助于增进主体对客体认知的语境关系才能成其为亲知关系。当然，正像雷氏亲知论本身遭到持不同立场者的反对那样，采用高度语境依赖的亲知关系使心理档案个体化，这一路径同样难逃责难。前文业已提到，尼纳就以跨时（间）思考单称个体的情形为例质疑雷氏心理档案论，并且提出依赖于高度的语境亲知关系使档案个体化可能产生问题（Ninan 2015）。针对这种问题，雷氏阐发了动态档案操作机制，或许一定程度上提供了解决办法。可以预期，随着心理档案论的不断发展与逐步完善，所提供的解决办法也将更加有效。

更有甚者，一些理论家并不限于质疑雷氏亲知观本身，而是试图从根本上否认对单称思想的亲知限制（如 Coliva and Belleri 2013；Hall 2013）。他们将那些其功能无法清楚表明藉由亲知表征的心理档案均视为反对雷氏将亲知关系作为心理档案论基础的佐证。但是，雷氏反复强调，他的亲知观与存在无亲知单称思想的可能性并无抵牾。他甚至对叶申等人主张的存在由语言创生的纯描述性心理档案持开放态度。如前所述，雷氏对单称思想媒介与思想内容做了区分。藉此，他提出要思考媒介意义上的单称思想，就必须激活心理档案，其作用是储存通过亲知指称对象所获取的信息。但这种档案可以在缺乏实际亲知的情况下创建（Recanati 2014a：169）。譬如，通过引入名字“拉链发明者乌利尤斯”，以便指称发明了拉链的无论什么人。尽管这种描述性名字的指称对象只有通过描述知晓，但主体为该指称对象创建了档案。根据前面提到的“预期亲知”概念，主体预期即将亲知这个指称对象，需要一个心理档案存储有关该指称对象的信息。预期亲知这个概念实际上雷氏早在《直接指称》中就已提出，他将之看作一种形式的模拟论。“模拟”被认为是调用心理档案的普遍机制，主体仿佛按照规范正常地使用档案，指称亲知的客体。不过，有些理论家尽管不完全拒绝亲知观，但或许更倾向于将这种现象称作“类亲知”或“准亲知”。这里的情形与语境论的情形类似。雷氏尽管不宣称自己是激进语境论者，但却多次表示赞同激进语境论的立场。雷氏虽然声称自己是温和亲知论者，却表示既可以接受强亲知观又不排斥开放亲知论。诚然如此，雷氏亲知观无论多么具有开放性，单称思想内容最终均可以溯源于对主体与指称对象的某种亲知关系，即认识增益关系。同时，还有两点值得强调：其一，雷氏心理档案论中的亲知观同罗素原初的亲知概念已不再能够等量齐观；其二，与其将对关于指称对象的单称思想非此即彼地区别为要么基于直接亲知，要么完全通过描述，不如辩证地认识在典型的亲知实例与典型的描述性知识案例之间存在一个连续体，大多数的单称思想存在于这个连续体中，在这些思想实例中主体关于心理档案指称对象的单称思想不同程度地依赖于同客体的亲知关系或信息联系，藉此坚持基于亲知的档案功能为第一性的。

## 7.6 与语义工具论的相容性

至此，雷氏心理档案论的基本观点应当已经得到比较清晰的勾勒。在这一理论框架中，心理档案作为非描述性呈现方式，其功能在于收集与存储关于客体的相关信息。主体必须拥有关于客体的心理档案并合理地加以调用，才能产生关于客体的单称思想。主体藉由心理档案指称客体，心理档案的指称对象并非由存储在档案中的信息决定，而是通过与客体的亲知关系或者说认识增益关系决定。但是，雷氏的亲知概念相当宽泛，除了实际亲知，还包括预期亲知、想象亲知等。这是一种规定性亲知关系，意指亲知思想是一种基于受规范制约关系的思想。正如上一节的讨论中所指出的那样，对雷氏心理档案论的质疑许多是针对其关于单称思想媒介（心理档案）基于亲知关系的主张，反对者的论据往往源于所谓无亲知单称思想的实例。我们业已表明，雷氏心理档案论并不否认存在这类单称思想的可能性。那么，雷氏立足于心理档案论对单称思想的阐释与以存在无亲知单称思想为理据的语义工具论有何联系与区别呢？或者说，这两种单称思想理论是否具有相容性呢？

语义工具论主张，主体尽管与客体不具有任何亲知关系，但仅仅通过操控直接指称语言机制，就能够抱有关于客体的单称思想。换言之，抱有单称思想只需要主体发挥语言能力、调用语义工具就能够实现。正如前面列举过的“拉链发明者乌利尤斯”这类例子所示，主体藉由确定指称的描述语、心中例型地调用该描述语，将“乌利尤斯”这种新单称表达式引入语言，就能够拥有关于名称指表的单称思想。乍看起来，这种不受亲知约束的语义工具论似乎与基于亲知关系（认识增益关系）的心理档案论格格不入。那么，雷氏心理档案论能否与语义工具论相容呢？要回答这个问题，首先应当认识到，尽管文献中在讨论语义工具论时，语义工具论者的立场似乎是完全一致的。但事实上，同其他很多学说一样，不同理论家倡导的语义工具论也并非只有纯然单一的形式。就其对亲知约束的拒斥程度，语义工具论也有绝对与相对之分。绝对的语义工具论也就是雷氏所说的激进语义工具论。在激进语义工具论者看来，仅仅通过构造一个心理名称、创建一个档案或者使用一个心理指示词语，就可以思考单称思想。[1] 雷氏尽管明确表示不接受这种激进语义工具论，但却认为，甚至这种极端立场也与基于亲知关系的心理档案论相容（Recanati 2010：176）。之所以相容，正如前面关于雷氏亲知观的讨论所表明的那样，他所采用的亲知概念具有相当大的开放性，不限于当下直接的事实性亲知，而是包括预期的未来亲知，乃至想象亲知等形式。但雷氏坚持亲知关系（ER 关系）之于单称思想的基础地位，并不认同单称思想是毫无约束的。在他看来，必须满足某些条件，单称媒介才能成功地在思想中例型地出现，构成思考单称思想。尤其是，心理表达式必须获得指称，而指称的获得必须藉由某种亲知关系。虽然亲知关系可能预期，但如果亲知关系永远不出现，指称关系也就不会形成。因此，雷氏并不接受激进语义工具论。

雷氏尽管不接受激进工具论，但却赞同语义工具论代表人物卡普兰（1989）关于拥有语言能够“拓宽思想疆域”的观点。雷氏的这一姿态显然在我们意料之中。

[1] 卡普兰经常被看作激进语义工具论的代表，其观点由包括下面这段话在内的论述体现：“在语言社团中，名称与其他带有意义的成分传给我们。同语言社团的联系使我们能够通过语言抱有思想，没有语言这些思想就无法获及。这称作工具论。”（Kaplan 1989：603）

他虽然在语言哲学与心智哲学中一贯强调语境的作用，但从来没有否认语言在思想生成与表达中的作用。他所倡导的语境论虽然基于关注语言行为或语言游戏的使用论立场，但是，直面语言使用现象、立足语言使用确定意义，这并不意味着可以完全否认语言符号作为思想媒介与工具的独特作用。西方哲学出现“语言转向”以来，更多的人倚重纠正语言的误用、克服语言的滥用，避免“系统引人误解的表达式”，而强调语言对思想发挥积极作用的声音相对被弱化。鉴于此，客观描述语言在拓宽思想疆域中的独特作用，避免一味地将语言看作“捕蝇瓶”或思想的牢笼，无疑具有显豁的实践价值。我们既不能盲目追随“语言决定论”，鼓吹我们的思想都是由语言决定的，又不能片面贬低语言的功能与作用。大量的语言学研究成果对扩展人们的思想认知业已产生的重要影响，无疑是语言拓宽思想疆域的明证。众所周知，在20世纪后半叶主导西方语言学40余年的形式主义，其代表人物乔姆基斯的转换生成语法、管约论与最简方案等理论不啻有力地推动了语言学理论的创新发展，而且对（语言）哲学思想的丰富与拓展也发挥了相应的积极作用。当然，语言对思想的促进作用不仅体现在理论层面上语言学做出的贡献，在语言学习与语言交际实践中同样彰明较著。正如心理语言学研究早已表明的那样，在儿童语言习得过程中，除了在最初的前语言阶段，认知的发展一定程度上可能在先于语言的习得之外，就之后的整个过程而言，儿童语言习得与认知发展是不断地相互促进、互相作用的过程，认知的发展加速了语言习得，而语言的丰富又转而为思想认知的成熟创造了条件。即使在语言习得任务基本完成、培养了语言能力之后，在日常交际活动中，通过掌握语言而拓宽思想疆域的例子同样不胜枚举。例如，假设我之前根本不知道“科比”为何人，后来通过媒体获悉，他是前湖人队球星，于2020年1月26日坠机离世，他的妻子瓦妮莎悲痛欲绝……我掌握了“科比”这个专名，从而可以思考科比这个人。当然，这并不是说要把“科比”这个表达式与其指称对象混同起来，而是指这个名称成为了思想的媒介，为相关单称思想的进行提供了条件。

雷氏拒斥激进工具论，强调单称思想受到某些规定性亲知条件的制约。实际上，他试图在强亲知观与激进工具论之间寻觅一条中间道路，以吸纳这两种理论的有益洞见，同时避免这两种立场中的极端倾向以及由此陷入的困境。所以，雷氏同许多理论家不同，这些理论家将语义工具论与单称思想亲知论看作非此即彼、互不相容的对立立场。在他们看来，主张单称思想基于与客体的亲知关系就不可能接受语义工具论，因为语义工具论正是旨在阐释主体在与客体缺乏亲知的条件下，通过引入专名或其他直接指称性表达式，单称性地思考这些表达式的指称对象这一现象的。叶申就曾分辩说，由于她在多篇论著中强烈反对单称思想亲知观，所以很多人一度将她归入语义工具论者。她因此专门撰写了《单称思想：亲知、语义工具论与认知论》一文予以澄清。叶申在这篇文章中明确否认自己是语义工具论者，并且剖析了语义工具论的正确之处与存在错误，并由此得出结论，这种单称思想理论无以维系，应当以她创立的认知论取而代之。叶申所批判的是其综合卡普兰－哈曼观点得出的语义工具论，这是一种相对激进的工具论。她将其主要观点概括为以下几点（Jeshion

2010：123–124）：首先，总的说来，根据这一工具论，通过引入其指称对象由一个有定描述语确定的直接指称性表达式，就可以拥有关于该指称对象的单称思想。其次，只要相信有定描述语存在唯一的指称对象，就始终可以自由地将描述性名称引入语言；但是，公共名称的引入受制于心理名称，亦即只有将相应的心理名称引入认知，方能引入其指称对象由有定描述语确定的描述性名称；而心理名称则可以自由产生，只要想将心理名称引入认知，就能够引入。再次，主体也可以选择不引入直接指称性表达式而选择不作单称思考。最后，对眼下讨论也许最为重要的是，卡普兰－哈曼突出语义操控的必要性，即强调主体藉以单称性思考非亲知客体的唯一机制是以有定描述语引入的指称性表达式。据此，对于思考关于客体的单称思想，以指称客体的心理名称或心理档案思考该客体就足矣。通过概括与剖析语义工具论的要旨与特征，叶申指出了这一理论的可取之处与问题所在。根据她的理解，卡普兰－哈曼看来主张公共名称的引入要求在认知中引入相应的心理名称或者主体已经拥有相应的心理名称。心理名称的引入先于公共名称的产生。叶申认为，这个主张是正确的。不难看出，叶申之所以认同语义工具论者的这个主张，无疑是因为它与其推崇的认知论相呼应使然。实际上，叶申不啻基于认知论视角甄别语义工具论值得肯定之处，而且还从认知论的立场出发，揭示语义工具论所存在的问题。她明确认为，语义工具论的错误就在于把心理名称的产生看作不受限制的，完全由施事的选择决定。心理名称自由产生，这个论点是错误的。心理名称的产生并不完全受施事控制，而是还受认知控制（同上：125）。由此可见，包括叶申在内的学者对语义工具论的质疑主要在于强调例型地使用心理名称（或心理档案）做出单称性思考必须受到某种约束。[1]但是，由于所基于的理论立场与视角存在差异，不同学者施加于单称思想的约束条件也各异。譬如，叶申倚重认知限制，而雷氏则着眼于主体与客体的认识增益或（经他重新定义的）亲知关系对单称思想的制约作用。虽然认知在调用心理档案、开展单称思想中发挥着举足轻重的作用，但是，主体若不与客体结成所谓的认识增益关系（亲知关系），认知作用恐怕也难以得到有效发挥，因为缺少这种（广义的）亲知关系，即使主体仍在进行思维活动，但这种思维或许就不一定成为聚焦于某个特定个体的单称性思维，这种思维活动的结果未必就能产生针对具体个体的、真正的单称思想。因此，尽管雷氏基于亲知关系的心理档案论尚在不断发展完善之中，其对单称思想的表征与阐释看来的确具有更强的可信度与解释力。

[1] 正如唐奈伦早就指出的那样，倘若语义工具论正确，那么，仅凭简单的语言规定，人们就能获得经验知识（Donnellan 1977）。同样，埃文斯也质疑语义工具论不切实际地支持任意地生成单称思想，强调简单的语言规定不能改变人们藉以在思想中表征客体的认知机制，亦即不能只靠笔一划就产生新思想（Evans 1982）。就这一点而言，雷氏的思想变化值得关注。他在《直接指称》中接受埃文斯的上述观点，但是在《单称思想：为亲知而辩》一文中，雷氏的思想发生了某种转变，他不再完全接受埃文斯关于只将笔一划不能产生新思想的观点。雷氏强调，至少在媒介层面，可以做到这一点。但是他依然坚持埃文斯的看法，即，当涉及单称内容（而非媒介）时，必须满足亲知限制（Recanati 2010：185）。

## 7.7 结语:“思想疆域”的拓展

雷氏的心理档案论为单称思想的表征与阐释提供了新的视角。这一理论立足于非描述性呈现方式，将心理指示性与语言指示性类比，揭示心理表达式或心理档案的指示性与语境依赖性特征，从而凸显认识增益关系作为心理档案基础的重要性质。认识增益关系是经过雷氏重构的亲知关系。雷氏的亲知观相当宽泛，不囿于事实性亲知，而且涵盖受规范制约的预期亲知和想象亲知这样的规定性亲知。这种极具包容性的亲知观一定程度上克服了罗素经典亲知概念的狭隘性与局限性，不仅能够表征基于广义亲知关系的单称性思想，而且并不将通过有定描述语掌握的关于特定个体的思想阐释排斥在外，从而有力地回应了反亲知论者针对单称思想亲知限制的质疑与挑战。同时，随着雷氏语言哲学与心智哲学思想的演变，他对语言与思维辩证关系的理解，尤其是对语言在丰富扩展思想中的促进作用的认识逐步深化，从而向着以全面、动态、辩证的视角考察与阐释语言与思维关系之目标不断迈进。当然，语言与思维的关系是一个宏大的论题，面对这样一个宏大课题，不应奢望能够觅得一种终极理论。客观地看，雷氏心理档案论纵然存在各种有待完善之处，也已遭受了种种质疑与批驳，但是总体而言应当认为是瑕不掩瑜，这一学说的确有效地拓宽了学界关于单称思想性质与特征的“思想疆域”，并将通过不断发展而在语言哲学与心智哲学界产生愈加广泛的影响。

# 主要参考文献


Abbott, B. 2005. "Some notes on quotation". *Belgian Journal of Linguistics*, 17 (1): 13–26.

Akiba, K. 2005. "A unified theory of quotation". *Pacific Philosophical Quarterly*, 86: 161–171.

Austin, J. L. 1962, 1975. *How to Do Things with Words*. Oxford: Oxford University Press.

Austin, J. L. 1979. *Philosophical Papers*. Oxford: Oxford University Press.

Bach, K. 1987. *Thought and Reference*. Oxford: Clarendon Press.

Bach, K. 2005. Context ex machina. In Z. Szabo (ed.). *Semantics vs. Pragmatics*. Oxford University Press.

Bach, K. 2011. "Review on Truth-Conditional Pragmatics". *Notre Dame Philosophical Reviews.* Reviewed on 25 September, 2011.

Bach, K. and Robert M. H. 1979. *Linguistic Communication and Speech Acts*. Cambridge: MIT Press.

Balaguer, M. "Is there a fact of the matter between direct reference theory and (neo-) Fregeaniasm?" *Philosophical Studies* 154: 53–78.

Ball, D. 2015. "Indexicality, transparency, and mental files". *Inquiry* 58 (4): 353–367.

Barber, A. 2010. "Referential versus Attributive". In A. Barber and R. J. Stainton (eds.). *Concise Encyclopedia of Philosophy of Language and Linguistics*. Elservier: 644–647.

Bar-Elli, G. 1997. "Frege's context principle", *Philosophia*: 99–129.

Bar-Hillel, Y. 1954. "Indexical expressions", *Mind*, 63: 359–79.

Belleri, D. and Palmira, M. 2014. "Conversation with Francois Recanati". *Portale Italianao Di Filosofia Analitica*, 10 Giugno: 239–247.

Benbaji, Y. 2005. "Who needs semantics of quotation marks?". *Belgian Journal of Linguistics*, 17 (1): 27–49.

Bezuidenhout, A. 1997. "Pragmatics, semantic underdetermination and the referential/attributive distinction". *Mind* (New series) 106: 375–409.

Bezuidenhout, A. 2002. "Truth-conditional pragmatics". *Philosophical Perspectives* 16, *Language and Mind*: 105–134.

Binkley, T. 1979. "The principle of expressibility". *Philosophy and Phenomenological Research*, 39 ( 3): 307–325.

Bird, A. and Tobin, E. 2018. "Natural Kinds". *The Stanford Encyclopedia of Philosophy* (Spring 2018 Edition), Edward N. Zalta (ed.), URL = <https://plato.stanford.edu/archives/spr2018/entries/natural-kinds/>.

Boghossian, P. A. 1994. "The transparency of mental content". *Philosophical perspectives*, 8: 33–50.

Boghossian, P. A. 1989. "Content and self-knowledge". *Philosophical Topics*, 17(1): 5–26.

Boghossian, P. A. 1997. "What the Externalist can Know 'A Priori'." *Proceedings of the Aristotelian Society*, 97: 161–75.

Bora, M. 2019. "Mental files and naïve semantic accounts of substitution failure". *Acta Analytica* 34 (3): 301–325.

Borg, E. 2005. "Saying what you mean: unarticulated constituents and communication". In R. Elugardo and R. J. Stainton (eds). *Ellipsis and Nonsentential Speech*, Kluwer Academic Publishers: 237–262.

Borg, E. 2017. "Local vs. global pragmatics". *Inquiry: an Interdisciplinary Journal of Philosophy* 60 (5): 509–516.

Braun, D. 2017. "Indexicals". *The Stanford Encyclopedia of Philosophy* (Summer 2017 Edition), Edward N. Zalta (ed.), URL = <https://plato.stanford.edu/archives/sum2017/entries/indexicals/>.

Brendel, E., Meibauer, J., and Steinbach, M. 2011. "Exploring the meaning of quotation". In E. Brendel, J. Meibauer, and M. Steinbach (eds.). *Understanding Quotation*. De Gruyter Mouton: 1–34.

Brogaard, B. 2012. "Review on truth-conditional pragmatics". *Analysis* 72 (4): 846–849.

Brown, N. 1988. "Review on *Meaning and Force: The Pragmatics of Performative Utterances*". *The Review of Metaphysics*, 42 ( 2 ) : 405–407.

Burge, T. 1979. "Individualism and the Mental". *Midwest Studies in Philosophy*, 4:73–121.

Burge, T. 1982. "Other bodies". In A. Woodfield (ed.). *Thought and Object*. Oxford: Clarendon Press: 97–120.

Burge, T. 1986. "Intellectual norms and foundations of mind". *The Journal of Philosophy*, 83(12): 697–720.

Burge, T. 1998. "Memory and self-knowledge". In P. Ludlow and N. Martin (eds.). *Externalism and Self- Knowledge*. Stanford: CSLI Publications: 351–371.

Burge, T. 2007. "Wherein is Language Social?". In T. Burge (ed.). *Foundations of Mind: Philosophical Essays* (vol.2). Oxford: Clarendon Press: 275–290.

Burton-Roberts, N. 2013. "On Grice and cancellation". *Journal of Pragmatics,* 48: 17–28.

Capone, A. 2009. "Are explicatures cancellable? Toward a theory of the speaker's intentionality". *Intercultural Pragmatics*, 6 (1):55–83.

Capone, A. 2013. "The pragmatics of quotation, explicatures and modularity of mind". *Pragmatics and Society*, 4 (3): 259–284.

Cappelen, H. and Lepore, E. 2005a. *Insensitive Semantics: a Defense of Semantic Minimalism and Speech Act Pluralism*. Oxford: Blackwell.

Cappelen, H. and Lepore, E. 2005b. "Varieties of quotation revisited". *Belgian Journal of Linguistics*, 17 (1): 52–75.

Cappelen, H. and Lepore, E. 2007a. "The myth of unarticulated constituents". In M. O'Rourke and C. Washington (eds). *Situating Semantics*: *Essays on the Philosophy of John Perry*. MIT Press: 199–214.

Cappelen, H. and Lepore, E. 2007b. *Language Turned on Itself: the Semantics and Pragmatics of Metalinguistic Discourse*. Oxford University Press.

Cariani, F. 2012. "Review on truth-conditional pragmatics". *The Philosophical Quarterly* 62 (247): 415–418.

Carston, R. 2002. *Thoughts and Utterances: The Pragmatics of Explicit Communication*. Malden, MA: Blackwell.

Carston, R. 2007. "How many pragmatic systems are there?" In Frapolli, M-J (ed). *Saying, Meaning, Referring: Essays on the Philosophy of Francois Recanati, F. 200.* Palgrave: 18–48.

Carston, R. 2017. "Pragmatic enrichment: beyond Gricean rational reconstruction—a response to Mandy Simons". *Inquiry : an Interdisciplinary Journal of Philosophy* 60 (5): 517–538.

Carston, R. and Hall, A. 2017. "Contextual effects on explicature: optional pragmatics or optional syntax?" *International Review of Pragmatics* 9: 51–81.

Chapman, S. 2010. "Paul Grice and the philosophy of ordinary language". In K. Petrus (ed.). *Meaning and Analysis: New Essays on Grice*. Palgrave Macmillan: 31–46.

Chalmers, D. J. 2003. "The nature of narrow content". *Philosophical Issues*, 13: 46–66.

Charlow, N. 2018. "Clause-type, force, and normative judgment in the semantics". In D. Fogal, D. W. Harris and M. Moss (eds.). *New Work on Speech Acts*. Oxford University Press: 67–98.

Chierchia, G. and McConnell-Ginet, S. 2000. *Meaning and Grammar: An Introduction to Semantics*. MIT Press.

Chomsky, N. 1957. *Syntactic Structures*. The Hague: Mouton.

Clapp, L. 2012. “Three challenges for indexicalism”. *Mind & Language 27* (4): 435–465.

Clark, R. W. 2011. “Perspectival direct reference for proper names”. *Pilosophia* 39: 251–265.

Clarke, H. 2018. “Frege puzzles and mental files”. *Australasian Journal of Philosophy* 96 (2): 351–366.

Cohen, J. 1986. “How is conceptual innovation possible?” *Erkenntnis* 25: 221–138.

Cohen, P. R. and C. R. Perrault. 1979. “Elements of a plan-based theory of speech acts”. *Cognitive Science*, 3(3): 177–212.

Coliva, A. and Belleri, D. 2013. “Some observations on Francois Recanati's *Mental Files*”. In F. Salis (ed.). *Book Symposium on Francois Recanati's Mental Files. Disputatio* V (36): 107–117.

Cresto, E. 2012. “A defense of temperate epistemic transparency”. *Journal of philosophical logic*, 41(6): 923–955.

Cruciani, M. 2018. “Explicit communication: an interest and belief-based model”, *Linguistic and Philosophical Investigations* 17: 50–70.

Davidson, D. 1979. “Moods and performances”. In A. Margalit (ed.). *Meaning and Use*. Springer: 9–20.

Davidson, D. 1984. *Inquiries into Truth and Interpretation*. New York: Oxford University Press.

De Brabanter, P. 2003. *Making Sense of Mention, Quotation, and Autonymy. A Semantic and Pragmatic Survey of Metalinguistic Discourse*. domain_shs.langue. pragmatics. Université Paris-Sorbonne - Paris IV, 2003. Français. ijn_00000420.

De Brabanter, P. 2010. “The semantics and pragmatics of hybrid quotations”. *Language and Linguistics Compass*, 4/2: 107–120.

De Brabanter, P. 2013a. “Francois Recanati's radical pragmatic theory of quotation”. *Teorema*, 32(2): 109–128.

De Brabanter, P. 2013b. “A pragmatist feels the tug of semantics: Recanati's ‘Open Quotation Revisited’”. *Teorema*, 32(2): 129–147.

De Brabanter, P. 2017. “Why quotation is not a semantic phenomenon, and why it calls for a pragmatic theory”. In I. Depraetere and Salkie (eds.), *Semantics and Pragmatics: Drawing a Line*. Springer: 227–254.

De Jong, W. R. 2012. *The Semantics of John Stuart Mill* (vol. 23). Springer Science & Business Media.

Delgado, L. 2019. “Between singularity and generality: the semantic life of proper names”. *Linguistics and Philosophy* 42: 381–417.

Devitt, M. 2013. "Is there a place for truth-conditional pragmatics?" *Teorema* 32: 2, 85–102.

Devitt, M. 2015. "Should proper names till seem so problematic?" In A. Bianchi (ed.). *On Refrence*. Oxford: Oxford University Press: 108–145.

Dickie, I. 2011. "How proper names refer". *Proceedings of the Aristotelian Society, New Series* CXI (I): 43–78.

Donnellan, K. 1966/2012. "Reference and definite descriptions". In J. Almog and P. Leonardi (eds.) *Essays on Reference, Language, and Mind*. Oxford University Press:3–30.

Donnellan, K. 1970/2012. "Proper names and identifying descriptions". In J. Almog and P. Leonardi (eds.): 49–80.

Donnellan, K. 1979. The contingent a priori and rigid designators. *Midwest Studies in Philosophy* 2: 12–27.

Donnellan, K. 1983/2012. "Kripke and Putnam on natural kind terms". In J. Almog and P. Leonardi (eds.)：179–203.

Dretske, F. 2003. "Externalism and self-knowledge". In S. Nuccetelli (ed.). *New Essays on Semantic Externalism and Self-Knowledge*. Cambridge: MIT Press, 131–142.

Evans, G. 1973. "The causal theory of names". *Proceedings of The Aristotelian Society* 47: 187–208.

Evans, G. 1982. *The Varieties of Reference*. Oxford: Clarendon Press.

Farkas, K. 2003. "What is externalism?". *Philosophical Studies*, 112(3): 187–208.

Feng, G. 2013. "Speaker's meaning and non-cancellability". *Pragmatics & Cognition*, 21 (1): 117–138.

Fodor, J. A. 1975. *The Language of Thought* (vol. 5). Cambridge: Harvard University Press.

Fodor, J. A. 1990: "Substitution arguments and the individuation of belief". In his *A Theory of Content*. Cambridge: MIT Press: 161–76.

Fodor, J. A. 2001. *The Mind Doesn't Work That Way: The Scope and Limits of Computational Psychology*. Cambridge: MIT press.

Frápolli, M. J. 2007. *Saying, Meaning and Referring: Essays on François Recanati's Philosophy of Language*. Basingstoke: Palgrave Macmillan.

Frege, G. 1892. "On sense and meaning". In P. Geach and M. Black (eds.). *Translations From the Philosophical Writings of Gottlob Frege*. Blackwell: 56–78.

Frege, G. 1918. "Thoughts". In E. Husserl (ed.). *Logical Investigations*. Blackwell.

Fumerton, R. 2003. "Introspection and Internalism". In S. Nuccetelli (ed.). *New Essays on Semantic Externalism and Self-Knowledge*. MIT: Bradford Books: 157–167.

Garcia-Carpintero, M. 2005. "Double-duty quotation: the deferred ostension account". *Belgian Journal of Linguistics*, 17 (1): 89–108.

Garcia-Carpintero, M. 2011. "Double-duty quotation, conventional implicatures and what is said". In E. Brendel, J. Meibauer, and M. Steinbach (eds.) *Understanding Quotation*, De Gruyter Mouton: 107–138.

Garcia-Carpintero, M. 2012. "Minimalism on quotation? Critical review of Cappelen and Lepore's Language Turned on Itself". *Philosophical Studies*, 161 (2): 207–225.

Garcia-Carpintero, M. 2018. "Pure quotation is demonstrative reference". *Journal of Philosophy*, 115 (7): 361–381.

Gertler, B. 2012. "Understanding the internalism-externalism debate: What is the boundary of the thinker?". *Philosophical Perspectives*, 26: 51–75.

Gauker, C. 2013. "Logical nihilism in contemporary French philosophy". *Teorema* 32: 2: 65–79.

Geach, P. 1965. "Assertion". *The Philosophical Review* 74 (4): 449–465.

Geach, P. 1971. *Mental Acts*. Indiana, Estados Unidos, St.

Geirsson, H. 2018. "Singular thought, cognitivism, and conscious attention". *Erkenntnis* 83: 613–626.

Gomez-Torrente, M. 2001. "Quotation revisited". *Philosophical Studies*, 102: 123–153.

Gomez-Torrente, M. 2005. "Remarks on impure quotation". *Belgian Journal of Linguistics*, 17 (1): 129–151.

Gomez-Torrente, M. 2011. "What quotations refer to". In E. Brendel, J. Meibauer, and M. Steinbach (eds.). *Understanding Quotation*, De Gruyter Mouton: 139–160.

Gomez-Torrente, M. 2013. "How quotations refer". *Journal of Philosophy*, 110 (7): 353–390.

Gomez-Torrente, M. 2017. "Semantics and pragmatics in impure quotation". In P. Saka and M. Johnson (eds.). *The Semantics and Pragmatics of Quotation*. Springer: 135–167.

Goodsell, T."Mental files and their identity conditions". In F. Salis (ed.). *Book Symposium on Francois Recanati's Mental Files. Disputatio* V (36): 177–190.

Gorvett, J. 2005. "Back through the looking glass: on the relationship between intentions and indexicals". *Philosophical Studies*, 124: 295–312.

Gray, A. 2014. "Name-bearing, reference, and circularity". *Philosophical Studies* 171: 207–231.

Green, M. S. 2017. "Imagery, expression, and metaphor". *Philosophical Studies* 174: 33–46.

Grice, P. 1969. "Vacuous names". In D. Davidson & J. Hintikka (eds.). *Words and Objections*. Dordrecht: Reidel: 118–145.

Grice, P. 1989. *Studies in the Way of Words*. Cambridge, Mass.: Harvard University Press.

Gutzmann, D. and Stei, E. 2011. "Quotation marks and kinds of meaning. Arguments in favor of a pragmatic account". In E. Brendel, J. Meibauer, and M. Steinbach (eds.): 161–193.

Hall, A. 2009. "Semantic compositionality and truth-conditional content". *Proceedings of the Aristotelian Society* CIX: 353–364.

Hanks, P. 2011. "Structured propositions as types". *Mind*, 120: 11–52.

Hanks, P. 2015. *Propositional Content*. Oxford ：Oxford University Press.

Harman, G. 1977 "How to use propositions". *American Philosophical Quarterly* 14: 173–176.

Heck, R. G. Jr. 2002. "Do demonstratives have senses?" *Philosopher's Imprint* 2: 1–33.

Heck, R. G. Jr. 2018. "Speaker's reference, semantic reference, and intuition". *Review of Philosophy and Psychology* 9: 251–269.

Hawley, P. 2002. "What is said". *Journal of Pragmatics* 34: 969–991.

Harnish, R. M. 2011. "Review on Truth-Conditional Pragmatics". *Philosophy in Review* XXXI (4): 301–30.

Hintikka, J. 2003. "What does the Wittgensteinian inexpressible express?" *The Harvard Review of Philosophy,* XI: 9–17.

Jackson, F. and P. Pettit. 1993. "Some content is narrow". In J. Heil and A. Mele (eds.). *Mental Causation*. Oxford: Oxford University Press: 259–282.

Jacob, P. 1990. "Semantics and psychology: The semantics of belief ascriptions". In N. Cooper and P. Engel (eds.). *New Inquiries into Meaning and Truth*. Hemel Hempstead: Harvester Wheatsheaf: 83–109.

Jaszczolt, K. M. 2016. *Meaning in Linguistic Interaction: Semantics, Metasemantics, Philosophy of Language*. Oxford: Oxford University Press.

Jaszczolt, K. and Huang, M. 2017. "Monsters and I: the case of mixed quotation". In P. Saka and M. Johnson (eds.). *The Semantics and Pragmatics of Quotation*. Springer: 357–382.

Jeshion, R. 2010. "Singular thought: acquaintance, semantic instrumentalism, and cognitivism". In R. Jeshion (ed.). *New Essays on Singular Thought*. Oxford: Oxford University Press: 105–140.

Jeshion, R. 2014. "Two dogmas of Russellianism". In M. Garcia-Carpintero and M. Genoveva (eds.). *Empty Representations: Reference and Non-existence.* Oxford: Oxford University Press: 68–91.

Johnson, M. 2011. "The punctuation theory of quotation". In E. Brendel, J. Meibauer, and M. Steinbach (eds.). *Understanding Quotation*, De Gruyter Mouton: 209–230.

Johnson, M. 2017. "Quotation through history: a historical case for the proper treatment of quotation". In P. Saka and M. Johnson (eds.). *The Semantics and Pragmatics of Quotation*. Springer: 281–302.

Johnson, M. and Lepore, E. 2011. "Misrepresenting misrepresentation". In E. Brendel, J. Meibauer, and M. Steinbach (eds.). *Understanding Quotation*, De Gruyter Mouton: 231–248.

Kannetzky, F. 2001. "The principle of expressibility and private language. *Acta Pilosophica Fennica* 69: 191–212.

Kapitan, T. 1995. "Intentions and self-referential content". *Philosophical papers*, 24(3): 151–166.

Kapitan, T. 1996. "Review on *Direct Reference*". *Philosophy and Phenomenological Research* 56 (4):953–956.

Kaplan, D. 1989. "Demonstratives". In J. Almog, H. Wettstein and J. Perry (eds.). *Themes from Kaplan*. New York: Oxford University Press: 481–563.

Kaplan, D. 2001. "Indexicals". In E. N. Zalta (ed.). *Stanford Encyclopedia of Philosophy*, The Metaphysics Research Lab, Center for the Study of Language and Information, Stanford University.

Katz, J. J. 1977. *Propositional Structure and Illocutionary Force*. New York: Crowell.

Kennedy, C. and McNally, L. 2010. "Color, context, and compositionality". *Synthese* 174: 79–98.

King, J. C. and Stanley, J. 2005. "Semantics, pragmatics, and the role of semantic content". In Z. Szabo (ed). *Semantics vs Pragmatics*. Oxford University Press: 111–164.

Kompa, N. 2010. "Contextualism in the philosophy of language". In K. Petrus (ed.). *Meaning and Analysis: New Essays on Grice*. Palgrave Macmillan: 288–309.

Koslicki, K. 2008. "Natural kinds and natural kind terms". *Philosophy Compass* 3/4: 789–802.

Kriegel, U. 2008. "Real narrow content". *Mind & Language*, 23(3): 304–328.

Kripke, S. 1972/1980. *Naming and Necessity*. Cambridge, MA: Harvard University Press.

LaPorte, J. 2006. "Rigid designators for properties". *Philosophical Studies*, 130(2): 321–336.

Lawlor, K. 2013. "Files, indexicals and descriptivism". In F. Salis (ed.). *Book Symposium on Francois Recanati's Mental Files. Disputatio* V (36): 147–158.

Lee, P. S. 2018. "Mental files, concepts, and bodies of information". *Synthese* 195 (8): 3499–3518.

Lee, P. S. 2019. "Co-filing and de jure co-referential thought in the mental files framework". *Erkenntnis* Doi.org/10.1007/s10670–019–00196–1.

Lepore, E. and M. Stone. 2015. *Imagination and Convention: Distinguishing Grammar and Inference in Language*. OUP Oxford.

Levinson, S. C. 2000. *Presumptive Meaning: The Theory of Generalized Conversational Implicature*. Cambridge, Mass.: MIT Press.

Lewis D. 1969. *Convention: A Philosophical Study*. Harvard University Press.

Lewis, K. 2014. "Review on Truth-Conditionl Pragmatics". *Mind* 123 (492):1234–1238.

Linell, P. 2005. *The Written Language Bias in Linguistics: Its Nature, Origins and Transformations.* London and New York: Routledge.

Liu, S. 2018. *On Natural Kind Terms*. Ph. D dissertation. University at Buffalo, State University of New York.

Ludwig, K. and Ray, G. 2017. "Unity in the variety of quotation". In P. Saka and M. Johnson (eds.). *The Semantics and Pragmatics of Quotation*. Springer: 99–134.

Lyons, J. 1977. *Semantics* (vol. 2). London and New York: Cambridge University Press.

MacFarlane, J. 2014. *Assessment Sensitivity: Relative Truth and its Applications*. Oxford University Press.

Machery, E., Mallon, R., Nichols, S. and Stich, S. 2004. "Semantics, cross-cultural style". *Cognition* 92: 1–12.

Maier, E. 2014. "Pure quotation". *Philosophy Compass* 9(9): 615–630.

Marti, L. 2006. "Unarticulated constituents revisited". *Linguistics and Philosophy* 29: 135–166.

Marti, G. 2008. "Direct reference and definite descriptions". *Dialectica* 62 (1): 43–57.

Maunu, A. 2018. "Necessary a posteriori identity truths: Fregeanism beats direct reference theory". *Axiomathes* 28: 73–80.

McDowell, J. 1986. "Singular thought and the extent of inner space". In P. Pettit and J. McDowell (eds.). *Subject, Thought and Context.* Oxford: Clarendon Press: 137–68.

McGinn, C. 1983. *The Subjective View: Secondary Qualities and Indexical Thoughts.* Oxford: Clarendon Press.

McLaughlin, B. and M. Tye. 1998. "Externalism, twin earth, and self-knowledge". *Knowing Our Own Minds*, 285–320.

Michaelson, E. and Reimer, M. 2019. "Reference". *The Stanford Encyclopedia of Philosophy* (Spring 2019 Edition), Edward N. Zalta (ed.), URL = https://plato.stanford.edu/archives/spr2019/entries/reference/

Moldovan, A. 2015. "The availability principle and truth-value judgements". *Filozofia Nauki Rok XXIII*, Nr 2 (90): 29–44.

Montminy, M. 2006. "Semantic content, truth conditions and context". *Linguistics and Philosophy* 29: 1–26.

Moore, R. 2019. "Utterances without Force". *Grazer Hhilosophische Studien*, 96(3): 342–358.

Moore, A. W. and Sullivan, P. 2003. "Ineffability and nonsense". *Aristotelian Society supplementary Volume,* 77 (1): 169–193.

Murez, M. and Recanati, F. 2016. "Mental files: an introduction". *Review of Philosophy and Psychology* 7 (2): 265–281.

Neale, S. 1990. *Descriptions*. Cambridge, Mass.: MIT Press/Bradford Books.

Ninan, D. 2015. "On Recanati's Mental Files". *Inquiry* 58 (3): 368–377.

Onofri, A. 2015. "Mental files and rational inferences". *Inquiry* 58 (3): 378–392.

Ostertag, G. 2010. "Descriptions, definite and indefinite: philosophical aspects". In A. Barber and R. J. Stainton (eds.). *Concise Encyclopedia of Philosophy of Language and Linguistics*. Elservier: 151–156.

Pafel, J. 2011. "Two dogmas on quotation". In E. Brendel, J. Meibauer, and M. Steinbach (eds.). *Understanding Quotation*. De Gruyter Mouton: 249–276.

Pagin, P. 2006. "Intersubjective externalism". *What Determines Content? The Internalism/Externalism Dispute*, 39–54.

Pagin, P. 2013. "The cognitive significance of mental files". In F. Salis (ed.). *Book Symposium on Francois Recanati's Mental Files. Disputatio* V (36): 133–145.

Palmira, M. Forthcoming. "Towards a pluralist theory of singular thought". *Synthese*.

Papineau, D. 2013. "Comments on Francois Recanati's *Mental Files*: doubts about indexicality". In F. Salis (ed.). *Book Symposium on Francois Recanati's Mental Files. Disputatio* V (36): 159–175.

Parent, T. 2019. "A dilemma about kinds and kind terms". *Synthese*. https://doi.org/10.1007/s11229–019–02278–7

Pelczar, M. and Rainsbury, J. 1998. "The indexical character of names". *Synthese* 114 (2): 293–317.

Perry, J. 1977. "Frege on demonstratives". *The Philosophical Review*, 86(4): 474–497.

Perry, J. 1979. "The problem of the essential indexical". *Nous* 13: 3–21. 2nd edition Stanford: CSLI Publications, 2000.

Perry, J. 1980. "A problem about continued belief". *Pacific Philosophical Quarterly* 61: 317–332.

Perry, J. 1986. "Thought without representation". *Supplementary Proceedings of the Aristotelian Society,* 60: 268–83. Reprinted in J. Perry. *The Problem of the Essential Indexical and Other Essays*. New York: Oxford University Press, 1993: 205–218.

Perry, J. 1988. "Cognitive significance and new theories of reference". *Nous*, 22: 1–18.

Perry, J. 1993. *The Problem of the Essential Indexical and Other Essays*. New York: Oxford University Press. 2nd edition. Stanford: CSLI Publications, 2000.

Perry, J. 1997. Indexical and Demonstratives. In Robert Hale and Crispin Wright (eds.), *Companion to the Philosophy of Language*. Oxford: Blackwells Publishers Inc.: 1–2.

Perry, J.1998. "Indexicals, contexts and unarticulated constituents. *Proceedings of the 1995 CSLI-Armsterdam Logic, Language and Computation Conference*. Stanford: CSLI

Publications：1–11.

Perry, J. 2000. *The Problem of the Essential Indexical and Other Essays*. Stanford: CSLI Publications.

Pinal, G. D. 2018. "Meaning, modulation, and context: a multidimensional semantics for truth-conditional pragmatics". *Linguistics and Philosophy* 41 (2): 165–207.

Predelli, S. 1998. "Utterance, interpretation and the logic of indexicals". *Mind & Language*, 13 (3)：400–414.

Pinillos，A. 2011. "Coreference and meaning". *Philosophical Studies* 154：301–324.

Portner, P. 2018. "Commitment to priorities". In D. Fogal, D. W. Harris and M. Moss (eds.). *New Work on Speech Acts*. Oxford University Press: 296–318.

Predelli, S. 2003. "Scare quotes and their relation to other semantic issues". *Linguistics and Philosophy*, 26 (1): 1–28.

Predelli, S. 2008. "The demonstrative theory of quotation". *Linguistics and Philosophy,* 31: 555–572.

Putnam, H. 1975. "The meaning of 'meaning'". In K. Gunderson (ed.). *Mind, Language, and Reality*. Cambridge: Cambridge University Press:131–193. Reprinted in his *Philosophical Papers: Mind, Language and Reality (vol. 2)*. Cambridge: Cambridge University Press: 215–271.

Putnam, H. 1988. *Representation and Reality.* Cambridge: MIT Press/Bradford Books.

Prosser, S. 2019. "The metaphysics of mental files". *Philosophy and Phenomenological Research* doi:10.1111/phpr.12577. (Early View: Online version of record before inclusion in an issue).

Recanati, F. 1987a. *Meaning and Force: The Pragmatics of Performative Utterances*. Cambridge: Cambridge University Press.

Recanati, F. 1987b. "Contextual dependence and definite descriptions". *Proceedings of the Aristotelian Society, New Series* 87: 57–73.

Recanati, F. 1988. "Rigidity and direct reference". *Philosophical Studies* 53: 103–117.

Recanati, F. 1989a. "The pragmatics of what is said". *Mind & Language* 4: 295–329.

Recanati, F. 1989b. "Referential/attributive: a contextualist proposal". *Philosophical Studies* 56: 217–249.

Recanati, F. 1990. "Direct reference, meaning, and thought". *Nous* 24: 697–722.

Recanati, F. 1993/1997. *Direct Reference: From Language to Thought*. Blackwell Publishers.

Recanati, F. 1994a. Contextualism and anti-contextualism in the philosophy of language. S. Tsohatzidis (ed.). *Foundations of Speech Act Theory: Philosophical and Linguistic Perspectives*. Routledge: 156–166.

Recanati, F. 1994b. "How narrow is narrow content?". *Dialectica*, 48(3–4): 209–229.

Recanati, F. 1997. “Can we believe what we do not understand?”. *Mind & Language*, 12(1): 84–100.

Recanati, F. 1998. Truth-conditional pragmatics. In A. Kasher (ed.). *Pragmatics: Critical Concepts*. Routledge: 513–531.

Recanati, F. 2001a. “What is said”. *Synthese* 128: 75–91.

Recanati, F. 2001b. “Open quotation”. *Mind*, 110 (439): 637–687.

Recanati, F. 2002. “Unarticulated constituents”. *Linguistics and Philosophy* 25: 299–345.

Recanati, F. 2003. “The limits of expressibility”. In B. Smith (ed.). *John Searle*. Cambridge: Cambridge University Press ; 189–213.

Recanati, F. 2004. *Literal Meaning*. Cambridge: Cambridge University Press.

Recanati, F. 2005. “Literalism and contextualism: some varieties”. In G. Preyer and G. Peter (eds.). *Contextualism in Philosophy: Knowledge, Meaning, and Truth*. Oxford University Press: 171–196.

Recanati, F. 2006. “Predelli and García-Carpintero on ‘Literal Meaning’”. *Crítica: Revista Hispanoamericana de Filosofía*, 38 (112): 69–79.

Recanati, F. 2007. *Perspectival Thought: A Plea for (Moderate) Relativism*. Oxford University Press.

Recanati, F. 2008. “Open quotation revisited”. *Philosophical Perspectives*, 22: 443–471.

Recanati, F. 2010a. “Pragmatics and logical form”. In B. Soria and E. Romero (eds.). *Explicit Communication: Robyn Carston's Pragmatics*. Palgrave Macmillan: 25–41.

Recanati, F. 2010b. *Truth-Conditional Pragmatics*. Oxford: Oxford University Press.

Recanati, F. 2010c. “Singular thought: in defence of acquaintance”. In R. Jeshion (ed.). *New Essays on Singular Thought*. Oxford University Press: 141–190.

Recanati, F. 2011. “Context and content: from language to thought”. *Contemporary Foreign Languages Studies*, 12 ; 1–14.

Recanati, F. 2012. “Contextualism: some varieties”. In K. Allan and K. M. Jaszczolt (eds). *The Cambridge Handbook of Pragmatics*: 135–150.

Recanati, F. 2013a. “Precis of truth-conditional pragmatics”. *Teorema* 32 (2): 57–63.

Recanati, F. 2013b. “Reply to Devitt”. *Teorema* 32 (2): 103–107.

Recanati, F. 2013c. “Reply to Romero and Soria”. *Teorema* 32 (2): 175–178.

Recanati, F. 2013d. “Reply to De Brabanter”. *Teorema*, 32 (2): 149–156.

Recanati, F. 2013e. “Precis of Truth-Conditional Pragmatics”. *Teorema*, XXXII (2): 57–63.

Recanati, F. 2013f. “Reference through mental files: indexicls and definite descriptions”. In C. Penco and F. Domaneschi (eds.). *What is Said and What is Not.* CSLI Publications: 159–173.

Recanati, F. 2013g. "Mental files: replies to my critics". In F. Salis (ed.). *Book Symposium on Francois Recanati's Mental Files. Disputatio* V (36): 207–242.

Recanati, F. 2013h. "Perceptual concepts: in defence of the indexical model". *Synthese* 190: 1841–1855.

Recanati, F. 2013i. "Content, mood, and force". *Philosophy Compass*, 8: 622–632.

Recanati, F. 2014a. "Empty singular terms in the mental file framework". In M. Garcia-Carpintero and M. Genoveva (eds.). *Empty Representations: Reference and Non-existence.* Oxford: Oxford University Press: 166–183.

Recanati, F. 2014b. "Mental files and identity". In A. Reboul (ed.). *Mind, Values and Metaphysics*. Springer: 467–486.

Recanati, F. 2015. "Replies". *Inquiry* 58 (4): 408–437.

Recanati, F. 2016a. *Mental Files in Flux*. Oxford: Oxford University Press.

Recanati, F. 2016b. "Indexical thought". In M. Garcia-Carpintero and S. Torre (eds.). *About Oneself: De Se Thought and Communication*. Oxford: Oxford University Press: 142–179.

Recanati, F. 2017a. "Contextualism and polysemy". *Dialectica*, 71 (3): 379–397.

Recanati, F. 2017b. "Local pragmatics: reply to Mandy Simons". *Inquiry: an Interdisciplinary Journal of Philosophy* 60 (5): 493–508.

Recanati, F. 2017c. "About the lekton: response to Kölbel". In I. Depraetere and R. Salkie (eds.) *Semantics and Pragmatics: Drawing a Line*. Springer: 215–226.

Recanati, F. 2017d. "Cognitive dynamics: a new look at an old problem". In M. Ponte and K. Korta (eds.). *Reference and Representation in Thought and Language*. Oxford: Oxford University Press: 179–194.

Recanati, F. 2018a. "Contextualism and singular reference". In J. Collins, and T. Dobler (eds.), *The Philosophy of Charles Travis: Language, Thought, and Perception.* Oxford University Press: 182–196.

Recanati, F. 2018b. "From meaning to content: issues in meta-semantics". In D. Ball and B. Rabern (eds.), *The Science of Meaning: Essays on the Metatheory of Natural Language Semantics*. Oxford University Press: 114–135.

Recanati, F. 2019a. "Force cancellation". *Synthese,* 196 (4): 1403–1424.

Recanati, F. 2019b. "Transparent coreference". *Topoi* https://doi.org/10.1007/s11245–019–09674–1.

Reimer, M. 2010. "Proper names: philosophical aspects". In A. Barber and R. J. Stainton (eds.). *Concise Encyclopedia of Philosophy of Language and Linguistics*. Elservier: 609–612.

Roberts, C. 2018. "Speech acts in discourse contexts". In D. Fogal, D. Harris and M. Moss (Eds.) *New Work on Speech Acts*. Oxford University Press: 317–359.

Robertson, T. 2012. “Reference”. In G. Russell and D. G. Fara (eds.). *The Routledge Companion to Philosophy of Language*. Routledge: 189–198.

Romero, E. and Soria, B. 2013. “Optionality in truth-conditional pragmatics”. *Teorema* 32: 2: 157–174.

Rothschild, D. and Segal, G. 2009. “Indexical predicates”. *Mind & Language,* 24: 467–493.

Ruhl, C. 1989. *On Monosemy: A Study in Linguistic Semantics*. State University of New York Press.

Rumelhart, D.1993. “Some problems with the notion of literal meanings”. In A. Ortony (ed.). *Metaphor and Thought* (2nd ed.). Cambridge University Press: 71–82.

Russell, B. 1905. “On denoting”. *Mind*, 14: 479–93.

Russell, B. 1918. “Knowledge by Acquaintance and knowledge by description”. In *Mysticism and Logic and Other Essays*. London: Longmans, Green and Co.: 2019–32.

Sainsbury, M. 2005. *Reference Without Referents*. Oxford: Oxford University Press.

Saka, P. 2005. “Quotational constructions”. *Belgian Journal of Linguistics*, 17 (1): 187–212.

Saka, P. 2006. “The demonstrative and identity theories of quotation”. *The Journal of Philosophy*, 103 (9): 452–471.

Saka, P. 2011. “Quotation and conceptions of language”. *Dialectica*, 65 (2): 205–220.

Saka, P. 2013. “Quotation”. *Philosophy Compass*, 8 (10): 935–949.

Salis, F. 2013. “Introduction”. In F. Salis (ed.). *Book Symposium on Francois Recanati's Mental Files. Disputatio* V (36): i-vi.

Salkie, R. 2016. “The proper name theory of quotation and indirect reported speech”. In A. Capone et al. (eds.). *Indirect Reports and Pragmatics, Perspectives in Pragmatics, Philosophy and Psychology 5*. Springer International Publishing: 631–648.

Salkie, R. 2017. “Demonstrating vs. depicting: response to De Brabaner”. In I. Depraetere and Salkie (eds.), *Semantics and Pragmatics: Drawing a Line*. Springer: 255–263.

Sakai, T. 2014. “Review on Truth-Conditional Pragmatics”. *English Linguistics* 31 (1): 365–375.

Salmon, N. “The pragmatic fallacy”, *Philosophical Studies*, 63: 83–97.

Sawyer, S. 2012. “Empty names”. In G. Russell and D. G. Fara (eds.). *The Routledge Companion to Philosophy of Language*. Routledge: 153–162.

Schiffer, S. 1978. “The basis of reference”. *Erkenntnis*, 13:171–206.

Schoubye, A. 2016. “Type-ambiguous names”. *Mind*, doi:10.1093/mind/fzv188.

Schroeter, L. 2007. “Illusion of transparency”. *Australasian Journal of Philosophy*, 85(4): 597–618.

Schumacher, P. B. 2014. "Content and context in incremental processing: 'the ham sandwich' revisited". *Philosophical Studies*, 168: 151–165.

Schwartz, S. P. 1979. "Natural kind terms". *Cognition*, 7(3): 301–315.

Searle, J. R. 1968. "Austin on locutionary and illocutionary acts". *Philosophical Review,* 77: 405–424.

Searle, J. R. 1969. *Speech Acts: An Essay in the Philosophy of Language*. Cambridge: Cambridge University Press.

Searle, J. R. 1979. *Expression and Meaning. Studies in the Theory of Speech Acts*. Cambridge: Cambridge University Press.

Searle, J. R. 1983. *Intentionality. An Essay in the Philosophy of Mind*. Cambridge: Cambridge University Press.

Searle, J. R. 1989. "How performatives work". *Linguistics and Philosophy* 12: 535–558.

Segal, G. M. 2000. *A Slim Book About Narrow Content*. Cambridge: MIT Press.

Simons, M. 2017a. "Local pragmatics in a Gricean framework". *Inquiry: an Interdisciplinary Journal of Philosophy*, 60 (5): 466–492.

Simons, M. 2017b. "Local pragmatics in a Gricean framework, revisited: response to three commentaries". *Inquiry: an Interdisciplinary Journal of Philosophy*, 60(5): 539–568.

Skiba, L. 2018. "Critical notice of *On Reference* by Andrea Bianchi". *Analysis*, 78 (1): 160–171.

Sloat, C. 1969. "Proper nouns in English". *Language*, 45 (1): 26–30.

Soames, S. 2013. "Cognitive propositions". *Philosophical Perspectives*, 27: 479–501.

Soames, S. 2015. *Rethinking Language, Mind, and Meaning*. Princeton: Princeton University Press.

Stainton, R. J. 2006. "Context principle". In K. Brown (ed.). *Encyclopedia of Language and Linguistics* (2nd ed). Elsevier Ltd.: 108–115.

Stalnaker, R. 1990. "Narrow content". In C. A. Anderson and J. Owens (eds.). *Propositional Attitudes*. Stanford: CSLI Publications：131–146.

Stanley, J. 2000. "Context and logical form". *Linguistics and Philosophy*, 23 (4): 391–434.

Stanley, J. 2002. "Making it articulated". *Mind & Language*, 17: 149–168.

Stanley, J. 2005a. "Review on Literal Meaning". *Notre Dame Philosophical Review*, 09. 08.

Stanley, J. 2005b. "Semantics in context". In G. Preyer and G. Peter (eds). *Contextualism in Philosophy: Knowledge, Meaning, and Truth*. Oxford University Press: 221–253.

Stanley, J. 2007. *Language in Context: Selected Essays*. Oxford University Press.

Stanley, J. and Szabó, Z. G. 2000. "On quantifier domain restriction". *Mind & Language*, 15: 219–261.

Sterelny, K. 1991. “The Imagery Debate”. *Mind & Cognition,* 2: 607–626.

Stich, S. 1983. *From Folk Psychology to Cognitive Science: The Case Against Belief.* Cambridge, MA: MIT Press.

Stojanovic, I. and Fernandez, N. 2015. “Mental files, blown up by indexed files”. *Inquiry*, 58 (3): 393–407.

Strawson, P. 1950. “On referring”. *Mind* LXVIII: 539–544.

Strawson, P. F. 1964. “Intention and convention in speech acts”. *The Philosophical Review*, 73(4): 439–460.

Strawson, P. 1974. *Subject and Predicate in Logic and Grammar*. London: Methuen.

Sullivan, A. 2010a. “Direct reference”. In A. Barber and R. J. Stainton (eds.). *Concise Encyclopedia of Philosophy of Language and Linguistics*. Elservier: 157–159.

Sullivan, A. 2010b. “Reference: philosophical theories”. In A. Barber and R. J. Stainton (eds.). *Concise Encyclopedia of Philosophy of Language and Linguistics*. Elservier: 637–43.

Sullivan, A. 2012. “Referring in discourse”. In K. Allan and K. M. Jaszczolt (eds.). *The Handbook of Pragmatics*. Cambridege University Press: 293–303.

Szabó, Z. G. 2010. “The determination of content”. *Philosophical Studies*, 148: 253–272.

Tarski, A. 1933. “The concept of truth in formalized languages”. In his (1983) *Logic, Semantics, and Metamathematics*. 2nd revised edition (Hackett).

Tayebi, S. 2013. “Recanati on communication of first-person thoughts”. *Thought* 1: 210–218.

Tayebi, S. 2018. “In defense of the unification argument for predicativism”. *Linguistics and Philosophy*, 41: 557–576.

Taylor, K. 1997. “Francois Recanati’s *Direct Reference: From Language to Thought* accomodationist neo-Russellianism”. *Nous*, 31 (4)：538–556.

Urquidez, A. G. 2020. “Re-defining ‘Meaning’: Defending Semantic Internalism over Externalism”. In his *(Re-) Defining Racism*. London: Palgrave Macmillan: 157–196.

van Dijk, T. A. 2008. *Discourse and Context: a Sociocognitive Approach*. Cambridge University Press.

Vignolo, M. 2013. “On the truth-conditional relevance of modes of presentation”. *Disputatio*, 5(35): 57–66.

Whitsey, M. 2003. “Discourse context and indexicality”. International and Interdisciplinary Conference on Modeling and Using Context. *Modeling and Using Context*, Springer: 356–368.

Wikforss, Å. 2008. “Semantic externalism and psychological externalism”. *Philosophy Compass*, 3(1): 158–181.

Wilson, D. and Sperber, D. 2012. *Meaning and Relevance*. Cambridge: Cambridge University Press.

Wilson, G. 1995. "Review on *Direct Reference*". *Philosophical Review*, 104 (1): 159–163.

Zimmerman, D. W. 2005. *Issues in Ontology* (Part III). *Oxford Studies in Metaphysics*, 2.

## 中国人民大学出版社外语出版分社读者信息反馈表

尊敬的读者：

感谢您购买和使用中国人民大学出版社外语出版分社的 ____________ 一书，我们希望通过这张小小的反馈卡来获得您更多的建议和意见，以改进我们的工作，加强我们双方的沟通和联系。我们期待着能为更多的读者提供更多的好书。

请您填妥下表后，寄回或传真回复我们，对您的支持我们不胜感激！

1. 您是从何种途径得知本书的：

□书店　□网上　□报纸杂志　□朋友推荐

2. 您为什么决定购买本书：

□工作需要　□学习参考　□对本书主题感兴趣　□随便翻翻

3. 您对本书内容的评价是：

□很好　□好　□一般　□差　□很差

4. 您在阅读本书的过程中有没有发现明显的专业及编校错误，如果有，它们是：

________________________________________

________________________________________

________________________________________

5. 您对哪些专业的图书信息比较感兴趣：

________________________________________

________________________________________

________________________________________

6. 如果方便，请提供您的个人信息，以便于我们和您联系（您的个人资料我们将严格保密）：

您供职的单位：________________________

您教授的课程（教师填写）：________________

您的通信地址：________________________

您的电子邮箱：________________________

请联系我们：黄婷　程子殊　吴振良　王琼　鞠方安

电话：010-62512737，62513265，62515538，62515573，62515576

传真：010-62514961

E-mail：huangt@crup.com.cn　chengzsh@crup.com.cn　wuzl@crup.com.cn
crup_wy@163.com　jufa@crup.com.cn

通信地址：北京市海淀区中关村大街甲 59 号文化大厦 15 层　邮编：100872

中国人民大学出版社外语出版分社